高等职业院校旅游（酒店）管理专业系列教材
“互联网 +”新形态立体化教学资源特色教材

Tourism Professional Etiquette

齐　琳　曹培培 / 主　编
孙丰念 / 副主编

旅游职业礼仪

中国轻工业出版社

图书在版编目（CIP）数据

旅游职业礼仪 / 齐琳，曹培培主编. —北京：中国轻工业出版社，2025.8

高等职业院校旅游（酒店）管理专业系列教材

“互联网 +”新形态立体化教学资源特色教材

ISBN 978-7-5184-3035-2

Ⅰ. ①旅… Ⅱ. ①齐… ②曹… Ⅲ. ①旅游服务—礼仪—高等职业教育—教材 Ⅳ. ①F590.63

中国版本图书馆CIP数据核字（2020）第100934号

责任编辑：张文佳 刘 晶 责任终审：李建华

设计制作：锋尚设计 责任校对：方 敏 责任监印：张京华

出版发行：中国轻工业出版社（北京鲁谷东街5号，邮编：100040）

印 刷：三河市国英印务有限公司

经 销：各地新华书店

版 次：2025年8月第1版第6次印刷

开 本：787 × 1092 1/16 印张：13

字 数：350千字

书 号：ISBN 978-7-5184-3035-2 定价：45.00元

邮购电话：010-85119873

发行电话：010-85119832 010-85119912

网 址：http://www.chlip.com.cn

Email：club@chlip.com.cn

251365J2C106ZBQ

内容简介

本书内容由六个项目组成，即旅游礼仪认知、职业形象礼仪、社会交往礼仪、办公接待礼仪、职业服务礼仪、涉外礼仪。本教材打破纯粹理论讲授的教学方式，实施项目教学，以改变学与教的行为。编写体例按照项目化、任务化编写，将案例链接、知识拓展融合到任务中，项目化、任务化的编写体现工作过程导向的教学模式。

本书以无锡商业职业技术学院精品课程“旅游职业礼仪”建设成果为基础，已建成丰富的网络学习资源，课程网站与教材配套，体现课程目标、课程标准的要求。学生通过扫描“课程门户网站”二维码可以学习课程网站上的教学课件、教学视频，在案例讨论环节也可以通过课程网站参与在线讨论，实现教材的立体化体系。课程网站上的案例库、实训项目库、理论题库、教学设计、教学课件、教学视频、在线测试、考试题库等完整的教学资源成为立体化教材的支撑。

本书集合了院校名师的教学经验以及行业企业的实战案例，依托在线精品课程提供优质网络教材资源，使用工作任务单编辑，为使用者提供工作手册式的指导。其中，既体现了旅游业对服务标准化的要求，又体现了移动互联时代新的礼仪规范的要求，而且教材配套的信息化资源随时动态更新，适应“互联网 + 职业教育”发展需求。本书既适合于职业院校旅游管理、酒店管理等专业各学历层次进行课堂教学，也适合于旅游行业在职人员进行在线网络学习。

课程门户网站

前言

旅游职业礼仪是旅游从业人员所必须遵循的行为规范和职业理念，它既能够用来衡量一个旅游从业者的素质、道德、教养的高低，也能够反映一个国家旅游业整体的精神文明素养的高低。当前，面对国际旅游业的快速发展和激烈的市场竞争，加强旅游服务礼仪规范，加速旅游服务专业人才培养已成为当前亟待解决的问题。为满足日益增长的旅游市场需求，培养社会急需的旅游服务技能人才，我们组织多年从事旅游职业礼仪教学和实践活动的一线教师以及旅游企业管理人员，共同精心编写了本书，旨在更好地服务于我国的旅游事业。

本书融入了旅游职业礼仪最新的实践教学理念，力求严谨，注重与时俱进，结构新颖，内容翔实，流程清晰，案例生动，贴近实际，突出实用性，注重旅游服务的工作过程和岗位技能要求，注重实践能力培养。因此，本书既可以作为职业院校旅游管理、酒店管理等专业各学历层次教学的首选教材，也可以作为旅游行业从业人员的岗前培训教材。

本书由齐琳、曹培培担任主编，负责全书的策划、统稿、审定工作，孙丰念担任副主编。具体编写人员及分工如下：齐琳（项目一、项目二、项目四），曹培培（项目六、前言及附录），孙丰念（项目三、项目五）。教材的数字资源开发由韩小燕总体负责。

为体现教材的立体化建设，本书配套提供了教学视频、电子课件及习题答案，读者可以通过课程网站免费学习。

全书的编写和出版凝结了众多人士的支持和帮助，在此感谢江苏康辉国际旅行社、无锡君来洲际酒店提供的企业案例，感谢旅游界知名专家的具体指导，感谢参与图片拍摄的束凤鸣、王馨玉、郝巽劼、徐爽、郭力等，本书凝结了大家的智慧与辛勤劳动！

此外，本书在编写过程中，广泛吸取了国内外现有的研究成果，引用了大量文献和网站上的精美图片，文中未能详细全部列出出处，在此一并表示感谢！

虽然编写组都竭尽全力参与编写，但毕竟水平有限，书中的疏漏之处在所难免，恳请各位专家学者和广大读者予以批评指正，不胜感激！

编者

目录

项目一

旅游礼仪认知

学习目标

- 知识目标
  1. 了解礼仪的起源、发展及相关概念
  2. 认识礼仪在旅游工作中的作用
  3. 熟悉东西方礼仪的差异
- 技能目标
  1. 掌握礼仪的特征与原则
  2. 明确旅游礼仪的基本原则并找到提高自身礼仪修养的途径
- 素质目标
  1. 在学习、生活和工作中，树立礼仪意识，养成礼仪习惯
  2. 认知并能有意识地培养自己的礼仪素养

关键词

- 礼仪、礼貌、礼节、旅游服务礼仪

案例导入

孟子欲休妻

孟子的妻子独自一人在屋里，伸开两腿坐着。孟子进屋看见妻子这个样子，对母亲说："我的妻子不讲礼仪，请允许我休了她。"孟母说："为什么？"孟子说："她伸开两腿坐着。"孟母问："你怎么知道的？"孟子说："我亲眼看见的。"孟母说："这就是你没礼貌，不是妇人没礼貌。《礼记》上不是说了吗？'将要进屋的时候，先问屋中有谁在里面；将要进入厅堂的时候，必须先高声传扬（让里面的人知道），将进屋的时候，必须眼睛往下看。为的是不让人没准备。现在你到妻子闲居休息的地方，进屋没有声响，因而让你看到了她两腿伸开坐着的样子。这是你没礼貌，并非是你妻子没礼貌！"孟子认识到自己错了，不敢休妻。

（资料来源：百度百科——孟子欲休妻）

中国是文明古国，中华民族素有"礼仪之邦"的美称，文明礼貌的传统美德源远流长。礼仪所涉及的内容十分丰富，范围十分广泛，几乎渗透于古代社会的各个方面，这些传统的习俗礼仪反映了中华民族悠久的历史和古老的文明，积淀了深厚的人类历史文化，它的精华一直被后人继承和发扬。

随着全球物质文明的不断进步，市场经济的不断发展，人们的社会交往日益广泛，国际之间的交流日益频繁，注重礼仪已成为人们工作、学习和交往中的一种共识。无论国家大小、民族人口多少、社会形态如何，都提倡文明礼貌、重视礼仪。社会生活中，人们往往把讲究礼仪作为一个国家和民族文明程度的重要标志，把是否重视礼仪当作衡量一个人内在修养和素质的尺度。

在我国建设社会主义现代化的今天，学礼、讲礼、用礼是建设社会主义精神文明必不可少的重要内容，也是规范旅游服务行为的前提条件。

任务一

礼仪概述

任务目标

1. 理解礼、礼貌、礼节、礼仪的含义
2. 了解礼仪的起源与发展
3. 掌握礼仪的特征与功能

任务实施

一、礼仪的含义

知识点 1 礼的含义

礼，按《说文解字》的解释："礼，履也，所以事神而致福也"，本意为敬神，后引申为表示敬意的通称。随着历史的发展，"礼"的内涵已经有了延伸和扩展，在许多场合它已成为"礼貌""礼节""礼宾""礼仪"等的代名词，具体来说包括以下四个方面：

第一，指社会生活中，由于道德观念和风俗习惯而形成的仪节，如婚礼、丧礼、典礼。

第二，指符合统治阶级整体利益的行为准则，如礼教、礼治、克己复礼。

第三，表示尊敬的态度和动作，如礼让、礼遇、礼赞、礼尚往来、先礼后兵。

第四，表示庆贺、友好或敬意所赠之物，如礼物、礼金、献礼。

中国文化认为，礼是人与动物相区别的标志。"凡人之所以为人者，礼义也"（《礼记·冠义》）。礼是治国安邦的根本。"礼，经国家，定社稷，序民人，利后嗣者也"（《左传·隐公·隐公十一年》）。礼同时又是立身之本和区分人格高低的标准。《诗经》言："人而无礼，胡不遄死？"孔子说："不学礼，无以立。"

现代社会，礼是人们处理人际关系并约束自己行为以示他人的准则。礼属于道德的范畴，是社会公德中极为重要的部分。礼渗透于人们的日常生活中，体现着人们的道德观念，确定着人们交往的准则，指导着人们的行动。

知识点 2 礼貌的含义

礼貌，礼貌是礼的行为规范，是人类为维系社会正常生活而要求人们共同遵守的最起码的道德规范，它是人们在长期共同生活和相互交往中逐渐形成，并且以风俗、习惯和传统等方式固定下来的。《孟子·告子下》写道："礼貌未衰，言弗行也，则去之。"东汉经学家赵岐解释为："礼者，接之以礼也；貌者，颜色和顺，有乐贤之容。礼衰，不敬也；貌衰，不悦也。"司马光则进一步要求为："凡待人无贵贱贤愚，礼貌当如一。"意思是社会交往中，要一视同仁，讲究礼貌，并且是出自内心，自然为之。

案例 1-1

曾子避席

原文：

仲尼居，曾子侍。子曰："先王有至德要道，以顺天下。民用和睦，上下无怨。汝知之乎？"曾子避席曰："参不敏，何足以知之？"

译文：

曾子是孔子的弟子，有一次他在孔子身边侍坐，孔子就问他："以前的圣贤之王有至高无上的德行，精要奥妙的理论，用来教导天下之人，人们就能和睦相处，君王和臣下之间也没有不满，你知道它们是什么吗？"曾子听了，明白老师孔子是要指点他深刻的道理，于是立刻从坐着的席子上站起来，走到席子外面，恭恭敬敬地回答道："我不够聪明，哪里能知道，还请老师把这些道理教给我。"

在这里，"避席"是一种非常礼貌的行为，当曾子听到老师要向他传授时，他站起身来，走到席子外向老师请教，是为了表示他对老师的尊重。曾子懂礼貌的故事被后人传诵，很多人都向他学习。

（资料来源：黄宛峰.《孝经》与孝文化［M］. 杭州：杭州出版社，2011.）

知识点 3 礼节的含义

礼节是礼的惯用形式，具体来说，就是人们在日常生活中，特别是在交际场合，相互问候、致意、祝愿、慰问以及给予必要协助和照料时惯用的形式。我国自古注重礼节，《礼记·儒行》中记载："礼节者，仁之貌也。"唐朝经学家孔颖达注解："言礼仪撙节（zǔn）是仁儒之外貌。"礼节往往从向他人表示敬意的仪式方面表现出来，像点头致敬、鞠躬、握手、吻手等均属于礼节的各种形式。日常服务礼节中，基本的礼节分为五种：称呼礼节、问候礼节、应答礼节、迎送礼节和操作礼节。其中，称呼礼节、问候礼节、应答礼节是体现在语言上的礼节，迎送礼节、操作礼节是具体体现在举止上的礼节。

礼节是礼貌的具体表现，它们二者之间的关系是相辅相成的。礼貌是抽象的，礼节是具体的。如果说礼貌侧重于强调个人的道德品质，那么礼节强调的就是这种品质的外在表现形式。有礼貌而不懂礼节就容易失礼，虽有对他人尊敬友好的心意，却不知怎样去表达，因而在与人交往时往往会出现尴尬、紧张、手足无措等。不懂礼貌只学些表面的礼节形式，就难免机械模仿、故作姿态，让人感到虚情假意。我们主张敬人要发自内心，并在行动上表现出来，做到内心和行动协调，表里如一。

知识点 4 礼仪的含义

礼仪是一个复合词语，包括"礼"和"仪"两部分："礼"是制度、规则和一种社会意识观念；"仪"是"礼"的具体表现形式，是依据"礼"的规定和内容，形成的一套系统而完整的程序。礼和仪连在一起，意思就是按一定的制度、法则、标准和规范去表达某种敬意。《辞源》把礼仪概括为："礼仪，行礼之仪式。"礼仪是一种较为正式的礼节形式，是人类为维系社会正常生活而要求人们共同遵守的最起码的道德规范，它是人们在长期共同生活和相互交往中逐渐形成的，并且以风俗、习惯和传统等方式固定下来的。对一个人来说，礼仪是一个人的思想道德水平、文化修养、交际能力的外在表现；对一个社会来说，礼仪是一个国家社会文明程度、道德风尚和生活习惯的反映。中国人讲究礼仪，自古以来就是礼仪之邦，从婚丧嫁娶到国际邦交，处处有礼仪。注重礼仪学习，主动用礼仪规范要求自己，也体现了对自己以及他人的尊重。

礼节和礼仪都是人们在相互交往中表示尊重、友好的行为，二者是相互联系、相辅相成的。从本质上说，二者是一致的，但又各有其自身的特殊含义和要求。相对于礼节而言，礼仪的文化内涵要相对深些，它侧重于社会交往，是人们在礼遇规格、礼宾次序等方面应遵循的行为规范，多用于较大规模或较为隆重的场合。礼节多指交往过程中个别的行为，而礼仪则是指社交活动中，自始至终以一定的程序、方式来表现的完整行为。一般来说，礼节产生于礼仪之前。最初的社交活动规模较小，礼节也较为简单，随着社会交往的扩大化和现代化，交往活动越来越频繁、深入，礼节也越来越复杂。于是逐渐形成了一些约定俗成的礼节程序，礼仪就从礼节中自然而然地游离出来。因此，礼节是礼仪的基础，礼仪是程式化的礼节。

工作任务单

任务实施内容	操作标准
礼	在社会生活中，人人以礼相待，互尊、互爱、互谅，并成为自觉的行动
礼貌	①礼貌的基本要求是：诚恳、谦恭、和善和有分寸，做到待人“诚于中而形于外” ②礼貌的主要内容包括：遵守秩序，言必有信，敬老尊贤，待人和气，仪表端庄，讲究卫生等。礼貌的内容既是社会公德的核心内容，也是职业道德的基本规范 ③对客户服务礼貌语言：五声十个字，即“您好”“请”“谢谢”“对不起”“再见”，这充分体现了语言文明的基本要求
礼节	各国、各地区、各民族礼节会或多或少有所不同，对旅游从业人员来说，要熟知各国、各民族的礼节，要了解各民族的风俗习惯，在交往时必须注意尊重对方，以避免在实际工作中有“失礼”的行为，出现不该发生的错误
礼仪	在社会交往中，为了相互尊重，要遵守仪容、仪表、仪态、仪式、言谈举止等方面约定俗成、共同认可的行为规范

二、礼仪的起源与发展

知识点1　礼仪的起源

现代人类学、考古学、历史学的研究成果表明：礼仪起源于人类最原始的两大信仰，即天地信仰和祖先信仰。在原始社会，生产力极其低下，物质生活资料十分匮乏，人们的认识水平有很大的局限性，在面对斗转星移、电闪雷鸣、地震洪水等变幻莫测的自然现象时，因无法解释，所以对其充满了恐惧和敬畏，认为天地间是有神灵在控制的。对于他们来说，当自身能力不能主宰自己的生存时，就不得不转而求助于灵物，求助于神祇，由此产生了各种崇拜祭祀活动，拜天地，祭神明。此外，由于灵魂不死观念的产生及对过世亲人的怀念，祖先祭祀也日益受到重视。于是祭祀天地神明保佑风调雨顺，祈祷祖先显灵、拜求降福免灾也就成了历史的必然。为祈祷而举行的敬神拜祖仪式就成了“礼仪”的萌芽。

在原始社会萌芽时期的礼仪较为简单和虔诚，内容主要包括：制定明确血缘关系的婚嫁礼仪；区别部族内部尊卑等级的礼制；为祭天敬神而确定的一些祭祀仪式；制定一些在人们的相互交往中表示礼节和表示恭敬的动作。

案例 1-2

央视春节特别报道之《黄帝陵祭祖礼仪》正式播出

春节，是妈妈亲手制作的那一桌年夜饭，是浓浓乡音中的那一声深情问候，是锣鼓喧天的新春祝福，是烟火漫天的五彩梦想。这是一场 14 亿人共同参与的盛大仪式，这是中华大地传承千年的古老习俗。2014 年 1 月 9 日在黄帝陵景区拍摄的祭祖礼仪，于 1 月 31 日大年初一 19:45 在 CCTV4 中文国际频道特别节目《过年》栏目播放，大家可下载 CNTV 网络客户端进行回播，也可以进中央电视台网站搜索观看。

该片以“聚在初一，拔得头筹期盼幸福”为题，记录了黄帝陵当地百姓王民政一家春节祭祀黄帝的全过程。为了上新年头炷香，当地百姓往往在春节前就要早早筹备祭品，“花馍”是民间祭祀黄帝必不可少的祭品，王民政制作的“花馍”，形态丰富、造型形象、寓意深刻，除虎、兔、牛、马等传统动物造型外，还增加了蚕、蛇、龙等特殊动物造型，纪念黄帝的同时感恩发明蚕桑的嫘祖，也有财源滚滚、恭喜发财之寓意。初一一大早王民政一家就早早穿着节日盛装、佩戴祭祖平安带、拿着时果、端着供品，在乐队引领下缓步来到位于桥山之巅的黄帝陵前，敬上高香、敬献“花馍”、叩首祈福，告慰祖先，求得庇佑，通过电视画面向全国观众展现浓厚的春节祭祖习俗和独特的民间祭祖礼仪文化。

黄帝姓公孙，名轩辕，号有熊，是我国远古时期的伟大人物，制衣冠，造舟车，营蚕桑，创文字，建医学，定音律，演算数，平定战乱，统一华夏，奠定了中华民族的最初文明，被尊称为“人文初祖”。黄帝陵也因之成为中华民族的人文圣地，每年都有数以百万计的海内外炎黄子孙前来缅怀始祖、谒陵祭祖。轩辕黄帝祭祀礼仪也被列入中国第一批非物质文化遗产名录，春节祭拜轩辕黄帝，祈求新的一年风调雨顺、家庭幸福安康已成为老百姓独具特色的春节文化活动。

（资料来源：中国旅游新闻网）

作为人类祖先的圣贤唐尧、虞舜、夏禹等，他们本身都是讲究礼仪的典范。传说唐尧年轻的时候十分敬重老年人，同辈之间也是礼让三先，他每次把打回的猎物平分给众人，自己拿最少的一份，有时还把那最少的一份猎物再分送给年迈体弱的老者。他的德行受到众人的称颂，所以大家都推选他为首领。虞舜讲究礼仪是历代的楷模。

随着人类对自然与社会各种关系认识的逐步深入，渐渐将祭祀天地祖先的活动，从内容和形式上扩展到了各种人际交往活动，从最初的祭祀之礼扩展到社会各个领域中的各种各样的礼仪。同时，祭祀仪式又融入了最初的是非善恶、长幼尊卑等社会道德价值和伦理关系，对社会生活自身具有整合规范功能，并不断巩固强化，由此礼仪规范最终形成，并随着社会的进步而不断地纵向发展、横向融合。

知识点 2 古代礼仪的发展

1. 尧舜时期

由于社会生产力的发展，原始社会逐步解体，人类进入了奴隶社会。“礼”原是一种宗教祭祀仪式，并没有等级制度的伦理道德方面意义，在阶级社会出现后，人类开始有等级之分，宗教祭祀也随之出现了身份的限制和区分，这时的“礼”也就被打上了阶级的烙印。为了维护奴隶主的统治，奴隶主将原始的宗教“礼仪”发展成为符合奴隶社会政治需要的礼制，并专门制定了一整套“礼”的形式和制度。尧舜时期制定的礼仪经过夏、商、周这三个奴隶制社会国家 1000 余年的总结、推广，日趋完善。

2. 西周时期

西周前期历经文王、武王、成王三个君主，重新“兴正礼乐，度制于是改，而民和睦，颂声兴”。许多基本礼仪在商末周初已基本形成。辅佐周成王的周公还在朝廷设置礼官，专门掌管天下礼仪，把我国古代礼仪制度推向了较为完备的阶段。这一时期形成了“五礼”，即吉礼、凶礼、宾礼、军礼和嘉礼。周公提出的“礼仪三百”“威仪三千”则更是将礼推崇到高于一切的地步。天子用礼制来约束臣下，“王命诸侯，名位不同，礼亦异数”(《左传》)。周礼明确规定各级贵族所享有的权利和义务，周天子要求他们依礼而行。“礼”为社会构建了等级阶梯，任何僭越行为都是不允许的。因此，西周社会等级森严，即君臣、嫡庶、贵贱、妻妾等，其间的界限一目了然。可谓君有君之威仪，臣有臣之礼仪。通过各种礼仪以及与之相匹配的音乐，西周统治者不断地强化人们的尊卑意识，以维护统治阶级的利益，巩固其统治地位。全面介绍周朝制度的《周礼》是中国流传至今的第一部礼仪专著，成书于商周之际的《易经》和在周代大体定型的《诗经》也有一些涉及礼仪的内容。

3. 春秋战国时期

春秋战国时期是我国奴隶社会向封建社会转型的时期。在此期间，相继涌现出孔子、孟子、荀子等思想巨人，进一步发展和革新了礼仪理论。孔子把“礼”推向了一个至高无上的地位。他要求所有的人都要“克己复礼”“己所不欲勿施于人”，教育他的弟子们做到“非礼勿视”“非礼勿听”“非礼勿食”。总之，为了“礼”的需要，可以舍弃一切。为了宣扬古代礼制，他不远千里，从鲁国到西歧向老子（李耳）学礼。齐景公向孔子请教施政方针时，孔子就简洁明了地回答道“君君、臣臣、父父、子子”，各就各位，各安本分，社会自然会安定下来。孟子提出：“礼之用，和为贵”，把孔子的“仁学”思想加以发展，提出了“王道”“仁政”的学说和民贵君轻说，主张“以德服人”。荀子主张“隆礼”“重法”，提倡礼法并用，提出：“礼者，贵贱有等，长幼有差，贫富轻重皆有称者也。”“人无礼则不生，事无礼则不成，国无礼则不宁”，并且在荀子看来，古代先王制定礼仪是为了节制贪欲，纠正人类恶劣的天性，以生养人类，礼仪直接关系着人类的生死存亡。孔子编订的《仪礼》详细记录了战国以前贵族生活的各种礼节仪式。《仪礼》与前述的《周礼》和之后出现的《礼记》，被后世称为“礼学三著作”（简称“三礼”）。“三礼”的出现标志着“周礼”已达到了系统、完备的阶段。礼仪也由单纯祭祀天地、鬼神、祖先的形式，渗透到社会生活的方方面面，全面制约、规范着人们的社会行为。同时，“三礼”，特别是《周礼》，对后世治国安邦、施政教化、规范人们的行为、培养人们的人格，也起到了不可估量的作用。

4. 秦朝时期

公元前 221 年，秦王嬴政统一中国，建立起中国历史上第一个中央集权的封建王朝，嬴政自认德高三皇，功盖五帝，通过种种措施，首先确立了至高无上的皇权，表现在称谓上，即：“朕”“玺”等成了皇帝的专用词汇。秦始皇还确定了一套与皇帝地位相适应的复杂的祭典以及封禅大典。

5. 汉武帝时期

汉武帝时期“罢黜百家，独尊儒术”的治国方略确定之后，礼仪作为社会道德、行为规范、精神支柱，其重要性提高到前所未有的高度。在这一时期，礼仪的明显特征，就是将人们的行为纳入了封建道德的轨道，形成了以儒家学说为主导的正统的封建礼教。奴隶社会的尊君观念在这一时期被演绎为“君权神授说”的完整体系。以“三纲五常”为核心价值观的儒家思想影响了自西汉至清末长达两千年的封建社会。“三纲”指：君为臣纲，父为子纲，夫为妻纲。“五常”指：仁、义、礼、智、信。这种封建伦理关系的准则，构成了整个封建社会礼仪的核心，成了束缚人民的精神枷锁，阻碍了人类的平等交往。

6. 宋代时期

宋代将封建礼仪推向了一个新的高峰，产生了封建理学理论，并把道德和行为规范作为封建礼制的中心，继续奉行“君权神授”“三纲五常”。“三从四德”成为这一时期妇女的道德礼仪标准。“三从”是指在家从父、出嫁从夫、夫死从子；“四德”是指妇德（德行）、妇言（言辞）、妇容（容貌）、妇功（技艺）。“三从四德”是根据“内外有别”“男尊女卑”的原则，由儒家礼教对妇女的一生在道德、行为、修养等方面进行的规范要求，它成了牢牢套在中国妇女身上的精神枷锁，成了封建吃人礼教的重要组成部分。“家礼”的兴盛是宋代礼仪的又一特点，在大量家庭礼仪著作中，以北宋史学家司马光的《涑水家仪》和南宋理学家朱熹的《朱子家礼》最著名。

7. 明清时期

明朝和清朝继承了宋代以来的封建礼仪，并有所发展，传统礼仪对于社会生活的各个方面，大到国家军政，小到衣食住行、举手投足，无不做出详尽的规定，封建礼仪日臻成熟。

知识点 3　现代礼仪的发展

1. 鸦片战争时期

1840 年，鸦片战争爆发，西方侵略者入侵中国。中国在进入半殖民地半封建社会的同时，也受到了西方的政治、经济、文化以及资本主义的道德利益礼仪的影响，西方文明和文化对中国传统秩序和伦理秩序形成了巨大的冲击。

2. 辛亥革命时期

1911 年的辛亥革命推翻了封建专制制度，也使中国传统礼仪的规范、制度受到强烈冲击。在 1915 年开始的“新文化运动”中，觉醒的中国人在提倡民主、科学，反对专制、迷信的斗争中，对以儒家学说为代表的维护封建专制制度的旧礼教、旧道德，发动了猛烈的攻击，尖锐地揭露了封建社会伦理道德的危害性，并大力宣传男女平等、个性解放的新思想，同时接受了一些国际上通用的礼仪形式。西方文化中“自由、民主、平等、博爱”等思想得到了传播，新的礼仪标准、价值观得到推广。

3. 新中国成立以后

新中国成立以后，逐渐确立了以平等相处、友好往来、相互帮助、团结友爱为主要原则的具有中国特色的新型社会关系和人际关系。但是，由于对外交往的迟滞，严重制约了中国礼仪与世界通行礼仪的接轨。改革开放以后，中国加快了融入国际社会的步伐，礼仪也伴随着改革开放进入了新时代。中国现代礼仪是在继承和弘扬中华民族传统美德的基础上，融入了时代精神，逐步形成了符合国际惯例，具有时代特点的社会主义现代礼仪规范。与古代的繁文缛节相比，现代礼仪的礼节仪式更趋于简单化而易于人与人之间的交往，更多地体现了相互尊重。

随着人民生活的富裕、中外交往的日增，人们越来越感觉到礼仪的重要。大量有关礼仪的书籍相继出版，各行各业的礼仪规范纷纷出台，礼仪讲座、礼仪培训日趋红火，人们学习礼仪知识的热情空前高涨。重视礼仪、学习礼仪、运用礼仪，已成为人们的自觉行为。今后，随着社会的进步、科技的发展和国际交往的增多，礼仪必将得到新的完善和发展。

案例 1-3

中山装的含义

中山装是中国现代服装中的一个大类品种。其上衣的左右和上下各有一个带盖子和扣子的口袋，下身是西裤，这是辛亥革命后流行起来的服装，以伟大的革命先行者孙中山做临时大总统时穿用而流行于世，故称中山装。1912 年民国政府通令将中山装定为礼服，修改中山装造型，并赋予了新的含义。

其一，前身四个口袋表示国之四维（礼、义、廉、耻）。

其二，门襟五粒纽扣区别于西方的三权分立的五权分立（行政、立法、司法、考试、监察）。

其三，袖口三粒纽扣表示三民主义（民族、民权、民生）。

其四，后背不破缝，表示国家和平统一之大义。

中山装的形成在西装基本形成上又糅合了中国传统意识，整体廓形呈垫肩收腰，均衡对称，穿着稳重大方。新中国成立后，由于革命领袖和革命干部都穿中山装，人民群众也以这种服装来表达对新时代的欢迎，于是中山装在社会上广泛流行，成为中国男装一款标志性的服装。

中山装如图 1-1 所示。

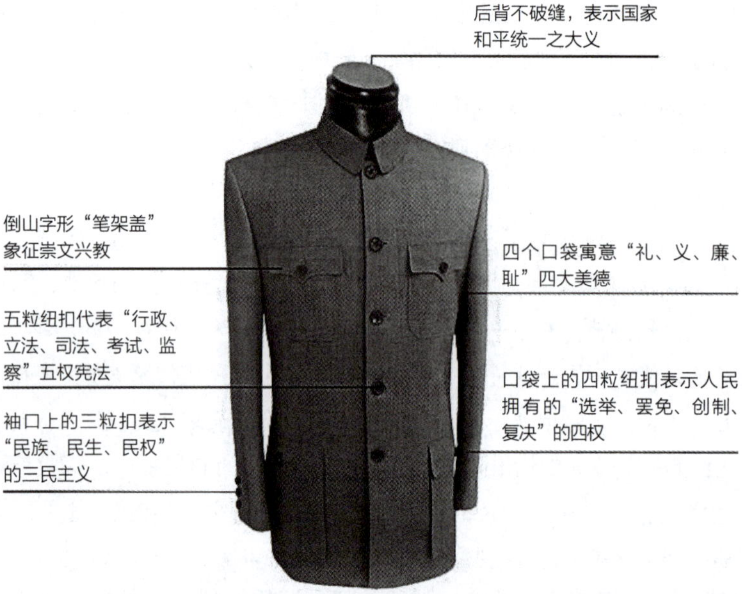

图 1-1　中山装

（资料来源：钱玉林，黄丽丽．中华文化习俗辞典［M］．上海：上海大学出版社，2009．）

工作任务单

任务实施内容	操作标准
了解礼仪的起源	正确认识人类祖先圣贤制定的祭祀、祈祷、拜祖等仪式，传承是非善恶、长幼尊卑等社会道德价值和伦理关系
学习古代礼仪	学习我国古代的“五礼”《礼记》“二十四孝”等礼仪制度及典籍，学习中国优秀传统文化，理解中国优秀传统文化在现代社会的运用，用发展的观点看待事物
运用现代礼仪	继承传统礼仪、研究国际惯例、融入时代精神，学习具有时代特点的社会主义现代礼仪规范

三、礼仪的特征与功能

知识点 1　礼仪的特征

1．传承性

礼仪的形成和完善是历史发展的产物，是人类在长期共同生活中逐渐积累下来又不断演变至今的。任何国家的当代礼仪都是在本国古代礼仪的基础上继承、发展起来的，离开了对本国、本民族既往礼仪成果的传承、扬弃，就不可能形成当代礼仪。它是一个大浪淘沙、去粗取精的过程，那些反映劳动人民的精神风貌、代表劳动人民道德水平和气质修养的健康高尚的礼仪得到了肯定和发扬，而那些代表剥削阶级封建迷信的繁文缛节、与社会发展不适应的内容得以根除。

2. 时代性

礼仪文化是时代的写照，具有浓厚的时代特色，因为任何社会行为都要受到时代因素的影响，礼仪也不例外。时代的特性和内容，往往就决定了礼仪的表现。我国古代礼仪的主旨是明确规定并严格维护封建等级制度，强调并坚持人的等级差异。与古代礼仪相比，现代礼仪更关心的是人际交往的成功，核心内容是人际交往的行为规范。例如：封建社会讲究三纲五常、男尊女卑；现代社会讲究人人平等、女士优先；人际交往中，封建社会讲究磕头、跪拜，现代社会流行鞠躬、握手；改革开放之前，清一色的服饰文化正是当时人们思想行为统一到一个文化模式中的反映，而现在丰富多彩的服饰文化也正是现代人丰富的内心世界的反映，也是社会改革开放的投影；过去盛行“同志”“师傅”这样的称谓，现在社交场合，人们则多用“先生”“小姐”“女士”的称呼。

3. 普遍性

在人类历史上，无论国家大小、民族人口多少、社会形态如何，均存在着各种各样的礼仪规范，可以说，礼仪无时不在，无处不在。礼仪已经成为一个国家和民族文明程度的重要标志，也是衡量一个人内在修养和素质的尺度。现代社交礼仪的内容已渗透到社会的方方面面，从政治、经济、文化领域，到人们的日常生活方面，礼仪活动普遍存在。

4. 差异性

礼仪作为约定俗成的行为规范，在拥有一定共同性的同时，又因其文化传统、宗教信仰、地理环境等不同而表现出明显的差异性。例如：东方民族的含蓄、深沉；西方民族的直率、奔放；东方人见面习惯于握手、鞠躬；西方人见面习惯于亲吻、拥抱。即便是同一区域中的民族，如中华民族所包含的 56 个民族也无不体现着礼仪的民族差异性。不同的宗教信仰，其礼仪的差异性表现得更为明显。例如：佛教、基督教、伊斯兰教的宗教礼仪就各不相同；即使同一宗教中的不同教派也会有所差别。例如：道教中的全真和正一两派的宗教礼仪也是不一样的。礼仪的差异性还表现在礼仪的等级差别上，对不同身份地位的对象施以不同的礼仪，如一个国家接待国宾时通常要鸣礼炮，按国际惯例：鸣放 21 响是欢迎国家元首、政府首脑等贵宾，这是最高礼遇；鸣放 19 响，是欢迎部长将军一级的外宾；鸣放 17 响、15 响等，是欢迎更低一级的外宾。

知识点 2　礼仪的功能

1. 教育功能

对集体而言，礼仪标志着一个国家、一个民族的文明程度、社会风尚和道德水平；对个人来说，礼仪可以反映一个人的气质风度、阅历见识、道德情操、精神风貌，衡量一个人综合素质的高低。礼仪通过评价、劝阻、疏导、示范等教育形式，弘扬文明之举，纠正不端行为，倡导人们按礼仪规范的要求去活动，对全社会的每一个成员都起着潜移默化的教育作用。通过推行礼仪，使国民接受礼仪教育，促进国民综合素质的提高。遵循礼仪规范的人，客观上对其他的人还起着榜样示范的作用，使人们在实际活动中，耳濡目染，见贤思齐。一个人从不懂礼仪到懂得礼仪，从知之不多到知之甚多，行为由被动到自觉，主要是受到礼仪的教育和懂礼仪的人们的影响，以至于按照礼仪的要求去自觉规范自己的行为。

2. 沟通功能

人际关系是人类社会生活中极为重要的关系，但是由于性别、个性、职业、年龄、成长环境、受教育程度等方面的差异，导致了人们在交往中有不同的价值取向。运用礼仪，可以约束人们的动机，指导人们立身处事的行为方式，规范彼此的交际活动，从而很好地协调人与人之间的关系，人与社会的关系。礼仪不仅可以使个人在交际活动中充满自信、胸有成竹、处变不惊，还能够帮助人们有效、更好地向交往对象表达自己的尊重、敬佩、友好与善意，增进彼此之间的了解与信任。对人“以礼相待”，对方获得情感上的满足，以礼貌回敬，相互之间都享有喜悦的心情，可以使原本陌生的人在最短的交往过程中达到沟通和信任，是人们交流感情、建立友谊和开展各种活动的桥梁和纽带。

3. 规范功能

礼仪作为一种约定俗成的行为规范，一旦形成，对人们的行为就会产生一种强大的约束作用。大家必须懂得礼仪，按礼仪的要求去约束自己，社会的精神文明程度才会不断提高。懂得礼仪就能够自觉按礼仪的要求规范自己的行为，明确自己应该做什么，不应该做什么；应该怎么做，不应该怎么做，进而约束自己，避免出现不合乎礼仪的行为，养成良好的文明习惯，使自己的道德水平不断提高，思想不断净化。反之，如果拒绝接受礼仪约束，固执的我行我素的人，社会就会以道德、舆论，甚至是法律的手段来加以约束。

工作任务单

任务实施内容	操作标准
把握礼仪的特征	①传承中华民族传统美德：温良恭俭让，尊老爱幼，父慈子孝，邻里互助，礼尚往来，言必有信，仪表端庄，讲究卫生，摒弃“三纲五常”“三从四德”等封建糟粕 ②遵循现代社会的交往礼仪：遵循人人平等、女士优先的社交原则；学习鞠躬、握手等礼仪规范；使用“先生”“小姐”“女士”等称呼 ③全方位讲究礼仪规范：大到一个国家的国庆庆典，小到一个企业公司的开张志喜，再到人们日常生活中的接待、见面谈话、宴请等，均需要讲究礼仪规范，遵守一定礼仪行为准则 ④尊重礼仪差异：对不同文化背景、不同宗教信仰、不同民族的礼仪差异，求同存异、入乡随俗、开放包容
使用礼仪的功能	①倡导文明举止：遵循礼仪规范的人，客观上对其他的人起着榜样示范的作用，自觉规范自己的行为，弘扬文明之举，纠正不端行为，倡导人们按礼仪规范的要求去活动 ②规范交际活动：在交际活动中对人“以礼相待”，对方获得情感上的满足，以礼貌回敬，相互之间都享有喜悦的心情，可以使原本陌生的人在最短的交往过程中达到沟通和信任，是人们交流感情、建立友谊以及开展各种活动的桥梁和纽带 ③规范自身行为：注意自己的仪容、表情、举止、服饰、谈吐等，使对方如沐春风；反之，如果人们在公共场合吸烟、随地吐痰，在严肃的会议、高雅的音乐会上手机铃声骤响等，则必会受到侧目和指责

任务训练

训练情境	从古至今我国的见面礼仪有哪些？设计不同的朝代背景演示见面礼仪	
训练任务	1. 我国有哪些见面礼仪，并演示 2. 请对其他组同学的表演作点评	
训练步骤	训练内容	补充说明
步骤一	以小组为单位，研读训练情境，明确训练目的，清晰训练任务	五人为一小组
步骤二	以小组为单位，商议完成训练任务 1；教师抽取学生进行分析回答	
步骤三	小组派代表交流训练任务 1 的完成情况	小组按顺序依次发言
步骤四	教师对训练任务 1 的完成情况做点评	
步骤五	教师抽取学生，要求学生对其他组同学的回答进行评价	一名学生对其他组同学的回答进行评价
步骤六	教师点评	

任务拓展

一饮而尽的洗手水

20世纪30年代，时任英国国王的温莎公爵（爱德华八世）为迎接来英访问的印度首领，专门举办了一场盛大的欢迎宴会。温莎公爵十分重视此次接待任务，这场宴会从开始到结束都进行得十分顺利，然而就在宴会临近结束之际却出现了一个突发状况，令在场所有人都措手不及。

用餐后，宴会服务员为每位客人端来洗手盆，印度首领看到精美的器皿里装着清澈的水，以为这是温莎公爵专门为他们准备的特殊接待礼仪，高兴地端起这盆水一饮而尽。

见此情景，在场的英国贵族们全都惊呆了，不知所措，都把目光投向了温莎公爵。然而，温莎公爵却表现得十分镇定，好像若无其事，一边与客人继续交谈，一边也端起面前的洗手盆一饮而尽。看到温莎公爵此举，在场的贵族们也纷纷效仿，将洗手盆中的水一饮而尽。宴会就这样在欢乐和谐的氛围中结束。

议一议：温莎公爵的做法体现了什么？谈谈你对礼仪本质的理解。

任务二

东西方礼仪差异

任务目标

1. 了解东西方礼仪的主要差异
2. 掌握交际语言、餐饮礼仪、社会习俗等方面的差异，能够灵活运用

任务实施

东方是人类历史的发源地之一，主要指以中国、朝鲜、韩国、日本、东南亚地区等为代表的亚洲国家，以其具有人情味的传统礼仪向世人展示了悠久的历史文化和无穷的魅力。西方主要指北美和欧洲国家。西方礼仪中，特别强调规范人的行为，注重良好的教养。不同国家、不同民族由于其所处地域、历史文化传统、生活习俗、语言、文字等方面的差异，其礼仪各不相同，都带有各自国家及其民族的特点。不同文化背景下的人在礼仪上有着不同的认识和需求，如果处理不好是会影响交际效果的。因此，了解东西方礼仪的差异，在国际交往、涉外旅游服务方面是非常必要的。下面以我国为例，简要说明一下东西方礼仪存在的主要差异。

知识点 1 东西方礼仪的主要差异

1. 交际语言的差异

在称谓方面，我国是比较详细具体的，而西方则比较笼统。在西方国家强调以人为本，个性自由，要求尊重个人隐私。与人交谈时，切不可谈及个人的私事，诸如年龄、婚姻、收入、信仰等，因为他们会认为你别有用心，要刺探其隐私，容易发生文化冲突，造成误解。在中国，人们对个人隐私的界限远没有这么清晰，人们并不会在意别人对自己的生活作一般了解。中国人寒暄时，可能谈起年龄、婚姻、收入等，体现了中国文化的社会家庭化，“四海之内皆兄弟”的为人准则，显示对他人的关心。

2. 餐饮礼仪的差异

中西方宴请礼仪也各具特色。从传统习俗上说，中国人请客讲究一种热闹温暖的用餐氛围。中国人觉得这样的宴客方式才能体现主人的热情和诚恳，较随便的形式则是主人邀上三五知己，到家中由女主人炒几个菜，小酌一番。这种随便的宴客形式不讲究礼仪，不讲究座次，不讲究饭菜，只讲究气氛的和谐、主人的热诚、主客谈话的投机。而西方人在用餐时，喜欢幽雅、安静的环境，聚会时通常采用酒会或自助餐的形式，他们认为在餐桌上的时

候一定要注意自己的礼仪，不可以失去礼节，如在进餐时不能发出很难听的声音。吃西餐的时候，主人不提倡大肆地饮酒，而中国的餐桌上酒是必备之物，以酒助兴，有时更以喝酒的爽快来表示对对方的尊重。

3. 社会习俗的差异

在日常社会交往中，东方人在性格方面表现得比较谦逊、含蓄，说话委婉；相反，西方人秉性率直，性格开朗大方；在家庭中，父母与子女的关系在中西方也有很大的差异。中国人重视亲情，认为“血浓于水”，人际关系以“伦理”为主，当多种利益发生矛盾和冲突之时，多数人都会选择维护有血缘关系的家族利益。在西方，孩子们从小就被灌输自立自强的观念，年轻人以独立自主为荣，而父母老了以后也不以子女为依赖，子女也没有赡养父母的责任，父母与子女的关系较为平等。儿女成年后和父母间的来往越来越少，亲人之间会冷漠许多。

西方不仅讲究男女平等，反对性别歧视，更讲究照顾女性和尊重女性，要想方设法、尽心竭力地去为女性排忧解难，这就是所谓的女士优先。在我国，封建社会中“男尊女卑”的文化一直在传统社会习俗中占据着不可动摇的地位，现代社会虽然已经给予否定，但其影响短时间内还不能完全消除。随着时代的发展，我国已经初步实现了男女平等，西方的“女士优先”在中国也备受青睐。

知识点 2 我国朋友关系间的称谓

（1）贫贱而地位低下时结交的朋友叫“贫贱之交”。

（2）情谊契合、亲如兄弟的朋友叫“金兰之交”。

（3）同生死、共患难的朋友叫“刎颈之交”。

（4）在遇到磨难时结成的朋友叫“患难之交”。

（5）情投意合、友谊深厚的朋友叫“莫逆之交”。

（6）从小一块儿长大的异性好朋友叫“竹马之交”。

（7）以平民身份相交往的朋友叫“布衣之交”。

（8）辈分不同、年龄相差较大的朋友叫“忘年之交”。

（9）不拘于身份、形迹的朋友叫“忘形之交”。

（10）不因贵贱的变化而改变深厚友情的朋友叫“车笠之交”。

（11）在道义上彼此支持的朋友叫“君子之交”。

（12）心意相投、相知很深的朋友叫“神交”（“神交”也指彼此慕名而未见过面的朋友）。

工作任务单

任务实施内容	操作标准
称谓差异	①亲属称谓：我国的称谓系统繁复多样，几乎能把其身份表明一览无余。例如：辈分（父辈：伯、舅；同辈：哥、妹、堂弟），父系或母系（姑、姨），直系或旁系（孙、侄孙），年龄的大小（叔、伯、哥、弟）及血亲或姻亲（哥、嫂子、姐、姐夫）等。然而，在西方社会中，几乎对所有的男性长辈都可以称“叔叔”，对所有的

续表

任务实施内容	操作标准
称谓差异	女性长辈都可以称“阿姨”。例如：西方人称“阿姨”，就可以涵盖我国的婶婶、伯母、姨等。在西方家庭成员之间，不分长幼尊卑，一般可互称姓名或昵称。在家里，可以直接叫爸爸、妈妈的名字。这在我国绝大部分家庭是不行的，必须要分清楚辈分、老幼等关系，否则就会被认为不懂礼貌 ②社交称谓：我国喜欢用职务、职称等互称。例如：职务（部长、省长、校长、厂长、经理等）、军衔（上校、少将、中尉等）、职称（工程师、教授、编审等）、学位（硕士、博士）、职业（医生、护士、老师、律师等）都可以加上姓称呼别人。一般只有彼此熟悉亲密的人之间才可以“直呼其名”，否则会被认为是不礼貌。在西方，常用“先生”和“夫人”来称呼不知其名的陌生人，对十几或二十几岁的女子可称呼“小姐”，结婚的女性可称“女士”或“夫人”等。熟人之间见面时喜欢直呼其名，这是亲切友好的表示。人们很少用正式的头衔称呼别人，正式的头衔通常只用于法官、高级政府官员、军官、医生、教授和高级宗教人士
问候语的差异	①中国人大多使用“吃了吗?”“上哪呢?”等这样一些话来打招呼，这体现了人与人之间的一种亲切感，也体现出了中国老百姓质朴、实在的性格，及普通百姓之间存在的那种真切的、温情的关系。可对西方人来说，这种打招呼的方式会令对方感到突然、尴尬，甚至不快，因为西方人会把这种问话理解成为一种“盘问”，感到对方在询问他们的私生活 ②在西方，日常打招呼他们只说一声“你好”或按时间来分，说声“早上好”“下午好”“晚上好”就可以了，再或者说声“今天天气不错”，因为天气永远是一个非个人的话题
餐饮礼仪的差异	①中国人请客讲究“共趣”，按长、尊、主、次围桌而坐，大家一起吃吃喝喝，说说笑笑，营造一种热闹温暖的用餐氛围。中国从古至今大多都以左为尊，在宴请客人时，要将地位尊贵的客人安排在左边的座位，然后依次安排 ②西方人在用餐时，喜欢幽雅、安静的环境，在西方是以右为尊，男女间隔而座，夫妻也分开而座，女宾客的席位比男宾客的席位稍高，男士要替他右边的女宾客拉开椅子，以示对女士的尊重
社会习俗的差异	①日常社会交往中，东方人性格比较谦逊、含蓄，说话委婉，强调运用礼貌客气的方式处理问题，一般不直接做出否定的回答。中国人受到表扬一般会表现得很谦虚，回复一些客气的话。相反，西方人秉性率直，性格开朗大方；说话办事喜欢直截了当，不喜欢绕弯子；平时做事不拘小节；受到赞赏一般会直接接受，并向对方表示谢意 ②家庭中，父母与子女的关系在中西方也有很大的差异。在中国家庭中，父母为家庭做出很多的个人牺牲，却不以为苦，反而自得其乐，但同时要求子女更多的服从。子女成长后则对父母负有赡养的责任。在西方家庭中，孩子们从小就被灌输自立自强的观念。青年人总是希望自己能尽早独立，摆脱父母的管束，子女与父母之间没有太多的依赖性，而父母老了以后也不以子女为依赖，子女也没有赡养父母的责任，父母与子女的关系较为平等 ③尊重女性，西方不仅讲究男女平等，反对性别歧视，更讲究照顾女性和尊重女性：握手时，女士先伸手，然后男士才能随之；走路和进出门时让女士先行；在大街人行道上行走时，男士走在靠马路的外侧，以确保女士不受车辆伤害；上下汽车时，男士主动为女士开门，给予照顾并让其先行；进出门时，男士主动协助女士脱下或穿上外衣；进餐时，侍者替女士安顿好座位后，男士才入座，或者男士主动站到女士背后，为其推拉椅子，帮她们坐好

任务训练

训练情境	西方游客在游览河北承德时，有人问："承德以前是蒙古人住的地方，因为它在长城以外，对吗？"导游员答："是的，现在有些村落还是蒙古名字。"又问："那么，是不是可以说，现在汉人侵略了蒙古人的地盘呢？"	
训练任务	1. 作为导游你应该怎样回答客人 2. 请对其他组同学的答案作点评	
训练步骤	训练内容	补充说明
步骤一	以小组为单位，研读训练情境，明确训练目的，清晰训练任务	五人为一小组
步骤二	以小组为单位，商议完成训练任务 1；教师抽取学生进行分析回答	
步骤三	小组派代表交流训练任务 1 的完成情况	小组按顺序依次发言
步骤四	教师对训练任务 1 的完成情况作点评	
步骤五	教师抽取学生，要求学生对其他组同学的回答进行评价	一名学生对其他组同学的回答进行评价
步骤六	教师点评	

任务拓展

谦虚回答对不对

一位英国老妇人到中国旅游观光，对接待她的导游小姐评价颇高，认为她服务态度好，语言水平也很高，便夸奖导游小姐说："你的英语讲得好极了！"导游小姐马上回应说："我的英语讲得不好。"英国老妇人一听很生气地说："英语是我的母语，难道我的夸奖不够中肯，不具有权威性吗？"

议一议：从东西方文化差异的角度谈谈该如何回答英国客人的夸奖？

任务三

旅游服务礼仪概述

任务目标

1. 了解学习旅游服务礼仪的意义
2. 掌握提高旅游服务礼仪水平的途径

任务实施

旅游服务礼仪是指旅游从业人员在为游客服务过程中，通过语言、仪态、动作并以一定的程序方式表现出来的对他人尊重和友好的行为规范。旅游行业的职业特殊性在于要和许多陌生人打交道。俗话说："礼多人不怪。"礼仪的应用可以让从业人员在工作中如鱼得水。对旅游从业者而言，养成文明服务礼仪，在一定程度上，是衡量其旅游业从业道德水准和有无教养的尺度，并且也可以折射出该员工所在公司的企业文化和经营管理境界。

案例 1-4

导游名师工作坊成员为区党校青干班学员开展礼仪培训

2018 年 6 月 5 日下午，在区委党校刘岳峰副校长的主持下，黄山旅游管理学校省导游名师工作坊领衔人、正高级讲师王锋老师，在区委党校三号教室为黄山区青干班学员 40 余人开展了礼仪培训。

此次培训主要通过专家引导示范，学员模拟演示达到理论与实践相结合的培训目标。从什么是文明礼仪切入，带着学员一起寻找身边的不文明现象，树立重道德、学礼仪的思想，加强学员主动性，争当人民满意的好干部。在培训过程中，还穿插了一些礼仪训练项目，从站姿、坐姿、蹲姿、握手、递送名片到乘坐车、就餐、会议等座位安排礼仪，以标准示范带动学员主动学习。培训从以上几方面入手，真正让学员学有所得。

（资料来源：黄山市黄山区人民政府 http: //www. hsq. gov. cn/News/show/8067690. html）

知识点　学习旅游服务礼仪的意义

1. 塑造国家、民族的良好形象

在现代社会，国际之间的旅游业快速发展，而旅游的特点决定了来自五湖四海的游客不可能有较长的时间来具体了解某一地区或国家，旅游者往往是通过与其接触的旅游服务人员来判断一个国家或地区所具有的文明程度和精神风貌。所以，旅游服务业是一个国家的窗口行业。我国旅游从业人员的良好的旅游服务礼仪会产生积极的宣传效果，对于改善国际交往，增进各国人民之间的了解和友谊，展示中华民族的精神风貌和维护我国的声誉，传播社会主义精神文明等有着重要的现实意义；反之，旅游从业人员不注意礼仪修养所造成的影响非常大，甚至会影响国家与国家之间的关系。所以，旅游从业人员要自觉加强礼仪修养的提高，使礼仪修养与时代同步，与当代世界接轨。

2. 提供优质服务的关键因素

在旅游过程中，游客注重的不仅仅是便捷的交通工具、设施齐全的酒店等物质的满足，更注重的是旅游服务质量。而影响旅游服务质量的主要因素是从业人员的服务意识、服务态度和服务礼仪。其中，服务质量的高低在很大程度上是由礼仪服务水平所决定的。在旅游服务活动中，具有"宾客至上"的服务意识、热情友好的服务态度、良好服务礼仪修养的从业人员，举止优雅、谈吐自如、行为规范、文明礼貌，对游客吸引力强，有助于旅游服务工作的有效开展。特别是解决旅游活动中不可避免出现的一些纠纷和矛盾时，旅游服务人员较高的礼仪修养就至关重要了，它可以有礼有节地将大事化小、小事化无，成为解决游客纠纷的润滑剂；反之，一个缺乏礼仪修养的旅游从业人员，即便有娴熟的服务技能和丰富的专业知识，也无法让游客在精神上产生亲切感和尊重感，在处理纠纷时更能激化矛盾，给游客留下不好的印象。

3. 可以为企业带来巨大效益

对旅游企业来说，旅游服务礼仪是企业价值观念、道德观念、员工素质的整体体现，是企业文明程度的重要标志。旅游服务礼仪可强化企业的道德要求，树立企业的良好形象。让顾客满意，为顾客提供优质的商品和服务，是良好企业形象的基本要求。旅游服务礼仪能够最大限度地满足旅游者在服务中的精神需求，使其获得物质需求和精神需求的满足。此外，在企业内部，各部门要正常运转，需要互相协作、互相支持。因此，需要每一位员工、每一个部门相互体谅、相互支持，在沟通方面注意礼仪和分寸，形成互相尊重、团结协作的风气，只有这样才能提高工作效率。故员工对内与对外均具有良好的礼仪素养，可以树立企业形象，创造巨大的经济效益。

4. 有利于旅游从业人员的个人发展

礼仪是衡量一个人文明程度的准绳。它不仅反映着一个人的交际技巧与应变能力，还反映出一个人的气质风度、阅历见识、道德情操、精神风貌。通过一个人对礼仪的学习及运用程度，可以察知其教养的高低、文明的程度和道德的水准。在旅游业界，旅游工作者学习礼仪，运用礼仪，将有益于更好、更规范地设计个人形象、维护个人形象，更好、更充分地展示其良好教养与优雅风度，进而能给游客提供满意度高的服务。对于旅游从业者来说，要得到游客的认可和旅游企业领导的赏识，就必须具有令游客满意的本领，这一本领就是良好的服务礼仪修养，这是旅游从业人员个人发展的必要通行证。

工作任务单

任务实施内容	操作标准
加强道德修养	道德修养是人的道德活动形式之一，也是个人自觉地将一定的道德要求转变为个人道德品质的内在过程。加强道德修养是一个自我认识、自我教育、自我完善的过程，加强道德修养才能树立正确的社会道德观和人生价值观，才能增强社会责任感和使命感，从而自觉地规范自己的行为。礼仪行为从广义上说就是一种道德行为，处处渗透和体现着一种道德精神。因此，想要获得良好的礼仪修养，首先就要加强道德修养，使自身的道德品质得到提高。一个有着良好道德修养的人，才会能动地指导自己的行为，自觉地实施礼貌、礼节，才会热情真情、全心全意为客人服务
提高文化修养	礼仪学是一门综合性的学科，它和公共关系学、美学、民俗学、社会学等许多学科都有着密切的关系，一个人只有具备深厚的文化修养，有意识地广泛涉猎多种科学文化知识，才能深刻理解礼仪的原则和规范。此外，文化层次的高低与人们精神层次的高低密切相关。往往文化素养高的人更加沉稳、庄重，更注意自己的形象，在人际交往中具有独特的魅力。旅游从业人员应该提高自己的文化修养，培养广泛的兴趣，提高文学、艺术欣赏能力，提高审美能力，只有这样，才会有意无意地按照美的规律来认识生活和改变周围的环境，使自己的言行更具美感，在人际交往中受到欢迎和尊重
接受礼仪教育	世界各国的礼仪风俗千姿百态，我国各民族的礼节习俗也各不相同。礼仪知识是一个浩瀚的海洋，懂得越多越全面，就越能应付自如。作为对外联系频繁的旅游工作者，若对其他国家或某一具体活动的礼仪知识不了解，只凭自己的经验办事，轻则闹笑话，重则影响工作效果，甚至造成误解。所以，在旅游工作中，应该注意搜集和学习礼仪知识，接受各种规范的礼仪培训，久而久之，不但在礼仪方面博闻多识，而且礼仪修养也能提高到新的高度。向同行学习也是旅游工作者接受礼仪教育的一条直接途径。有经验、有修养的同行是学习的典范，这比理论知识和实践摸索所带来的启发更为直接和有效。你可以从他们的言行举止、待人接物、处理问题上学到实际的服务规程、应变技巧，学到如何与客人更好地沟通，如何为客人提供更优质的服务等。在学习的过程中，通过不断地对照别人，检查自己，发现差距，及时完善，从而提升自己的礼仪修养，争取成为别人的榜样
参加礼仪实践	我们掌握的礼仪知识一定要运用到实践当中，离开了实践，礼仪修养就成了“纸上谈兵”。只有投身到社交场合中，才能了解自己的优势和弱点，才能对症下药，弥补不足，才能使自己的礼仪修养不断提高。在实践中多锻炼，在文明气氛较浓的环境里去接受熏陶，对增强自己的文明意识，培养礼貌的行为，涤荡各种粗俗不雅的不良习惯，提高礼仪修养水平，是大有好处的。在旅游交往中，要自觉从大处着眼，小处着手，以礼仪来规范自己的言谈举止。在旅游交往场所，要多听、多看、多想、多学、多用，通过各种场合交往的接触强化，不断提高自己的礼仪修养

礼仪修养是一个人在待人接物方面的素质和能力，是道德修养、文化品位、精神境界的综合体现。它不是先天具备的，而是个人后天学习和磨炼的结果，每个人都可以通过长期的情操陶冶、知识积累和实际锻炼培养良好的礼仪修养。

任务训练

训练情境	作为一位导游员，明天你接待的旅游团中有 3 个回族客人，2 个维吾尔族客人，请问你会做哪些礼仪上的准备	
训练任务	1. 接待回族、维吾尔族客人的礼仪准备 2. 请对其他组同学的答案作点评	
训练步骤	训练内容	补充说明
步骤一	以小组为单位，研读训练情境，明确训练目的，清晰训练任务	五人为一小组
步骤二	以小组为单位，商议完成训练任务 1；教师抽取学生进行分析回答	
步骤三	小组派代表交流训练任务 1 的完成情况	小组按顺序依次发言
步骤四	教师对训练任务 1 的完成情况作点评	
步骤五	教师抽取学生，要求学生对其他组同学的回答进行评价	一名学生对其他组同学的回答进行评价
步骤六	教师点评	

任务拓展

“周到”的服务

一天晚上，刘先生和一位美国朋友到一家高级饭店就餐。服务员热情地为他们点菜、斟酒、上汤、上饭菜。服务员小姐在服务期间满脸微笑，眼疾手快，一刻也不闲着：上菜时即刻报菜名，见客人杯子空了马上斟酒，见菜碟的菜没有了立刻补菜，见骨盘上骨刺皮壳多了随即更换，见米饭没了赶紧添……她站在一旁忙上忙下，并不时用英语礼貌地询问两位还有何需要，搞得他们拘谨起来。

外宾从口袋里拿出香烟，抽出一支拿在手里，然后对刘先生说：“这里的服务员简直太热情了，不过……”“先生，请您抽烟。”服务员小姐见外宾手里拿着香烟，忙从口袋里拿出打火机，熟练地打着火，送到客人面前为他点烟。“哦……好，好！”外宾忙把烟叼在嘴里迎上去，样子很是狼狈。点烟后服务员小姐又忙着给他杯子里添茶，外宾忙熄灭香烟用手阻止：“谢谢！还是我们自己来吧！”服务员小姐随即将烟灰缸拿去更换。“刘先生，我们还是赶紧吃完离开吧，这里服务太周到了，让人透不过气。”两个人匆匆用完餐赶忙离开了。

议一议：按照一般的服务标准来说，该服务员的服务态度和服务标准都是合格的，但为什么会让刘先生和外宾感觉不自在，匆匆离开呢？

项目小结

本项目主要介绍了礼、礼貌、礼节、礼仪的含义，礼仪的起源与发展及礼仪的特征与功能；通过交际语言、餐饮礼仪和社会习俗等方面介绍了东西方礼仪的差异；最后，介绍了学习旅游服务礼仪的意义及旅游服务礼仪的培养途径。

习题

一、填空题

1.《________》《周礼》《礼记》，被后世合称为“礼学三著作”。

2. 封建社会中，“三纲无常”中“三纲”指的是：君为臣纲、________、夫为妻纲。

3. “三从四德”中“三从”，即：在家从父、出嫁从夫、________。

4. 礼仪的特征为：________、时代性、普遍性及差异性。

5. 礼仪的功能主要包括：教育功能、________、规范功能。

二、判断题

1. “君君、臣臣、父父、子子”的观念是孟子提出的。 (   )

2. 古代的“五礼”，即吉礼、凶礼、宾礼、军礼和嘉礼。 (   )

3. 按照国际惯例，一个国家接待国宾均要鸣放 21 响礼炮。 (   )

4. 礼节是礼貌的具体表现，礼貌是抽象的，礼节是具体的。 (   )

5.《涑水家仪》的作者为西汉董仲舒。 (   )

三、简答题

1. 简述礼仪的概念。

2. 简述礼节和礼仪的关系。

3. 东西方礼仪的差异主要有哪些？

4. 学习旅游服务礼仪的意义有哪些？

5. 简述旅游服务礼仪的培养途径。

四、案例分析题

当飞机快要起飞了还在恋恋不舍地玩手机，飞行途中与同行的亲朋聊天音量不自觉地放大，落地后飞机还在滑行时便迫不及待地拉开安全带起身打开行李架……这些行为看似小事，却体现了一种礼仪。在飞行途中，这些坐飞机时该遵守的通用礼仪你知道几个，又能做到几个呢？

1. 请自觉关闭电子设备或调为飞行模式

当飞机即将起飞前，空乘人员总是会再三通过广播或在走道间巡视提醒乘客，请及时关闭电子设备或调为飞行模式。可有些乘客就是充耳不闻，即便空乘人员再三催促，还是埋头于手机之中，有的会直到空乘人员站在身边不走开才不得不照做。

其实，航空公司之所以做出这样的规定，是出于对飞行安全的考虑，出发点也是为乘客的安全着想。很多乘客不自觉遵守这一规定，或者总是要经过再三提醒才很不情愿地去履行，从根本上说是缺乏安全意识，也反映了不遵守规则的乘客对他人的不尊重。

小建议 既然是为自己的安全考虑，下次请在听到机舱广播提醒后，自觉地关闭手机电源或调为飞行模式，不要等空姐再三提醒才做，容易引人侧目哦！

2. 不要将脚伸到前排座椅去

有位主持人曾在微博上晒出一张动态图，他的飞机座位扶手上，一双穿着深蓝色袜子的脚从后面伸了过来，还不停地左右摆动！为了让双脚更舒服而将脚伸到前排座椅的行为曾被评为飞行中让人厌恶的行为之一，如果脚上有味道，那就更加令人厌恶了！

小建议 飞行途中挤在狭小的空间内的确是很不舒服，这也不意味着你就不能脱鞋，但脱了鞋后把脚伸到前排去，这样的做法就太让人鄙夷了。如果真的想让双脚做伸展运动，最好的办法恐怕就是多花点钱升舱到商务舱去了。

3. 不要撕杂志

座位前的口袋里往往会配备一些机上杂志，以方便乘客取阅。有些乘客在看到一些有趣的文章时，可能会因为太喜欢这篇文章了，又或者考虑到机舱上的杂志通常是航空公司或民航自己办的杂志，外面报摊买不到，而做出撕杂志、将相关的页面带走的行为。这也是一种不太合适的举动，想想下一位乘客看到这本残缺不全的杂志时会做何感想呢？

小建议 如果真的有很喜欢的文章，或许可以拿出相机拍下这些文章页面，或是在飞机停稳后拿出手机拍下来。虽然自己回头看起来可能有些不方便，但也会比撕杂志更有礼貌。

4. 别将用过的餐盘随意丢在地上

曾经有空姐在一篇文章里写到，一些乘客会在用餐后，等不到空姐来收拾餐盘就随意将餐盘丢在飞机走道上，这种行为不仅影响机舱的整洁，也不方便空乘人员收拾。这种情况往往出现在一些大型飞机上，如A380有500多个座位，比起普通的小飞机，即使配备更多空乘人员，派餐和收拾的速度也未必有那么快。因此，一些乘客会等不及空姐收拾，又嫌用过的餐盘留在小桌板上太碍事而直接将餐盘放在地上。虽然这往往是不得已而为之的行为，但还是应当考虑一下环境卫生的问题。

> 小建议
> 如果久久等候不到空乘人员来收拾餐盘，又觉得餐盘碍事的话，其实可以按呼唤铃，向空乘人员说明情况后让他们先帮忙将餐盘收拾走，或者干脆自己将餐盘端到空乘工作间去。此外，如果能够注意收拾好用完的餐盘，如将餐盒整理规整一些，而不是将垃圾随意堆放在餐盘上，不仅更加干净卫生，也可以帮助空乘人员提高收拾餐盘的效率。

5. 调整座椅时为后排考虑

在飞机起飞上升直至在高空中飞行平稳后，安全带指示灯会熄灭，这时候意味着遮光板可以自由关闭，小桌板也可以正常使用，而座椅靠背也可以调整到最舒服的状态。不过，很多乘客都有这样的经历，会被前排乘客粗暴地调整座椅靠背的举动吓一大跳，通常这种情况下也可能会产生一些口角。尤其是在用餐期间，前排乘客依然将座椅靠背调整到最低的状态，会大大影响到后排乘客用餐，这种没有意识到自己座椅调整行为对后排乘客影响的行为也是缺乏飞行礼仪的一种表现。

> 小建议
> 最好要有照顾到后排旅客的想法，在调整座椅靠背时动作轻一点。在用餐期间，自觉地将座椅靠背调整到正常状态，等到用餐完毕后再轻轻调整到自己最舒服的角度。

6. 不要大声聊天

有些乘客因为和亲戚朋友或同事一起同行，在飞行途中会聊天，聊到开心时还会不自觉地放大音量，而可能连他们自己也没有意识到，聊天的分贝已经影响到其他乘客的休息了。机舱是一个狭小而密闭的空间，个人的音量比起在地面上会更大，只是很多人都还没有意识到这一点。

> 小建议
> 在飞机上注意控制音量，不要大声聊天，是应当遵守的一项飞行礼仪。如果在飞机上你觉得其他人的聊天音量太大，建议也不要直接去交涉，可以按呼唤铃请空乘人员帮忙提醒，以免发生争执。

7. 飞机完全停稳后 再打开安全带拿行李

当飞机落地之后，尚在滑行时，总会听到两个主要的动静：一个是拉开安全带的声音，另一个是开启手机的声音。而一些乘客甚至会迫不及待地起身打开行李架，意图拿出自己的行李。往往在这种情况下，空乘人员会及时制止乘客的行为。

在飞机落地后耐心等待是机舱内的一项重要礼仪，也是保障安全的方式。因为当飞机还在滑行时，解开安全带会有安全隐患，打开手机会干扰依然在运行的飞机设备，起身拿行李更容易因为飞机还在行进而发生危险。

小建议

遵守机舱礼仪要做到按指示和提醒做事，在落地后，要等到飞机完全停稳，机舱的灯光完全亮了之后，才意味着可以解开安全带、提拿行李物品。其实，即便你再早取得行李架上的行李物品，也要等到飞机停好、开了机舱门之后，才能排队按顺序走出机舱。既然如此，还不如耐心等待。

问题：请你说说乘机礼仪中还有哪些细节容易被忽略，并相应给出小建议。

2

项目二

职业形象礼仪

学习目标

知识目标 1. 认识旅游服务人员职业形象对服务工作的重要性

2. 了解职业形象礼仪规范的主要内容

3. 仪容、仪态、服饰礼仪的规范要求

技能目标 1. 能正确地进行个人仪容修饰

2. 熟练掌握工作中应遵循的着装礼仪

3. 熟练掌握站、坐、行、走等仪态姿势

素质目标 1. 掌握职业形象礼仪的知识

2. 能将知识运用到实际的旅游服务工作中，塑造良好的职业形象

关键词

- 仪容、仪态、服饰、礼仪规范

案例导入

形象永远走在能力前面

1995年的冬天，如果我再找不到工作，回国几乎成为唯一的选择。

可我再一次被拒绝了。想起那个面试官的表情，我非常想抓狂。她竟然说我的形象和我的简历不相符而拒绝继续向我提问。我低头看自己的打扮，很明显，因为穿着问题，我被她鄙视了。我发誓我可以用我的能力让她收回她对我的鄙视，但我没有得到表现我的能力的机会。

我的房东莎琳娜太太是一个很苛刻的中年女人。她规定我必须12:00之前熄灯睡觉，规定我必须在10min之内从浴室出来，规定我如果不穿戴整齐就不准进入她的客厅，不准我用她的漂亮厨房做中餐，她甚至规定我在她有客人来访的时候必须涂口红！

我非常讨厌莎琳娜这种所谓的英伦女人的尊严。但所有人都说，莎琳娜是最好的寄宿房东。可是我看不出她好在什么地方。就好比当我很多次面试失败回来后，厨房里一点吃的都不会有，并且如果我上楼发出声音，她会站在卧室门口很大声地指责我。

我刚刚洗完头发，坐在床上一边翻看报纸的招聘信息一边吃我带回来的面包卷。可这违反了莎琳娜的原则。她冲上前来，一把夺过我的面包和报纸，用英文大吼："你这个毫无素质的中国女孩！你滚出我的家！"

我于是披散着头发，在睡衣外裹上大衣冲出了门。

25年来，我以非常漂亮的成绩和能力一路所向披靡，从来没有人说我没有素质。

我们家并不贫穷，但25年来我的妈妈一直告诉我，能力才是最重要的。我不能明白以貌取人在这里居然成为一个正义的词语。这简直是对我25年的人生观的侮辱！

我愤怒地冲进一家咖啡馆。天气实在太冷，我也很饿。

咖啡馆里的人居然很多。侍者以一种奇怪的眼神把我引到一个空座位边。那是咖啡馆里唯一的空位。我的对面是一个英国老太太。她看起来比莎琳娜更加讲究，就像伊丽莎白女王一样尊贵与精致。我不由下意识地收起自己宽松睡裤下的运动鞋。然后，我看到她裙子下穿了丝袜和漂亮高跟鞋的腿，以她这样的年纪，却仍然把这样的鞋子穿得非常迷人。

在欧洲的很多高档餐厅里，衣衫不整是被拒绝进入的。我想我能进来的原因大概是因为我穿了价值不菲的大衣。我不由得暂时收起自己的愤怒说道："给我一杯热咖啡，谢谢。"

侍者走开后，对面的老太太并不看我，而是从旁边拿了一张便笺写了一行字递给我。结果看到的是非常漂亮的手写英文：洗手间在你的左后方拐弯。我抬头看她，她正以非常优雅的姿势喝咖啡，没有看我半眼。我的尴尬难以言明。第一次觉得不被尊重是应该的。

我的头发被风吹得非常凌乱，我的鼻子旁边甚至还沾了一点面包屑！虽然我的大衣质地非常好，但我的睡裤被它衬得很老旧。我第一次有点看不起自己。这样的打扮，我有多不尊重自己，以致使别人觉得我也不尊重她们。我想起下午去面试时自己的日常便装，那应该也是对一个高级经理职位的不尊重吧？

当我再回到座位的时候，那个老太太已经离开了。那张留下的便笺多了另一句漂亮的手写英文：作为女人，你必须精致。这是女人的尊严。

我逃也似地走出了那家咖啡厅。莎琳娜竟然坐在客厅里等我，一见我就对我说："你已经超过了 12:10 才回来，所以明天必须去帮我清洗草坪。"我答应了她，并向她道歉。

我发现莎琳娜教了我许多同样有用的东西：12:00 之前睡觉能让我第 2 天精神充足，穿戴整洁美观能让别人首先尊重我，穿高跟鞋和使用口红使我得到了更多绅士的帮助，我开始感觉自己的自信非常充足而有底气，我不再希望别人看我的简历来判断我是不是有能力。

我最后一次面试，是一家大化妆品公司的市场推广。我得体的着装打扮为我的表现加了分。那个精致、干练的女上司对我说："你非常优秀，欢迎你的加入。"

我没有想到，我的上司居然就是我在咖啡馆里遇到的那位英国老太太。她非常有名！她也是这个化妆品牌的销售女皇！

我对她说："非常感谢你。"真的非常感谢她。非常感谢她那句："作为女人，你必须精致。"虽然她没有认出我。是的，确实没有人有义务必须透过连你自己都毫不在意的邋遢外表去发现你优秀的内在。你必须精致，这是女人的尊严。我在后来的后来，都一直记得！

（资料来源：杨澜. 形象永远走在能力前面 [J]. 思维与智慧：下半月，2014（16）.）

个人形象指的是一个人在人际交往中留给他人的总的印象，以及由此而使他人对其所形成的总的评价和总的看法。

旅游服务人员必须注重个人形象，这是由其工作性质决定的。旅游服务工作的特点是直接面向旅游者为其提供服务，来自四面八方的宾客对为其服务的工作人员的形象会留下直接而深刻的印象，而良好的个人形象会产生积极的宣传效果。在一定程度上，旅游服务人员的个人形象反映了一个国家或地区、一个组织或团体的服务形象和管理与服务水平。

旅游服务人员注重个人形象也是尊重宾客的需要。宾客们在旅游过程中，追求着一种比日常生活更高标准的享受，即：视、听、嗅等感官的美的享受。据有关专家分析，在给人的印象中各种刺激所占的百分比分别为：视觉印象大约占 75%，谈吐印象大约占 16%，味觉印象大约占 3%，嗅觉印象大约占 3%，触觉印象大约占 3%。服务人员的个人形象能满足宾客视觉美方面的需要，同时又使他们感受到优质美好的服务，自己的身份地位得到应有的承认，求尊重的心理也会得到满足。

注重个人形象也反映了旅游服务人员的自尊自爱。生活中需要美，人们也崇尚美。可以说，爱美之心人皆有之。每一位服务人员也想得到宾客对自己形象的肯定和赞许。良好的个人形象不仅反映了一个国家或一个民族的道德水准、文明程度、文化修养、精神面貌和生活水平，也反映了旅游组织者的经营管理和服务水平，而且也通过个人形象的直接展现，体现出自尊自爱，这也是文明习惯的直接反映。文明习惯是精神文明的重要组成部分，尽管东西方的文明有所不同，但文明习惯在旅游业基本是相同的。至少，整洁的服装、美观的仪容、端庄的姿态、有修养的礼仪是旅游服务中必不可少的。

任务一

仪容礼仪

任务目标

1. 掌握正确的仪容修饰规范知识
2. 能根据场合对自己的仪容进行正确的修饰

任务实施

旅游服务人员的个人仪容是指个人的容貌，它由发式、面容以及所有未被服饰遮掩、暴露在外的肌肤（如手、颈、腿）构成。在与他人交往中，人的容貌是首先被注视的部位，在人的整体形象中占有举足轻重的位置。

旅游服务行业是社会对外开放的窗口，员工队伍的总体形象是企业形象的展示。如果服务人员容貌猥琐，邋邋遢遢，客人是不会情愿接受其近距离单独服务的。因此，服务企业必须对员工上岗时的仪容有明确规范，以确保企业的整体良好形象，对客人产生积极的心理影响，增进其前来消费的欲望。旅游行业中的许多岗位在招聘员工尤其是一线服务人员时，有外在形象方面的条件，也是出于这一考虑。

仪容修饰可细分为发部修饰、面部修饰、肢体修饰及美容化妆四方面。修饰：一是指清洁，二是指采取适当的方法改善不足之处，扬长避短。

一、发部修饰

按照一般习惯，当人们注意、打量其他人时，往往是从头部开始的，而头发生长于头顶，更容易先入为主。因此，修饰仪容通常应当“从头做起”。

知识点 1　洗发的正确方法

1. 预备洗

预备洗宜用大量的清水冲洗头发，洗去残留在头发上的灰尘、头皮屑以及其他脏东西。这一步可以减少洗发用品的使用量，降低对头发和头皮的损伤。

2. 正式洗

首先是怎样把洗发水放到头发上。正确的做法是，把洗发水倒在掌心中，加进一些水，轻轻搓揉出泡沫后，均匀地涂抹到头发上。洗头时不要用指甲接触头皮，而应用指腹部分，以锯齿状或画圆圈的方式洗头。这样做不仅避免伤害头皮，还可以达到按摩头皮，促进血液循环的目的。

3. 护发

正式洗的过程中，很容易将头发必需的油脂洗掉。因此，护发的目的主要在于补充头发油脂，增加光泽，使头发容易梳理。护发的正确步骤：取适量的润发剂放于掌心中，先由发际着手，从发根开始涂抹，再顺势往头发末端涂抹，尽量涂抹均匀；涂抹完毕之后，用大量清水冲洗，直到黏稠感消失为止。

4. 干燥

刚洗完的头发处于最容易受损状态，因此必须尽快地干燥。首先可以用毛巾包住头发，轻拍，让毛巾吸收掉多余的水分。接着再用吹风机吹干头发。吹风机的温度要设定得低一点，吹头发时最好一手拿着吹风机，另一只手翻动头发，使风能吹到头发深处，从而充分干燥头发。

知识点 2 如何选择发型

发型对人的仪表影响颇大，发型不同给人的印象也就不同。选择发型，除个人偏好可适当兼顾外，最重要的是要考虑个人条件和所处场合。

1. 个人条件

例如：国字脸的男士最好别理板寸，否则看上去像一张扑克牌；脸型宽大、额部粗短的男士不宜留长发、留鬓角，否则给人以头重脚轻、臃肿做作之感；头发稀少或秃顶的男士，更不宜留长发，因为稀少的长发又不规则，会显得“杂草丛生”，不但不美观，反而给人以病态之感。Ω 发型只适合鹅蛋脸的女士，它下端向外翻翘，可展示此种脸型之美。要是倒三角脸型的女士选择了它，就更加突出了缺点。

2. 所处场合

在社会生活中，人们的职业不同、身份不同、工作环境不同，发型自然也应有所不同。总而言之，在工作场合抛头露面的人，发型应当传统、庄重、保守一些；在社交场合频频亮相的人，发型应当个性、时尚、艺术一些。至于前卫、怪异的发型，大约只有对艺术家才是适当的。从事旅游服务工作的女士发型基调应是活泼开朗、朝气蓬勃、干净利落、端庄持重。一般以齐耳的直发或微长稍曲的发型为宜，还要避免使用色泽鲜艳的发饰。

工作任务单

任务实施内容	操作标准
勤于梳理	①男士在修饰头发时要做到：前发不覆额，侧发不掩耳，后发不触领。绝不允许上岗剃光头或留长发 ②女士在修饰头发时要做到：前发不挡眼，后发不过肩。长发过肩者上岗时应盘发、束发，或系好置于工作帽之内，不可长发飘飘不加约束
发型设计	根据发质、脸型、身高、胖瘦、年龄、着装、配饰、性格等，进行发型的选择

续表

任务实施内容	操作标准
适当美化	①染发：在染发前，首先要考虑的是染发有无必要。中国人历来以一头黑发为美。假定自己的头发不够油黑，特别是早生白发或长有一头杂色的头发，将其染黑，通常是有必要的。服务行业员工更要符合行业要求，颜色另类、五色斑斓，则都是不适合的 ②烫发：在烫发时，要为自己选择端庄大方的发型，把美丽与时尚留给服务对象。在选择具体造型时应当切记，不要将头发烫得过于繁乱、美艳 ③假发：在出现白发、掉发、秃发时，或者出于妆饰方面的原因都可以佩戴假发以弥补缺陷

小贴士：梳理头发四注意

在梳理头发时，有四点需要注意：一是梳理头发不宜当众进行；二是梳理头发不宜直接下手，最好随身携带一把发梳，以便必要时梳理头发之用；三是断发、头屑不宜随手乱扔，梳理头发时，难免会产生少许断发、头屑等，随手乱扔，是缺乏教养的表现；四是梳理完毕后别忘掸去肩部的落屑与断发。

二、面部修饰

仪容在很大程度上指的就是人的面容。员工的形象首先是以面部映入客人的眼帘，对于这个部位的任何细节都不可以忽视。

知识点 如何护肤

皮肤是一个人的“门面”，直接影响一个人的容貌。皮肤的好与坏，除了天生的以外，更多的是需要后天的保养。旅游工作者工作地点大多在室外。因此，做好皮肤的保养工作是非常重要的。

（1）日常基础保养：洁肤、爽肤、润肤。

洁肤：卸妆后，取洁面用品，用无名指以向上向外打圈的手法揉洗面部及颈部，清除尘垢、过剩油脂及彩妆残留，去除表面老化细胞，促进皮肤新陈代谢，让肌肤清新、爽洁。洁肤是令肌肤美丽的第一步。

爽肤：用棉球蘸取爽肤水，在脸及颈部以向上向外手法轻拍，避开眼部，再次清洁面部残留的污垢，补充水分，平衡皮肤的 pH，帮助收缩毛孔。

润肤：将润肤品抹于脸部及颈部，以向上向外打圈的手法轻轻抹匀，为肌肤补充必要的水分与养分，令肌肤柔润而有弹性。眼睛周围可以涂用润眼霜滋养护理。

（2）每周特殊护理：磨砂、按摩、敷面。

磨砂（去角质）：去除老化的细胞，预防角质增厚，使新生细胞更快到达表层，加速皮肤新陈代谢，使养分更容易吸收，令肌肤光洁平滑。取磨砂膏，以按摩手法在面部轻轻按摩，T 界部位较为油腻，可稍加按摩，然后用清水彻底清洗，每周 1 次。

按摩：按摩可促进血液循环，增强肌肤弹性。从额头由内向外划圈，T 界则上下按摩；面颊从鼻翼旁由内而外打大圈；在下眼圈及眼尾处稍加轻拍（可消除眼部疲劳）。颈部以由下而上手法轻推，可舒缓精神疲劳，令肌肤结实，更有弹性，每周 1 ~ 2 次。

敷面：利用在表皮形成的薄膜，阻隔皮肤水分和体温的散发，使皮肤温度升高，加速血液循环，促进新陈代谢。清洁的同时，补充水分及养分，令肌肤柔软光滑。将面膜敷于面部 10 ~ 20min，待干后用清水彻底冲洗干净，每周 1 ~ 2 次。

工作任务单

任务实施内容	操作标准
整体	①面部的干净，其标准是无灰尘、无污垢、无汗渍、无分泌物、无其他一切不洁之物 ②养成平时勤于洗脸的良好习惯。依照一般常规，外出归来、午休完毕、流汗流泪、接触灰尘之后，服务人员均应自觉地及时洗脸。在洗脸时，要耐心细致，完全彻底，面面俱到
眉部	①眉形要求美观，形态自然优美 ②对于那些不够美观的眉形，诸如残眉、断眉、“八字眉”，或是过淡、过稀的眉毛，应采用修眉刀进行修整
眼部	及时除去眼角上出现的分泌物
耳部	①每天进行耳部除垢，但一定要注意此举不宜在工作岗位上进行 ②有些人由于个人生理原因，耳孔周围会长出一些浓密的耳毛，服务人员若一旦发现自己有此类情况应及时进行修剪
鼻部	洗脸时重点清除鼻部周围的油脂或污垢，在清理“黑头”时需要注意：一是平时对此处要认真进行清洗；二是可用专门的“鼻贴”，将其清理掉，切勿乱挤乱抠，以免造成局部感染
口部	①刷牙：刷牙既要采用正确的刷牙方式，更要贵在坚持，正确有效的刷牙要做到“3 个 3”，即每天刷 3 次牙，每次刷牙宜在餐后 3min 进行，每次刷牙的时间不应少于 3min ②洗牙：维护牙齿，除了做到无异物、无异味之外，还要注意保持洁白，及时去除有碍于口腔卫生和美观的牙斑 ③禁食：服务人员在工作岗位上，为防止因为饮食的原因而产生的口腔异味，应避免食用一些气味过于刺鼻的饮食，主要包括葱、蒜、韭菜、腐乳、虾酱、烈酒以及香烟 ④护唇：服务人员平时应有意识地呵护自己的嘴唇，要想方设法不使自己的唇部干裂、起皮。另外，还应避免嘴边或嘴角残留食物 ⑤剃须：男性服务人员应坚持每日上班之前剃须，切忌胡子拉碴地在工作岗位上抛头露面，个别女服务员，若因内分泌失调而在唇上生出过于浓重有损于女性美观的汗毛，也应及时除去

三、肢体修饰

知识点　肢体修饰的重要性

旅游服务人员在大庭广众的注视下进行服务工作，经常是全方位地展示肢体。因此，肢体的修饰也不能忽视。肢体包括上肢和下肢，在修饰上各有规范。上肢即手臂，是服务工作中运用最为频繁的身体部位。无论是书写文字、指示方向、举手致意，还是与人握手、搬运物品、递接钱款等，都要运到手臂。所以，手臂被视为服务人员的“第二脸面”，必须悉心保养和修饰。下肢的清洁若掉以轻心，就会出现被人称为“凤凰头，扫帚脚”的不雅现象。

工作任务单

任务实施内容	操作标准
手臂清洁	①服务人员手臂要保持无泥垢、无污痕，除了手部的烟迹必须根除之外，其他一切入眼的痕迹，如手上所沾的墨水、印油、酱汁、油渍等污垢，均应清洗干净 ②在工作岗位上，双手务必做到“六洗”：一是上岗之前要洗手，二是弄脏之后要洗手，三是接触精密物品或入口之物前要洗手，四是规定洗手之时要洗手，五是上过卫生间之后要洗手，六是下班之前要洗手 ③服务人员还需要注意，在工作岗位上不可乱用双手。例如：揉眼睛、掏耳孔、抠鼻、剔牙、搔头发、抓痒痒、脱鞋或双手四处乱摸，抓捡地上的物品，都是不卫生的。在一些特殊的工作岗位上服务时，为了卫生保洁，还应按规定戴专用的手套
手臂修饰	服务人员在工作岗位上手臂的修饰，应以朴素庄重为美，而不应艳丽、怪诞，否则，就与自身特定的社会角色不相称 ①不留长指甲：服务人员的手指甲，通常不宜长过其指尖，修剪手指甲，要养成“三天一修剪、每天一检查”的良好习惯。此外，还应注意及时剪除指甲周围因手部接触肮脏之物后而形成的死皮 ②不涂画艳妆：服务人员不允许在工作岗位上涂抹彩色指甲油，或者进行艺术美甲，在手臂上刺字、绘画就更不适宜 ③腋毛不外露：一般而言，服务人员大都不会以肩部暴露的服装为工作装。若因工作特殊需要，必须穿着肩部外露的服装上岗服务时，上班前最好剃去腋毛。另外，个别人手臂上往往长有较为浓密的汗毛，此种现象，不符合我国传统的审美标准，必要时也应采取有效方法将其去除
下肢的清洁	①勤洗脚、勤换袜：做到每天换洗一双袜子，注意不要穿不易透气、易生异味的袜子 ②定期交替更换鞋子：在穿鞋前，务必细心清洁鞋面、鞋跟、鞋底等处，使其一尘不染，皮鞋要定期擦油，使其锃亮光洁
下肢的遮掩	①不要光腿：在正式场合，不允许男士的着装暴露腿部，即不允许其穿短裤；女士可以穿长裤、裙子，但不得穿短裤或是暴露大部分大腿的超短裙。越是正式的场合，要求女士的裙子越长。在庄严、肃穆的场合，女士的裙长应在膝部以下 ②旗袍与套裙，必须配以肉色透明丝袜与不露脚趾、脚跟的船鞋。若因气候过于炎热或工作性质比较特殊而光腿，则必须注意选择长过膝盖的短裤或裙子 ③不要光脚露趾：服务人员在直接面对顾客工作时，绝不允许光脚穿鞋和穿露趾的凉鞋或拖鞋。夏天光脚穿鞋自然舒适，但在服务对象面前显得不够正式 ④不要露脚跟：服务人员在工作岗位上暴露自己的脚后跟，会显得过于散漫，令客人产生反感，也显得管理不正规

四、美容化妆

俗话说："三分容貌，七分打扮。"随着人们生活水平的提高、物质条件的不断改善，面容化妆已越来越被人们所重视。

化妆有以下三个作用：

第一，体现服务人员的整齐划一。大家都化淡妆是规范服务的一个标志。

第二，化妆是一种自尊自爱。在工作岗位上化妆是对自我的一种尊重，同时也是爱岗敬业的标志。

第三，化妆是服务人员对工作对象的一种尊重。

案例 2-1

王妃的变化

英国王妃戴安娜初入王室时，容貌说不上倾国倾城。她透出一股"村姑"的稚气和憨态，脸颊太红，略带婴儿肥状，鼻子和颧骨过于突出；虽有一米七八的高挑身材，但不够苗条；为了不压过查尔斯，平时很少穿高跟鞋。婚后，人们发现她越来越漂亮迷人，原因就在于她在诸多王宫美容师的点拨下进行了"美容革命"——她用薄粉底来调和发红的脸色，再配以色调柔和的桃色、珊瑚色胭脂，在颧骨下面打暗影，使颧骨显得不那么突出，脸型也显得不太大。后来，她又听取著名化妆师的建议，在脸上薄施桃褐色的腮红，衬出美丽的双颊，又以蓝色眼线液和蓝色眼影，衬出一双鲜明夺目的蓝眼。

戴安娜的美不是来自整容，而是来自恰到好处的修饰。可见，即便是像戴安娜那样的人，也需要做一定的修饰。仪容修饰的必要性在于：每个人的容颜不可能完美无缺，适当的修饰可以弥补某些缺陷，使自身形象更趋完美。

戴安娜王妃入王室前、后的容貌变化，如图 2-1、图 2-2 所示。

图 2-1　戴安娜王妃入王室前的容貌

图 2-2　戴安娜王妃入王室后的容貌

（资料来源：中国礼仪网）

知识点 化妆的原则

对于旅游业女性工作者来说，恰到好处的化妆，可以更加充分地展示自己容貌上的优点，让自己容光焕发，神采奕奕，显示出旅游工作者的风采。化妆应该注意以下四个原则：

（1）自然：化妆的浓淡要视时间、场合而定，但旅游工作者只能够化淡妆、浅妆，而不能够浓妆艳抹。要选择适合自己的化妆品，色彩要和谐，给人以美的享受。化妆的最高境界是自然、真实、恰到好处，过分地追求浓妆反而会适得其反。

（2）得法：化妆是一门艺术，也是一门技术，要经过认真的学习，选择合适的化妆品，并能够正确使用。还要知道什么场合应该化什么样的妆，比如说，工作时应该化淡妆，出席宴会时应该化稍浓的妆，不要不分场合地使用过浓的香水等。

（3）协调：化妆要讲究整体的协调，应根据自己的身份、发型、服装、气质、出席的场合等来化妆，使妆面协调、全身协调、场合协调、身份协调，突出自己的品位。

（4）注意礼节：不要在公共场所里化妆，这样做既可能有碍于人，也不尊重自己；不要在男士面前化妆；不要非议他人的化妆方式，由于民族、肤色和个人文化修养的差异，每个人的化妆方式不可能都是一样的，所以要尊重别人的选择；不要去借用他人的化妆品，因为这是极不卫生的，也是很不礼貌的。

工作任务单

任务实施内容	操作标准
洁面	用温水及洗面奶彻底清洗掉脸上的油脂、汗水等污渍，使妆面光洁美丽，再用湿毛巾将脸擦干净
护理面部	将爽肤水或收缩水倒在手心，轻拍于脸部使之吸收，然后根据肤质涂上隔离露或护肤液等，这样可以保护面部皮肤免受化妆品的刺激
底妆	选择跟肤色同色号的粉底液，均匀涂抹于面部。一般先抹在额部、鼻梁、两颊、下颌等处，然后由上而下，抹匀整个面部，可使皮肤细腻、柔润
定妆	先用干粉扑蘸取适量的蜜粉对折揉匀，用手指弹去多余的粉末，均匀地按压在肌肤上，再用大号化妆刷刷去多余的粉末，千万不可遗忘眼角、鼻翼、嘴角这些油脂茂盛区域。好的蜜粉不仅仅是起到一个定妆吸走油光效果，更重要的是起到二次修饰作用
眉毛修饰	用与头发相近颜色的眉笔顺着眉毛的方向描出适合自己眉形的线条，要顺着眉毛生长的方向一根根地描画，这样画出的眉毛才有真实感
眼部修饰	①描眼线：将镜子放在距身体 20cm 处，眼睛向下看，用无名指把眼皮轻轻向上拉。贴着睫毛根部，在上眼睑和下眼睑用眼线笔勾出眼线。眼尾处上下眼线要自然重合 ②涂眼影：要选择和自己肤色与服装颜色适合的眼影。重点是上眼帘，从上眼帘边缘到眉毛下缘，颜色由深到浅，用眼刷轻轻扫开。涂于眼角的眼影，可以在内眼角涂深色眼影，这样看起来能使鼻梁挺直。在外眼角涂深色眼影，可以改变眼睛的外形，增加眼睛的立体感 ③涂睫毛膏：先用睫毛夹把睫毛夹弯曲，使睫毛上翘，然后用睫毛刷将睫毛膏均匀地涂抹在睫毛上，使睫毛显得浓厚，增加眼睛的美感

续表

任务实施内容	操作标准
抹腮红	选择腮红时要根据肤色、个性和场合。选择好颜色后，用腮红刷轻轻抹腮红，要由上而下抹，不要由下而上抹，以免损害皮肤。抹腮红的部位要根据每一个人的脸形来定，一般来说上至鬓角，下至耳垂，右起眼下，左至耳根，或左起眼下，右至耳根，不宜把腮红抹在颧骨上，而应抹在靠近鬓角处。需要注意的是，高颧骨的人宜用淡色的胭脂，低颧骨或扁平脸形的人可抹些深颜色的胭脂
涂唇膏	先用唇线笔画出嘴唇的轮廓，然后抹口红，选择口红的颜色要根据服装和场合还有妆面来选择。一般来说，口红的颜色比自然肤色稍深便可，不宜涂得过重。涂口红时微微张开嘴，从两边嘴角向中间涂，涂完外缘再涂内侧，直至全部涂满，并拢上下唇让唇膏均匀
检查化妆效果	化完妆后要仔细检查化妆效果，包括局部和整体的效果。化妆不要使“人工痕迹过重”，如粉打得太白、腮红涂抹得太艳等。如果化妆造成的效果与自己本身的气质相差悬殊就不是成功的，应该进行补妆和纠正

化妆流程图如图 2–3 所示。

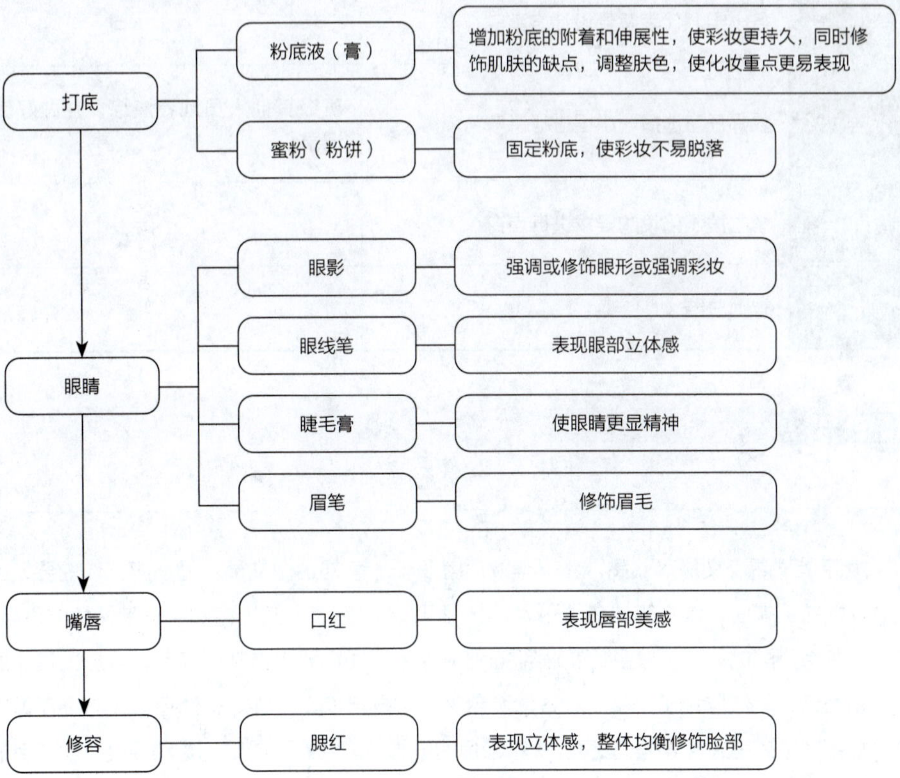

图 2–3　化妆流程图

任务训练

训练情境	假如你在一家外贸公司做前台接待工作，请为自己设计适合的妆容	
训练任务	1. 设计适合自己身份的妆容 2. 实践操作	
训练步骤	训练内容	补充说明
步骤一	以小组为单位，研读训练情境，明确训练目的，清晰训练任务	以八人为一小组进行练习，指定一人为组长
步骤二	小组选择一个代表，其他成员为其设计妆容	
步骤三	小组内实践操作	
步骤四	各小组派代表解释设计方案	
步骤五	教师任意选择一小组进行讲解	班级其他人员观看演练，并做好优缺点记录
步骤六	学生按照化妆的要求进行点评	
步骤七	教师总结	

任务拓展

吴菲是某高校文秘专业高才生，毕业后就职于一家外企做文员。为适应工作需要，上班时，她化上端庄、淡雅的“白领丽人妆”。不脱色粉底液，修饰自然、稍带棱角的眉毛，与服装色系搭配的眼影，紧贴睫毛根部描画灰棕色眼线，黑色自然型睫毛，再加上自然的唇型和略带色彩的唇色——整个妆容清爽自然，尽显自信、干练。在休息日，与闺蜜逛街时，她化上了久违的“清纯少女妆”。粉红色的眼影，彩色系列的睫毛膏和眼线，粉橘色的腮红，玫瑰色带珠光的唇彩，整个妆容鲜亮活泼，身心都备感轻松。

议一议：你如何评价吴菲的这两种妆容？对“化妆不只是技术，还是一门艺术、一种生活”这句话你如何理解？

任务二

仪态礼仪

任务目标

1. 熟练掌握站、坐、行、蹲、手势、表情等仪态姿势
2. 能根据场合正确运用以上仪态姿势

任务实施

仪态指一个人的姿态，泛指人们的身体所呈现出来的各种姿势，即身体的具体造型。一个人的仪态包括他的所有行为举止：站姿、坐姿、行姿、蹲姿、手势、表情等。仪态的美丑，往往还体现出一个人是高雅还是粗俗，是严谨还是轻浮。洒脱优雅的仪态举止，常常被人们羡慕和称赞，最能给人们留下深刻的印象。我们往往可以从一个人的仪态来判断他的品格、学识、能力和其他方面的修养。

一、站姿

站姿是人们平时所采用的一种静态的身体造型，同时又是其他动态身体造型的基础和起点。常言道："站如松，坐如钟"，这是中国传统的有关于形象的标准。人们在描述一个人生机勃勃充满活力的时候，经常使用"身姿挺拔"这类词语。站姿是衡量一个人外表乃至精神的重要标准，优美的站姿是保持良好体型的秘诀。从一个人的站姿，人们可以看出他的精神状态、品质和修养及健康状况。旅游从业者要时刻注意保持正确的站姿。

知识点　站姿的要点

在日常的工作与社交活动场所，良好的站姿是非常重要的。一般来说，标准的站姿关键要看三个部位：一是髋部向上提，脚趾抓地；二是腹肌、臀肌收缩上提，前后形成夹力；三是头顶上悬，肩向下沉。只有这三个部位的肌肉力量相互制约，才能保持标准站姿。

站姿的注意禁忌如下：

（1）弯腰驼背：在站立时，一个人如果弯腰驼背，除去其腰部弯曲、背部弓起之外，通常还会同时伴有颈部弯缩、胸部凹陷、腹部凸出、臀部撅起等一些其他的不良体态。它显得一个人缺乏锻炼、无精打采，甚至健康不佳。

（2）趴伏依靠：在工作岗位上，服务人员要确保自己"站有站相"。站立时，随随便便

地趴在一个地方或伏在某处左顾右盼，或倚着墙壁、货架而立，或靠在台桌边，或前趴后靠，自由散漫，都是极不雅的。

（3）手位不当：在站立时，必须注意以正确的手位去配合站姿。若手位不当，则会破坏站姿的整体效果。站立时，手位不当主要表现在：一是双手抱在脑后；二是用手托着下巴；三是双手抱在胸前；四是把肘部支在某处；五是双手叉腰；六是将手插在衣服或裤子口袋里。

（4）脚位不当：在正常情况下，“V”字步、“丁”字步或平行步均可采用，但要避免“人”字步和“蹬踩式”。“人”字步也就是“内八字”步；“蹬踩式”指的是在一只脚站在地上的同时，把另一只脚踩在鞋帮上或踏在其他物体上。

（5）双腿大叉：服务人员应切记，自己双腿在站立时分开的幅度在一般情况下越小越好；女性服务人员双腿必须并拢，男性服务人员即使是分开，也要注意不可使二者间的距离超过本人肩宽。

（6）半坐半立：在正式场合，必须注意坐立有别，该站的时候就要站，该坐的时候就要坐。在站立之际，绝不可以为了贪图舒服而擅自采用半坐半立之姿。当一个人半坐半立时，不但样子不好看，而且还会显得过分随便。

（7）身体歪斜：站立时，身体不能歪歪斜斜。若身躯明显地歪斜，如头偏、肩斜、腿曲、身歪或是膝部不直，不但直接破坏了人体的线条美，而且还会使自己显得颓废消沉、萎靡不振。

工作任务单

任务实施内容	操作标准
基本站姿	①头正，双目平视，嘴角微闭，下颌微收，面容平和自然 ②双肩放松，稍向下沉，人有向上的感觉 ③躯干挺直，挺胸，收腹，立腰 ④双臂自然下垂于身体两侧，中指贴拢裤缝，两手自然放松 ⑤双腿立直、并拢，脚跟相靠，两脚尖张开约 60°，身体重心落于两脚正中
服务性站姿	①前腹式站姿：上身正直、头正目平、腰直肩平、挺胸收腹、两腿站直、肌肉略有收缩感、微收下颌，面带微笑。男士双脚分开不超过肩宽，双手在腹前相握。女士双脚呈丁字步，双手虎口相交叠放于脐下三指处，双手相握，手指伸直但不要外跷 ②后背式站姿：这种站姿适合于男士在迎宾时使用。双脚分开不超过肩宽，双手在背后腰际相握
站姿训练	①五点靠墙：背墙站立，脚跟、小腿、臀部、双肩和头部靠着墙壁，以训练整个身体的控制能力 ②双腿夹纸：站立者在两大腿间夹一张纸，保持纸不松、不掉，以训练腿部的控制能力 ③头上顶书：站立者按要领站好后，在头上顶一本书，努力保持书在头上的稳定性，以训练头部的控制能力

二、坐姿

坐姿与站姿同属一种静态仪态。正确规范的坐姿要求端庄而优美，给人以文雅、稳重、自然大方的美感。坐是仪态的主要内容之一，无论是伏案学习、参加会议，还是会客交谈、娱乐休息，都离不开坐。坐，作为一种仪态，有着美与丑、优雅与粗俗之分。

知识点　坐姿的要点

坐姿要求“坐如钟”，指人的坐姿像座钟般端直，当然这里的端直指上体的端直。优美的坐姿让人觉得安静、舒适、端正、舒展、大方。

坐姿的注意禁忌如下：

（1）双腿叉开过大：双腿如果叉开过大，不论大腿叉开还是小腿叉开，都非常不雅。特别是身穿裙装的女士更不要忽略了这一点。

（2）架腿方式欠妥：坐后将双腿架在一起，不是说绝对不可以。但正确的方式，应当是两条大腿相架，并且一定要使两腿并拢。如果把一条小腿架在另一条大腿上，两腿之间还留出大大的空隙，就显得有些放肆了。

（3）双腿直伸出去：那样既不雅也妨碍别人。身前如果有桌子，双腿尽量不要伸到外面来。

（4）将腿放在桌椅上：有人为图舒服，喜欢把腿架在高处，甚至抬到身前的桌子或椅子上，这样的行为是非常粗鲁的。把腿盘在座椅也不妥。

（5）抖腿：坐在别人面前，反反复复地抖动或摇晃自己的腿部，不仅会让人心烦意乱，而且也给人以极不安稳的印象。

（6）脚尖指向他人：不管具体采用哪一种坐姿，都不要以本人的脚尖指向别人，因为这一做法是非常失礼的。

（7）双手夹在腿间：将双手夹在两腿之间，这一动作显得其人不大方不自信。

（8）双手抱膝：双手抱膝，本是一种惬意、放松的休息姿势，但在工作中不可以这样。

（9）上身向前趴伏：坐后上身趴伏在桌椅上或本人大腿上，都仅能用于休息，但不要在工作中出现。

工作任务单

任务实施内容	操作标准
入座	①从椅子左侧入座。应在离椅前半步远的位置立定，右脚轻向后撤半步，用小腿靠椅，以确定位置 ②男士着西装入座时，应将西装纽扣解开，以免西装过于紧身限制人的动作 ③女士着裙装入座时，应用双手将后片向前拢一下，以显得娴雅端庄 ④坐下时，身体重心徐徐垂直落下，臀部接触椅面要轻，避免发出声响
基本坐姿	①精神饱满，表情自然，目光平视前方或注视交谈对象 ②身体端正舒展，重心垂直向下或稍向前倾，腰背挺直，臀部占座椅面的 2/3 ③双腿自然弯曲，双脚平落地上。男士双膝双脚可稍打开，幅度不要超过肩宽，双手掌心向下分别放在双膝上；女士双膝双脚并拢，双手交叠放在大腿上

续表

任务实施内容	操作标准
坐姿的调整	①双脚交叉式。它适用于各种场合，男女都可选用。男士双膝分开，双手交叉放于大腿中部，双脚在踝部交叉，不要向前方远远地直伸出去。女士双膝并拢，双手相叠放于大腿中部，双脚在踝部交叉，交叉后的双脚可以内收，也可以斜放，但不要向前方远远地直伸出去 ②前后式坐姿。适用于侧坐与人交谈的场合，两脚前后错步，形成前后式坐姿，男士双膝分开，女士双膝并拢 ③双腿叠放式。适合轻松的场合，一般用于男士，双腿一上一下交叠在一起，叠放在上的脚的脚尖不要上翘，双手相握放与膝上 ④双腿斜放式。适合于穿裙子的女士就座时所用。要求：双腿首先并拢，然后双脚向左或向右侧斜放，力求使斜放后的腿部与地面成 45°
离座	离座时，起身不要过猛，右脚向后撤半步以保持身体的平衡和正直。站起来之后男士将西装纽扣扣上，女士整理裙摆，从椅子的左侧离开座位

小贴士：手臂的摆放

根据实际需要，入座后放手臂的正确位置如下：

（1）有扶手时，一手搭在扶手上，另一手自然放在大腿上。

（2）无扶手时，侧身和人交谈时，通常要将双手叠放或相握地放在自己所侧一方的那条大腿上。当穿短裙的女士面对男士而坐，身前又没有屏障时，为避免“走光”，可以把自己随身携带的皮包或文件放在并拢的大腿上，把双手或扶、或叠、或握着放在上面。

三、行姿

人的体态礼仪中，行姿是最难纠正的。一般来讲，站姿、坐姿、蹲姿以及手势等动作都容易统一，但人的行姿因年龄、体态、性格甚至遗传基因等差异，而呈现出千姿百态。所以，行姿的纠正需要付出很多的努力。总的来讲，对行姿的要求是“行如风”，当然不是指走起路来像风一样快，而是指要像风一样轻盈、稳健。

知识点　行姿注意要点

（1）走路时，最忌内八字和外八字，其次是弯腰弓背，摇头晃脑，大摇大摆，上颠下跛；也不要大甩手，扭腰摆臀，左顾右盼；更不要脚蹭地面，不要将手插在裤兜里。

（2）男士行走，应两脚跟交替前进在一线上，两脚尖稍外展，通常速度较快，步稍大，步伐奔放有力，充分展示男性的阳刚之美。女士行走，应两脚尖稍外，两脚交替走在一条直线上，脚尖正对前方，称“一字步”，以显优美。

（3）男士穿西装时，走路的幅度可略大些，以体现出挺拔、优雅的风度；女士着旗袍和中跟鞋时，步幅宜小些，以免因旗袍开衩较大，露出大腿，显得不雅；女士着长裙行走要平稳，步幅可稍大些，因长裙的下摆较大，更显得女士修长、飘逸潇洒；年轻女士穿着超短裙（指裙长在膝盖以上）时，步幅不宜太大，步频可稍快些，以保持轻盈、活泼、灵巧、敏捷。

工作任务单

任务实施内容	操作标准
方向	在行走时，保持明确的行进方向，会给人以稳重之感。行走时，应以脚尖正对着前方，形成一条虚拟的直线。每行进一步，脚跟都应当落在这一条直线上
重心	起步之时，身体须向前微倾，身体的重量要落在前脚掌上。在行进的整个过程之中，应注意使自己身体的重心随着脚步的移动不断地向前过渡，而切勿让身体的重心停留在自己的后脚上
动作	走动时要以脚跟首先着地，膝盖在脚部落地时应当伸直，腰部要成为重心移动的轴线。双臂要在身体两侧一前一后的摆动。行进时应面对前方，两眼平视，挺胸收腹，直起腰、背，伸直腿部，使自己全身从正面看上去犹如一条直线
步幅	在行进之时，最佳的步幅应为本人的一脚之长，即男子每步约 40cm，女子每步约 36cm。同时，步子的大小，还应当大体保持一致
步速	在某一特定的场合，应当使其保持相对稳定，较为均匀，而不宜使之过快过促或忽快忽慢

四、蹲姿

日常生活中，当服务人员取低处物品时，总是习惯弯腰、低头、撅屁股，然后捡起，这个动作看起来非常不雅观，尤其是穿裙装的女服务人员，而旅游服务人员注重优雅仪态是做好服务工作的必需。因此，服务人员应该很好地掌握蹲姿的基本要求，并在日常工作、生活中不断实践。

知识点 蹲姿注意禁忌

1. 突然下蹲

蹲下来的时候，不要速度过快。当自己在行进中需要下蹲时，特别要注意这一点。

2. 离人太近

在下蹲时，应和身边的人保持一定距离。与他人同时下蹲时，更不能忽略双方的距离，以防彼此“迎头相撞”或发生其他误会。

3. 方位失当

在他人身边下蹲时，最好是和他人侧身相向。正面面对他人，或者背部面对他人下蹲，通常都是不礼貌的。

4. 大腿叉开

女性服务人员无论穿着裤装还是裙装，下蹲时大腿必须贴紧。

5. 弯腰撅臀

无论男性或女性，在大庭广众面前弯腰撅臀拾取物品，姿态都不雅观。标准蹲姿中永远是臀部朝下。

工作任务单

任务实施内容	操作标准
蹲姿要领	蹲姿的基本要求是走到要拿取的物品旁边，利用蹲和屈膝的动作，以一膝微曲作为支撑点，两脚前后分开；身体下蹲时，保持直立，不要翘臀；拿取物品时，上身微弯，保持优雅的姿态，拿起地面上的物品
高低式蹲姿	这是服务人员采取最多的姿势。下蹲时，左脚在前，右脚在后，两腿靠紧向下蹲。左脚全脚着地，小腿基本垂直于地面，右脚脚跟提起，脚掌着地。右膝低于左膝，形成左膝高右膝低的姿态，臀部向下，基本上以右腿支撑身体。女性应靠近两腿，男性可适度地分腿
单膝点地式蹲姿	通常适用于下蹲时间较长时，在高低式蹲姿的基础上，右膝点地以进行身体的支撑，从而保持较长时间的蹲姿状态
交叉式蹲姿	通常适用于女性服务人员，尤其是身穿短裙时，造型优美。下蹲时，左脚在前，右脚在后，左小腿垂直于地面，全脚着地。右膝由后面伸向左侧，右脚跟抬起，脚掌着地。两腿靠紧，合力支撑身体。臀部向下，上身稍前倾

五、手势

人际交往中，手势也是一种无声的语言，它可以很好地沟通人与人之间的关系，也可以体现一个人的礼仪修养水平。服务工作中，恰当规范的手势更能体现对客人的尊重，起到直接和客人交流的目的。

知识点 1　国际手势的差异

在不同国家、不同地区、不同民族，由于文化习俗的不同，手势的含义也有很多差别，甚至同一手势表达的含义也不相同。所以，手势的运用只有合乎规范，避免有歧义的手势，才不至于无事生非。旅游服务人员应尽量多了解每一种手势的含义。

1. OK 手势

这个手势起源于美国，将食指和拇指弯曲构成一个圆，其他三只手指竖起来，这个手势表示“好”和对对方的赞扬，这一手势在欧洲和中国都普遍使用。但是在某些地区它的含义就发生了变化，比如说，在法国的南部和希腊等地，它表示“劣等品”；在缅甸等地它表示“金钱”；在地中海的国家它用来影射同性恋；在印度尼西亚它表示“不同意”。

2. 竖起大拇指

这个手势在中国表示对对方的赞扬；在希腊表示“够了”；在日本则代表“男人”“老爷子”；在韩国是“父亲”“首领”的意思；在美国、英国等国家则表示“搭便车”“OK”；在某些地区，它的意思是表示数字，如澳大利亚、英国等大拇指表示“5”。

3. 大拇指向下

在中国表示向下、下面的意思；在法国和墨西哥则表示“没用”“坏运气”“死了”；在英国、美国等国家表示“不同意”；在澳大利亚表示“讥笑”。

4. “V”手势

在许多国家，这一手势表示“胜利”，但掌心要向外，如果掌心向内就变成侮辱人的信号，但在希腊，这个手势无论是掌心向外或者向内都是不能用的。

5. 右手握拳伸出食指

在中国、日本、菲律宾、韩国、墨西哥等国家都表示“一次”“一个”的意思；在中国还可以用来表示“提醒对方注意”；在美国表示“请对方稍等”；在法国表示“学生请求回答问题”。

6. 握拳伸出弯曲的食指

在中国表示数字“9”；在新加坡、马来西亚等地表示“死亡”；在英国、美国等国家表示“招呼人”；在日本表示“小偷”；在菲律宾、泰国表示“钥匙”“上锁”。

知识点 2 手势禁忌

1. 指点摆手

用手指指点别人或用手指指点对方的面部，尤其是指鼻尖，是对人的极不恭敬。另外，也不要将一只手臂伸在胸前，指尖向上、掌心向外、左右摇动，或掌心向内，由内向外地摆动手臂，这些动作是拒绝别人，还有极不耐烦之意。

2. 双臂抱前抱后

在工作时若双臂抱在胸前，是旁观他人，置身事外之意，会令交往对象心生不快；双臂抱在脑后，也会给交往对象一种目中无人的感受。

3. 摆弄手指

反复摆弄自己的手指，如活动关节、握拳松拳、打响指，一只手或一双手插入口袋，这种动作通常都是不允许的，给交往对象一种烦躁、不努力的感受。

4. 弄姿抚体

在工作岗位上旅游从业者整理自己的服饰、梳妆打扮、抚摸自己的身体，如摸脸、擦眼、搔头、挖鼻，剔牙、抓痒等，会给交往对象矫揉造作、不专心做事的感受，也是不讲卫生、缺乏公德意识、素质低下的表现。

工作任务单

任务实施内容	操作标准
递接物品	①递接物品时要使用双手，不能用单手，如果实在不方便使用双手，那应该尽量使用右手，用左手给别人递接物品是极不礼貌的 ②要将带尖、带刃的物品送给别人时，如递刀、笔、剪刀时，要将尖和刃那端对着自己递给客人，不能将尖、刃那端对着客人 ③递文字物品，如文件、证件时，要将有字的一面朝上，并使正面朝向对方。递物品时应该递到客人手上为佳，不能放在别处让客人自己拿

续表

任务实施内容	操作标准
递接物品	④接物品时，如果对方是站着，服务员是坐着，应该站起来接物品，上身微微前倾表示尊敬
鼓掌	以右手掌心向下有节奏地拍击左掌，不可左掌向上拍击右掌，不可左掌向右、右掌向左，两掌互相拍击。时间要长短相宜，5～8s 为礼节性鼓掌。时间过短，有不欢迎、敷衍之意；时间过长则带有讽刺、驱赶之意
挥手	目视对方，身体保持站直、不乱动、乱晃。右手手臂伸出与肩同宽，掌心朝向对方，五指并拢，指尖朝向上，位置与眉毛水平，手腕轻轻晃动，手臂不上下或左右摆动

案例 2-2

塑造总统形象的专家

美国著名的老资格政治公关专家——罗杰·艾尔斯，为美国总统竞选人效力了 20 多个春秋，美国人称之为“利用媒介塑造形象的奇才”。

1968 年，当尼克松总统同约翰逊竞争白宫宝座时，艾尔斯精心指导尼克松在一次电视竞选演讲中克服自卑心理，在赢得竞选方面取得了连尼克松也想不到的奇效。

1984 年，里根参加总统的竞选。起初公众对他的印象不佳，觉得他年龄大，又当过演员，有轻浮、年迈无力之感。但他在政治公关顾问艾尔斯的协助下，在竞选讲演时，注意配合适当的服饰、发型与姿势，表现得庄重、经验丰富，样子看上去也非常健康，努力改变了公众对他的不佳印象，结果取得了成功。

1988 年美国总统竞选，在 8 月份以前，美国民主党总统候选人杜卡基斯猛烈攻击布什是里根的影子，嘲笑他没有独立的政见与主张。当时布什的形象是灰溜溜的，全美的舆论都称赞杜卡基斯，在民意测验中，布什落后杜卡基斯 10 多个百分点，于是布什请来了艾尔斯。艾尔斯从公共关系的角度指出了布什的两个毛病：一是讲演不能引人入胜，比较呆板；二是姿态动作不美，风格不佳，缺乏独立和新颖的魅力。

这些缺点导致公众觉得他摆脱不了里根的影子的印象。艾尔斯帮助布什着重纠正尖细的声音、生硬的手势和不够灵活的手臂摆的动作，并让布什讲话时要果断、自信，体现出强烈的自我表现意识，这样言谈举止才能成为千万人瞩目的中心。在 1988 年 8 月举行的共和党新奥尔良代表大会上，布什做了生动的有吸引力的接受提名讲演，这几乎成了同杜卡基斯较量的转折点。经过以后一系列的争夺，布什获得了胜利。

（资料来源：罗杰·艾尔斯（Ailes，R.）. 7 秒钟展现你自己［M］. 王凯博译. 北京：电子工业出版社，2006.）

六、表情

表情是一种无声的语言。在人际交往中，表情真实可信地反映着人们的思想、情感和反应，以及其他一切方面的心理活动与变化。传播学认为：在人们所接受的来自他人的信息之中，约有 45% 来自有声的语言，而 55% 以上来自无声的语言；在后者中，又有 70% 以上来自表情。由此可见，表情在人际交往中所处的重要位置。

知识点　表情礼仪的内容

表情礼仪主要探讨的是眼神与笑容问题。在服务工作中，人们评价服务人员服务态度的好坏，往往也包含了服务员的表情神态。因此，服务人员必须了解并掌握在服务岗位上如何运用自己的表情，表达对客人的热情、友好、谦恭、真诚的态度。同时，要学会“察言观色”，了解服务对象的心理活动与潜在需求。

1. 眼神

俗说话：“眼睛是心灵的窗户。”印度诗人泰戈尔说：“一旦学会了眼睛的语言，表情的变化将是无穷无尽的。”这就说明，眼睛语言的表现力是极强的，是其他举止无法比拟的。一双炯炯有神的眼睛，给人以感情充沛、生机勃发的感觉；目光呆滞麻木，则使人产生疲惫厌倦的印象。眼睛最能有效地传递信息和表达情意。在人际交往中，眼神运用要符合一定的礼仪规范，不了解它，往往被人视为无礼，给人留下不良的印象。

工作任务单

任务实施内容	操作标准
注视时间	为表示友好，注视对方的时间应占全部相处时间的 1/3 左右
注视角度	服务人员可平视、侧视服务对象，在必要时可以仰视服务对象，而绝不能俯视对方。服务礼仪规定服务人员站立或就座之处不得高于服务对象，主要是为了防止造成俯视对方的状况。如果服务人员身高明显超过客人，在与服务对象交谈时也应该俯身低头，使目光仍能保持平视 ①平视，即视线呈水平状态，也叫正视，一般适用于在普通场合与身份、地位平等之人进行交往 ②侧视，平视的一种特殊情况，即位居交往对象一侧，面向对方，平视对方。它的关键在于面向对方，否则即为斜视对方，那是很失礼的 ③仰视，即主动居于低处，抬眼向上注视他人。它表示尊重，敬畏之意，适用于面对尊长之时 ④俯视，即抬眼向下注视他人，一般用于身居高处之时。它可对晚辈表示宽容、怜爱，也可对他人表示轻慢、歧视
注视部位	①公务注视：通常用于洽谈、磋商等场合，注视的位置在对方的双眼与额头之间的三角区域内 ②社交注视：一般在社交场合，如舞会、酒会上使用。位置在对方的双眼与嘴唇之间的三角区域内 ③亲密注视：在亲人之间、恋人之间、家庭成员等亲近人员之间使用，注视的位置在对方的双眼和胸部之间

2. 笑容

在旅游服务行业，微笑是非常重要的技能，是良好服务态度的重要外在表现形式。微笑是表情中最能赋予人好感，增加友善和沟通的表现方式。旅游服务人员礼貌、亲切的微笑会给客人带来愉悦、温暖的感觉，是热情友好的表示。俗话说："没有笑颜不开店"，笑容不仅是赢得顾客的武器，更是产生经济效益的法宝。

案例 2-3

十二次微笑

飞机起飞前，一位乘客请示空姐给他倒一杯水吃药，空姐很有礼貌地说："先生，为了您的安全，请稍等片刻，等飞机进入平稳飞行后，我会立刻把水给您送过来，好吗？"

15min 后，飞机早已进入平稳飞行状态。突然，乘客服务铃急促地响了起来，空姐猛然意识到：糟了，由于太忙，她忘记给那位乘客倒水了。当空姐来到客舱，看见按响服务铃的果然是刚才那位乘客，她小心翼翼地把水送到那位乘客眼前，微笑着说："先生，实在对不起，由于我的疏忽，延误了您吃药的时间，我感到非常抱歉。"这位乘客抬起左手，指着手表说道："怎么回事？有你这样服务的吗？你看看，都过了多久了？"空姐手里端着水，心里感到很委屈，但无论她怎么解释，这位挑剔的乘客都不肯原谅她的疏忽。

接下来的飞行途中，为了弥补自己的过失，每次去客舱给乘客服务时，空姐都会特意走到那位乘客面前，面带微笑地询问他是否需要水或者别的什么帮助。然而，那位乘客余怒未消，摆出不合作的样子，并不理会空姐。

临到目的地前，那位乘客要求空姐把留言本给他送过去，很显然，他要投诉这名空姐，此时空姐心里很委屈，但是仍然不失职业道德，显得非常有礼貌，而且面带微笑地说道："先生，请允许我再次向您表示真诚的歉意，无论您提出什么意见，我都会欣然接受您的批评！"那位乘客脸色一紧，嘴巴准备说什么，可是没有开口，他接过留言本，开始在本子上写了起来。

等到飞机安全降落，所有的乘客陆续离开后，空姐本以为这下完了，没想到，等她打开留言本，却惊奇地发现，那位乘客在本子上写下的并不是投诉信，相反，这是一封热情洋溢的表扬信。

到底是什么使得这位挑剔的乘客最终放弃了投诉呢？在信中，空姐读到这样一句话："在整个过程中，你表现出的真诚的歉意，特别是你的十二次微笑深深打动了我，使我最终决定将投诉信写成表扬信！你的服务质量很高，下次如果有机会，我还将乘坐你们的这趟航班。"

（资料来源：语文出版社教材研究中心．语文三年级下册 [M]．北京：语文出版社，2018.）

工作任务单

任务实施内容	操作标准
微笑要领	微笑是工作岗位上的一种常规表情或标准表情，微笑的主要特征是：面含笑意，但笑容不甚显著。在一般情况之下，人在微笑之时，是笑而不闻其声，双唇轻启，牙齿半露
整体配合	微笑除了要注意口型之外，还要注意面部其他各部位的相互配合。微笑之时，应当目光柔和发亮，双眼略为睁大；眉头自然舒展，眉毛微微向上扬起。这就是人们通常所说的“眉开眼笑”。除此之外，还应避免耸动自己的鼻子与耳朵，并且宜将下巴向内自然地稍许含起
表里如一	微笑应该是一种内心活动的自然流露，也就是说，它应当首先是一种“心笑”，应当来自人的内心深处，发自肺腑，无任何做作之态。只有笑得真诚，才显得亲切自然、与你交往的人才能感到轻松愉快
训练方法	练习时，为使双颊肌肉向上抬，口里可念着普通话的“一”字音。训练眼睛的“笑容”时，取一张厚纸，遮住眼睛下边部位，对着镜子，回忆过去的美好生活，使笑肌抬升收缩，嘴巴两端做微笑的口型，随后放松面部肌肉，眼睛随之恢复原样

任务训练

训练情境	某五星级酒店前台接待员小李接待一家三口来度假的客人，请设计情境，运用恰当的肢体语言进行接待	
训练任务	1. 商讨这一情境中的人员都应该注意哪些肢体语言动作，怎样做才是这一场景中正确的职场仪态礼仪 2. 进行现场模拟练习	
训练步骤	训练内容	补充说明
步骤一	以小组为单位，研读训练情境，明确训练目的，清晰训练任务	五人一组进行训练，确定小组负责人，由负责人交流训练情况
步骤二	小组研讨完成训练任务 1，并确定模拟表演角色	
步骤三	各小组长代表小组交流小组商讨结论	
步骤四	小组进行现场模拟	由教师指定小组表演，其他同学观看并做好记录
步骤五	观看同学就表演同学在情境中表现的肢体语言进行点评	
步骤六	教师点评	

任务拓展

一次某公司招聘文秘人员，由于待遇优厚，应聘者众多。中文系毕业的小李同学前往面试，她的背景材料可能是最棒的：大学四年中，在各类刊物上发表了 3 万字的作品，内容有小说、诗歌、散文、评论、政论等，还为六家公司策划过周年庆典，英语表达也极为流利，书法也堪称佳作。小李五官端正，身材高挑、匀称。面试时，招聘者拿着她的材料等她进来。小李穿着迷你裙，露出藕段似的大腿，上身是露脐装，涂着鲜红的唇膏，轻盈地走到一位考官面前，不请自坐，随后跷起了二郎腿，笑眯眯地等着问话，谁料，三位招聘者互相交换了一下眼色，主考官说："李小姐，请回去等通知吧。"她喜形于色："好！"挎起小包飞跑出门。

议一议：李小姐的应聘为什么会失败？

任务三

服饰礼仪

任务目标

1. 掌握正确的服饰礼仪规范知识
2. 能根据场合对自己的服饰进行正确的搭配修饰

任务实施

服饰是指服装及其装饰，是人们审美的一个重要方面。每个人的穿着打扮，都展示了自己的修养和品位。正如一位研究服装史的美国学者所说："一个人在穿衣服和装扮自己时，就是在填一张调查表，写上了自己的性别、年龄、民族、宗教信仰、职业、社会地位、经济条件、婚姻状况，为人是否忠诚可靠，他在家庭中的地位，以及心理状况等。"所以，有人把服装比作人际交往中的另一张名片，不直接送人，却传达着更多真实的信息。旅游从业人员的服饰也是企业形象的重要组成部分，如果选择一身得体的服饰，那么他（她）就从中获得自信，会举止从容，言谈自然大方，为自己增添光彩，也为企业提升社会形象。

服饰是一门艺术，掌握这门艺术，不仅要考虑服装的样式、色彩、衣料、饰物的佩戴，还要考虑着装者的年龄、职业、所处场合以及这些因素间的互相搭配、协调。只有把这诸多因素放在一个统一体中，整体协调一致，方能显现出服装的艺术魅力，显出个人品位。

一、着装原则

知识点 1 TPO 原则

TPO 原则是有关服饰礼仪的基本原则之一，其中的 T、P、O 三个字母，分别是时间（Time）、地点（Place）、目的（Object）这三个英文单词的缩写。它的含义是：要求人们在选择服装、考虑其具体款式时，首先应当兼顾时间、地点、目的，并力求使自己的着装及其具体款式与着装的时间、地点、目的协调一致，做到和谐般配。

知识点 2 着装场合原则

从总体上来划分，在交际应酬之中人们所面临的种种场合，可被分为公务、社交、休闲这三个大类。人的全部活动，无不包含在其中。在这三类不同的场合，着装的款式应各有不同。原则上讲，公务场合、社交场合属于正式场合，总的要求是正规、讲究；休闲场合则属于非正式场合，总的要求是随意、自便。

案例 2-4

小刘的尴尬

小刘和几个外国朋友相约周末一起聚会娱乐，为了表示对朋友的尊重，星期天一大早，小刘就西装革履地打扮好，对照镜子摆正漂亮的领结前去赴约。北京的 8 月天气酷热，他们来到一家酒店就餐，边吃边聊，大家好不开心快乐！可是不一会儿，小刘已是汗流浃背，止不住地用手帕擦汗。饭后，大家到娱乐厅打保龄球，在球场上，小刘不断为朋友鼓掌叫好，在朋友的强烈要求下，小刘勉强站起来整理好服装，拿起球做好投球准备，当他摆好姿势用力把球投出去时，只听到“嚓”的一声，上衣的袖子扯开了一个大口子，弄得小刘十分尴尬。

（资料来源：孙金明. 商务礼仪实务：第 2 版［M］. 北京：人民邮电出版社，2018.）

工作任务单

任务实施内容	操作标准
时间原则	①根据每一天的早间、日间和晚间三个时间段考虑着装。例如：人们早间在家中和户外的活动居多，无论外出跑步做操，还是在家里盥洗用餐，着装都应以方便、随意为宜。日间是工作时间，着装要根据自己的工作性质特点，总体上以庄重大方为原则。如果安排有社交活动或公关活动，则应以典雅端庄为基本着装格调。

续表

任务实施内容	操作标准
时间原则	晚间的宴请、舞会、音乐会等正式社交活动居多，人们的交往空间距离相对会缩小。因此，晚间着装要讲究一些，礼仪要求也要严格一些。晚间着装以晚礼服为宜，以形成高雅大方的礼仪形象。在西方，男子午前或白天不能穿小礼服，夜晚不能穿晨礼服。女子在日出前不应该穿过于裸露的服装 ②根据每年春、夏、秋、冬四个季节的交替考虑着装。例如：冬天要穿保暖、御寒的冬装；夏天要穿通气、吸汗、凉爽的夏装 ③根据不同的时期、时代考虑着装
地点原则	在室内或室外，驻足于闹市或乡村，停留在国内或国外，身处于单位或家中，在这些不同的地点，着装的款式理当有所不同。例如：穿泳装出现在海滨浴场，是人们司空见惯的，但若是穿着它去上班、逛街，则非令人哗然不可；西装革履地步入金碧辉煌的高级酒店会产生一种人境两相宜的效果，而若出现在大排档，便会出现反差强烈的局面；在静谧肃穆的办公室里着一套随意性极强的休闲装，穿一双拖鞋，或者在绿草茵茵的运动场着一身挺括的西装，穿一双皮鞋，都会显得极不协调
目的原则	根据不同的交际目的和具体的交际对象的需要来选择不同的服装。例如：一个人身着款式庄重的服装前去应聘新职、洽谈生意，说明他郑重其事、渴望成功。而在这类场合，若身着便装、不拘小节，则表示自视甚高，对求职、生意的重视远远不及对其本人的重视。人们的着装往往体现出其一定的意愿，即自己对着装留给他人的印象如何，是有一定预期的。想让自己显得成熟稳重、朴实诚恳，还是充满自信，富于个性，还是青春靓丽、活泼可爱，采用不同的着装就可以达到目的
场合原则	①公务场合：公务场合指的是人们置身于工作地点，用于上班的时间。公务场合对于服装款式的基本要求是：庄重、保守、传统。符合这一要求，适用于公务场合的服装款式为：制服、套装、套裙、工作服，等等 ②社交场合：社交场合指人们置身于交际地点，用于在上班之外，在公共场合与熟人交往、共处的时间。聚会、拜访、宴请、舞会、音乐会等都是典型的社交场合。社交场合对于服装款式的基本要求是：典雅、时尚、个性。符合这一要求，适用于社交场合的服装款式为：时装、礼服、民族服装以及个人缝制的个性化服装等 ③休闲场合：休闲场合指的是人们置身于闲暇地点，用于在公务、社交之外，一人独处，或是在公共场合与不相识者共处的时间。居家、健身、旅游、娱乐、逛街等都属于休闲活动。休闲场合对于服装款式的要求是：舒适、方便、自然。符合这一要求，适用于休闲场合的服装款式为：家居装、牛仔裤、运动裤、沙滩装等

二、男士西装着装规范

西装是一种国际性服装，造型优美，做工讲究。西装的实用性非常强，四季皆宜，深受世界很多国家和很多民族人民的欢迎。一套合体的西装可以使男人穿起来显得潇洒倜傥、风度翩翩。人们常说：西装七分在做，三分在穿。西装的韵味不是单靠西装本身穿出来的，而是用西装与其他衣饰一道搭配出来的。因此，学会如何穿好西装对男士非常重要。

知识点 1　西装的种类

西装根据穿着场合的不同，可分为以下三种：

（1）日常工作用的西装：一般非正式场合，如参观、一般性聚会、办公室洽谈业务等，穿西装是必要的、基本的礼节要求。此时，可穿单件上装配以各种西裤，也可视需要和爱好配以其他时装裤。在半正式场合，如一般性会见、访问、洽谈业务、较高级会议和日间举行的较为隆重的活动，应着套装。日常工作用的西装多半为深蓝色或灰色；有时也可视场合气氛及工作环境的变化选择鲜艳的色彩。

（2）作礼服用的西装：在正式场合，如宴会、正式会议、婚丧活动、大型记者招待会、正式典礼及特定的晚间社交活动，必须穿着颜色素雅的套装（两件套或三件套），以深色、单色最为适宜。最隆重场合一定着黑色西装，配黑鞋黑袜。此时，选择花格五彩图案等是不合适的。1983 年 6 月，里根出访欧洲四国，就因穿了一套格子西装而引起了一场轩然大波。因为按照惯例，在正式外交场合应着黑色礼服以示庄重。

（3）休闲时的西装：近年来，休闲西装日趋流行。休闲西装在造型结构上往往是一种中性状态，男女均可穿用；在规格上属宽松型，胖瘦体兼容，所以适用范围较大，这也是休闲西装能迅速流行的一个因素。休闲西装的质地、款式、颜色等都与传统西装不同。质地不像传统西装那样考究，而款式新颖、活泼洒脱，颜色通常是当季流行的，图案有条纹、格子、印花等。休闲西装的风格趋向于时装，与传统西装偏向于暗色调、款式固定、给人端庄严肃的感觉完全不同。

知识点 2　西装的穿着规则

（1）三色原则：在正式场合，穿西装套装的时候，全身的颜色，包括上衣、下衣、衬衫、领带、鞋子、袜子在内，应该被限定在三种以内，以保持庄重传统的风格。基本色彩应该是单色、深色，无图案。

（2）三一定律：正式场合着装时，男士的鞋子、腰带、公文包应为同一颜色。考虑到正式场合对出席者全身服装色彩的要求，这三样服饰颜色统一为黑色最佳。

如今，虽然人们对衣服的穿着比较随意，但总的来说，上述准则对男士的服饰还是适用的。男士服饰一直处于较静止的状态，在发展不同的新式样方面极为缓慢，而女性的着装则每年都流行新颖的式样。

工作任务单

任务实施内容	操作标准
衬衫	正规场合穿西装应配正装衬衫。正装衬衫的穿法，应从以下几方面入手： ①面料：正装衬衫主要以高支精纺的纯棉、纯毛制品为主，以棉、毛为主要成分的混纺衬衫可酌情选择。不宜选择以条绒布、水洗布、化纤布制作的衬衫，不宜穿真丝、纯麻做成的衬衫 ②色彩：正装衬衫必须为单一色彩。在正规的场合中，白色衬衫是男士的唯一选择。除此之外，蓝色、灰色、绿色、黑色有时也可加以考虑。杂色衬衫，或红色、粉色、紫色、绿色、黄色、橙色衬衫等，穿起来有失庄重之感，是不可取的 ③图案：正装衬衫以无任何图案为佳。在一般性的场合中可以穿着较细的竖条衬衫，但必须禁止同时穿着竖条纹的西装。印花衬衫、格子衬衫，以及带着人物、动物、植物、文字、建筑物等图案的衬衫均非正装衬衫

续表

任务实施内容	操作标准
衬衫	④衣领：正装衬衫的领型多为方领、短领和长领。衬衫衣领选择时，应与个人的脸形、脖子及将打的领带结的大小结合，不能使它们相互之间反差太大。立领、翼领和异色领的衬衫不适合于同正装西装相配。衬衫的领头要挺括 ⑤衣袖：正装衬衫必须为长袖衬衫。正确使用单层袖口和双层袖口。双层袖口的衬衫又称法国式衬衫，主要作用是佩戴装饰性袖扣，又叫链扣、袖链，可为自己平添高贵而优雅的风度，在国外是男士在正式场合所佩戴的重要饰物，但若将其别在单层袖口的衬衫上，就不伦不类了。衣袖应长出西装袖 2cm 左右，以显出穿着的层次 ⑥纽扣：系领带时，必须将衬衫的全部扣子系好，不戴领带时可把衬衣上面第一粒扣子解开 ⑦衣袋：正装衬衫以无胸袋为佳，如穿着有胸袋的衬衫，要尽量少往胸袋内放东西 ⑧下摆：正装衬衫的下摆要扎进西裤里面
领带	领带是西装的灵魂，在西装的穿着中起着画龙点睛的作用，凡是参加正式交际活动，穿西装就应系领带，具体如下： ①选择款式：领带的款式，有宽窄之分，这主要受到时尚流行的左右。进行选择时，应注意最好使领带的宽度与自己身体的宽度成正比，不要反差过大。领带还有箭头与平头之别。前者下端为倒三角形，适用于各种场合，比较传统；后者下端平头，比较时髦，多适用于非正式场合。领带的色彩、图纹，可以根据西装的色彩配置，以达到相映生辉的效果 ②打领带结：成人日常所用的领带，通常长 130～150cm。领带打好之后，外侧应略长于内侧。其标准的长度，应当是下端正好触及腰带扣的上端。这样，当外穿的西装上衣系上扣子后，领带的下端便不会从衣襟下面显露出来。领带扎得好不好看，关键在领带结打得如何 ③领带夹：主要用于将领带固定于衬衫上。因此，不能只用其夹着领带，或是将其夹在上衣的衣领上。使用领带夹的正确位置，在衬衫从上往下数的第四粒、第五粒纽扣之间。最好不要让它在系上西装上衣扣子之后外露。若其夹得过分往上，甚至被夹在鸡心领羊毛衫或西装背心领子开口处，是非常土气的 ④领带针：主要用于将领带别在衬衫上，并发挥一定的装饰作用。其一端为图案，应处于领带之外，另一端为细链，则应免于外露。使用它时，应将其别在衬衫从上往下数第三粒纽扣处的领带正中央。其有图案的一面，宜为外人所见
皮鞋	在正式场合，穿西装必须穿皮鞋，不能穿旅游鞋、轻便鞋或布鞋。颜色以黑色最佳，也可以是咖啡色。皮鞋要上油擦亮，不能蒙满灰尘
袜子	袜子应选择纯棉材质，袜筒要长一点，以免坐下时露出脚踝或小腿，袜子的颜色最好是黑色，或是西装和皮鞋之间的过渡色
腰带	西装裤皮腰带的前方显露于外，必须雅观、大方。一般来说，腰带以黑色为最好，带头要美观、大方，不要太花哨
纽扣	①一粒扣西装，纽扣要扣上 ②两粒扣的西装，只扣上面的一粒，不能两粒纽扣全都扣上 ③三粒扣的西装，扣中间的一粒，也可扣上面一两粒 ④双排扣的西装，站着时一般应将纽扣都扣上，当坐下时，最低的一粒纽扣以松开为宜，以避免弄皱衣服的料子，但再站起来时应把它重新扣好 ⑤衬衫袖口一定要扣上 ⑥驳领上的扣眼，叫插花眼，是参加婚礼、葬礼或出席盛大宴会、典礼时用来插鲜花用的

续表

任务实施内容	操作标准
口袋	①左上方的口袋，可以根据需要放置折叠考究的西装手帕，常见的有“一字形”“三角形”和“双三角形”等 ②西装前襟两边内侧的口袋，可放钱夹、名片夹、纸巾、钥匙等物品 ③其他口袋，不应放任何东西，以免弄得鼓鼓囊囊，影响西装的线条美

小贴士

打领带结有三点技巧：一是要把它打得端正、挺括，外观上呈倒三角形；二是可以在收紧领结时，有意在其下方压出一个窝或一条沟来，使其看起来美观、自然；三是领带结的具体大小不可以完全自行其是，而应令其大体上与同时所穿的衬衫领子的大小成正比例。需要说明的是，穿立领衬衫时不宜打领带，穿翼领衬衫时适合扎蝴蝶结。

三、女士套裙着装规范

女士套裙是由男士的西装演变而来的。西装套裙是女性的标准职业着装，其特点是端庄、典雅，一套合身的西装套裙能体现出女性的优美体态，增加气质，无论在正式场合或社交场合都可以穿着。女士套裙和男士西装不同的是：颜色、面料、款式的选择范围较大，穿着套裙同样有一定的规范。

知识点 女士着装原则

（1）不过分暴露：在正式场合，女士着装一定忌短、忌露、忌透。西装套裙上衣的尺寸，以刚好遮住上半身为宜，腰部不应过紧，以防胸部显得过高，衣袖一定要长。套裙下身的长度以刚刚过膝盖为最佳。过分性感或暴露的服装绝不能出现在办公室中，这会惹出不必要的麻烦，更会给人留下“花瓶”的印象。若是看重自身的职业或事业心重的女性，千万要注意这一点。总之，正规场合要六不露：不暴露胸部，不暴露肩部，不暴露腰部，不暴露背部，不暴露脚趾，不暴露脚跟。

（2）强调整体美：在适当的时间、地点及场合作适宜的装扮是现代女性不可忽视的。职业女性还必须注意，除了穿着应该考究以外，从头至脚的整体装扮也应讲究整体美。

工作任务单

任务实施内容	操作标准
内衣	确保内衣要合身，身体线条曲线流畅，既穿得合适，又要注意内衣颜色不要外泄
衬衫	衬衫的颜色要与套装相匹配，白色、黄白色和米色与大多数套装都能搭配。衬衫面料最好选择丝绸或纯棉，要熨烫平整

续表

任务实施内容	操作标准
丝巾	选择丝巾时要注意颜色中应包含有套裙颜色。丝巾选择丝绸质地的为好，其他质地的丝巾打结或系起来质感稍差
鞋	鞋应该是高跟、半高跟的船式皮鞋或盖式皮鞋，并且黑色的牛皮鞋最好。正式的场合不要穿凉鞋和后跟用带系住的女鞋或露脚趾的鞋。鞋的颜色有一个原则：鞋子的颜色必须深于衣服颜色，如果比服装颜色浅，那么必须和其他装饰品颜色相配
袜	女士穿裙子应当配长筒丝袜或连裤袜，颜色以肉色、黑色、浅灰、浅棕等最为常用。丝袜的长度一定要高于裙子的下摆，不要露出袜口。不要同时穿两双袜子，也不可将九分裤、健美裤等当成袜子穿。不论是鞋子还是袜子，图案和装饰都不要过多。一些加了网眼、镂空、珠饰、吊带、链扣或印有时尚图案的鞋袜，只能给人肤浅的感觉。一点图案和装饰都没有的鞋袜，穿起来效果反而更好

四、饰品佩戴

饰品分为两种：一种是实用性的，如帽子、围巾、眼镜、手表等；另一种是装饰性的，如耳环、项链、手镯、胸针等。旅游工作人员在工作时适当佩戴饰品，增加个人魅力是允许的，但是也要遵守本行业的规范，并且了解佩戴饰物的礼仪。

知识点 佩戴的基本原则

1. 符合身份

戴首饰时，要令其符合身份。选戴首饰时，不仅要照顾个人爱好，更应当使之服从于本人身份，要与自己的性别、年龄、职业、工作环境保持大体一致，不应把自己的喜好放在首位。旅游从业人员在工作岗位上佩戴饰物，不应该过分的夸张和华贵，不能过度张扬，不要在宾客面前炫耀自己的饰品，否则，有与客人攀比之嫌，会对客人造成一定的心理压力，从而影响其对服务质量的评价。服务行业讲求尊重顾客，尊重的含义不仅是语言上的礼貌，还包括不与客人“争贵”“争艳”。

2. 以少为佳

在一般情况下，旅游工作人员佩戴饰品时应该少而精。可以一件首饰也不佩戴，若有意同时佩戴多种首饰，不宜超过两个品种，每一品种不应超过两件。女性服务人员上岗时一般可以戴一枚戒指或是将戒指与项链、戒指与胸针、戒指与耳钉两两组合在一起使用。另外，饰品宜小不宜大。男性服务人员除结婚戒指外，不要再佩戴任何饰品。

3. 色彩规定

力求同色。若同时佩戴两件或两件以上首饰，应使其色彩一致。戴镶嵌首饰时，应使其主色调保持一致。千万不要使所戴的几种首饰色彩斑斓，像是杂货铺似的，就不好了。

4. 材质规定

争取同材质。若同时佩戴两件或两件以上首饰，应使其质地相同。戴镶嵌首饰时，应使其被镶嵌物质地一致，托架也应力求一致。这样做是为了达到整体协调。另外，还要注意高档饰物，尤其是珠宝首饰，多适用于隆重的社交场合，但不适合在工作、休闲时佩戴。

5. 习俗规则

戴首饰时，习俗上的规则是遵守习俗。不同的地区、不同的民族，佩戴首饰的习惯做法多有不同，对此要遵守各地风俗习惯，不可我行我素，这样是不礼貌的表现。

案例 2-5

请代我向你先生问好

李丽大学毕业后在某公司做文秘工作不久，一次在接待客户时，领导让她照顾一位华侨女士。临分别时，华侨对小李热情和周到的服务非常满意，留下名片并认真地说："谢谢！欢迎你到我公司来做客，请代我向你的先生问好。"小李愣住了，因为她还没有男朋友呢。可是，这位华侨也没有错，她之所以这么说，是因为看见小李左手无名指上戴着一枚戒指。

工作任务单

任务实施内容	操作标准
戒指	国际上较为通行的佩戴规范是戴在左手上，拇指不戴戒指；戴在食指上，表示无偶求爱；戴在中指上，表示已在恋爱；戴在无名指上，表示已订婚或结婚；中指和无名指上同时戴，表示已婚并且夫妻感情很好；戴在小指上，表示奉行独身主义
项链	①短项链，长约 40cm，适合搭配低领上装 ②中长项链，长约 50cm，可用名贵高雅的珍珠，富贵华丽的金、银，古朴神秘的珐琅、景泰蓝，妩媚柔美的玛瑙、象牙，以及朴实活泼的贝壳、菩提珠等 ③长项链，长约 60cm，适合于女士用于社交场合 ④特长项链，长约 70cm，适合女士在隆重的社交场合佩戴。体形较胖、脖子较短的人宜选佩较长的项链，身材苗条修长、脖子细长的人最好选佩宽粗一些的短项链 ⑤项链坠，在选择时，要使二者整体上协调一致，在正式场合不要选用过分怪异或令人误解的图形或文字，也不要同时使用两个或两个以上的坠子
耳环	长脸形，特别是下颌较尖的脸型应佩戴面积较大的扣式耳环，以使脸部显得圆润丰满；脸型较宽的方脸形，宜选佩面积较小的耳环
手镯	佩戴手镯，强调的是手腕和手臂的美丽，如果二者不美应该慎戴。男士一般不戴手镯。手镯可以只戴一个，也可以同时戴两个。戴一个时，通常戴于左手；戴两个时，可一手戴一个或都戴在左手上
胸针	别在胸前的饰物，穿西装时，应别在左侧领上；穿无领上衣时，别在左侧胸前。发型偏左时，胸针居中，发型偏右时，胸针偏左。高度：自上往下第一与第二粒纽扣之间

续表

任务实施内容	操作标准
胸花	最常见的是将胸花佩戴于左胸部位，也可按服饰设计要求和服饰整体效果将其佩戴于肩部、腰部、前胸或发际处；佩戴时，花茎向下，使之与自然开放的姿态相同。个子矮小的选小一点花，佩戴得稍高一点；个子高的选大一点花，佩戴位置可稍低一点
帽子	可正戴，也可歪戴。正戴显得庄重、严肃，可使脸形更加丰满、端庄；歪戴则显得活泼、妩媚，显出清瘦、俏皮。参观各种活动及上门做客，进入室内都应脱帽。女士的传统礼帽，作为服饰的一部分则允许在室内穿戴
墨镜	原本是用作抵挡阳光保护眼睛的，现已成为一种装饰五官的脸部饰品了。戴上墨镜，会平添几分神秘感和魅力，给人以严肃、神气、深沉之感 墨镜的忌讳：在参加室内活动时，不要戴墨镜；在室外，遇有礼仪性活动，也不应戴墨镜。有眼疾要戴墨镜时，应向主人或客人说明并致歉意。在与人握手、说话时，应将墨镜摘下

任务训练

训练情境	假如你将要去一家时尚设计公司面试，设计自己的服饰	
训练任务	1. 设计适合自己身份的服饰 2. 实践操作	
训练步骤	训练内容	补充说明
步骤一	以小组为单位，研读训练情境，明确训练目的，清晰训练任务	以八人为一小组进行练习，指定一人为组长
步骤二	小组选择一个代表，其他成员为其设计服饰	
步骤三	小组内实践操作	
步骤四	各小组派代表解释设计方案	
步骤五	教师任意选择一小组进行讲解	班级其他人员观看演练，并做好优缺点记录
步骤六	学生按照服饰搭配的要求进行点评	
步骤七	教师总结	

任务拓展

列夫·托尔斯泰的《安娜·卡列尼娜》有这样一个情节：在安娜和渥伦斯基相识的舞会上，安娜穿着全黑的天鹅长裙，长裙上镶威尼斯花边，闪亮的边饰把黑色点缀得既美丽安详，又神秘幽深，这同安娜那张富有个性的脸庞十分相称，当安娜出现在舞会的门口，吸引了身旁所有人的视线，吉蒂看到安娜的装束后，也强烈地感受到安娜比自己美。安娜的黑色长裙在轻淡柔曼的裙海中显得高贵典雅，与众不同，也与安娜藐视世俗的个性融为一体。

又如：一位性格活泼的姑娘，身穿裘皮大衣在路边与他人手舞足蹈地高声谈笑，让人看了很不舒服，尽管裘皮大衣高雅华贵，但与姑娘的性格极不相称，给人一种“张扬、毛躁”的感觉。

议一议：服装美的最高境界是外在美和内在美的统一，你对这个问题是怎样理解的？

项目小结

本项目主要介绍了旅游从业人员在仪容、仪态、服饰方面的礼仪规范要求以及操作标准，并通过实训操作掌握仪容标准、仪态规范，塑造良好的个人形象，为宾客提供更好的优质服务打下基础。

习题

一、填空题

1. 化妆的原则是________、________、________、________。

2. 发部修饰的原则有________、________、________、________。

3. 公务型注视一般注视对方________，社交型注视一般注视对方________，亲密型注视一般注视对方________。

4. 着装的 TPO 原则中，T 代表________，P 代表________，O 代表________。

5. 男士单排两粒扣西装应扣______纽扣，单排三粒扣西装应扣______纽扣或者______纽扣。

二、判断题

1. 长发过肩的女士必须全部将其剪短才能上岗。（　　）

2. 夏天不防晒只会让皮肤变黑，没有大碍。（　　）

3. 男士在正式场合应穿戴西装、衬衣、领带和皮鞋，注意颜色搭配，钢笔应插在西装左胸外兜。（　　）

4. 身材苗条修长、脖子细长的人适宜佩戴较宽的项链。（　　）

5. 炎热的夏季女服务人员允许穿着裙装，但不穿丝袜上岗。（　　）

三、简答题

1. 简述服务中常用的站姿有哪些?
2. 运用手势应注意哪些禁忌?
3. 与人交谈时应如何注视对方?
4. 什么是着装的场合原则?
5. 饰品佩戴的基本原则有哪些?

四、案例分析题

某报社记者吴先生为作一次重要采访，下榻于北京某饭店。经过连续几日的辛苦采访，终于圆满完成任务。吴先生与二位同事打算庆祝一下，当他们来到餐厅，接待他们的是一位五官清秀的服务员，接待服务工作做得很好，可是她面无血色，显得无精打采。吴先生一看到她就觉得没了刚才的好心情，仔细留意才发现，原来这位服务员没有化工作淡妆，在餐厅昏黄的灯光下显得病态十足，这又怎能让客人看了有好心情就餐呢?当开始上菜时，吴先生又突然看到传菜员涂的指甲油缺了一块，当下吴先生第一个反应就是“不知是不是掉入我的菜里了?”但为了不惊扰其他客人用餐，吴先生没有将他的怀疑说出来，但这顿饭吃得吴先生心里总不舒服。最后，他们召唤柜台内服务员结账，而服务员却一直对着反光玻璃墙面修饰自己的妆容，丝毫没注意到客人的需要，到本次用餐结束，吴先生对该饭店的服务十分不满。

问题：请从礼仪的角度分析该案例。

3

项目三

社会交往礼仪

学习目标

- 知识目标 1. 认识旅游服务中使用社会交往礼仪的重要性
  2. 了解社会交往礼仪中见面、餐饮、赠礼的规范要求
- 技能目标 1. 熟练掌握称呼、介绍、握手、名片礼仪的规范和顺序
  2. 熟悉中西餐礼仪
  3. 掌握赠礼的规范要求
- 素质目标 能运用所学知识，在旅游接待过程中正确规范地处理各种情境

关键词

- 称呼、介绍、握手、名片、餐饮、赠礼

案例导入

历史性的握手

握手，这样一个人间极为平常的礼仪，如果在特殊条件下进行，这一握，甚至可成为历史性的、划时代的标志。中国和美国、周恩来和尼克松的握手，就是这样的一握。

1972年2月21日，美国总统尼克松踏上中国大陆的土地，开始了一次他称之为“谋求和平的旅行”。11:30，飞机平稳地停在候机楼前。机舱门打开了，穿着大衣的尼克松总统与夫人帕特二人走出舱门。按惯例，应该是随行人员先出现在舱门，而尼克松却早有安排，他让其他人员退后，自己第一个出现在舱门，他要人们看到中美领导人在第一时间照面的镜头。不等走下舷梯，尼克松已经微笑着主动伸出右手，周恩来总理小步上前，也伸出手来，两双手紧紧地握在一起，足足有一分多钟。这意味着一个时代的结束，也是另一个时代的开始。

（资料来源：巴义尔．烙刻——记忆中的影像［M］．北京：作家出版社，2006.）

社会交往礼仪是指在人际交往活动中，用于表示尊重、亲善和友好的首选行为规范与惯用形式。它体现人们在人际交往过程中所具备的基本素质、交际能力等。

旅游活动具有社会性，是一种人与人之间的沟通，即与人打交道和广泛开展的社交活动。旅游接待人员，其职业范畴的特殊性表现为这项工作将始终处在社会和人际交往的最前沿，其职业素养主要是通过日常的行为规范来体现的。旅游接待人员与服务对象之间的这种交际活动的成败，在一定程度上，将影响到旅游活动的成败。

任务一

见面礼仪

任务目标

1. 掌握见面时的各项礼仪规范知识
2. 能在旅游活动中正确灵活地接待客人

任务实施

见面礼仪是日常社交礼仪中最常用与最基础的礼仪。人与人之间的交往都要用到见面礼仪，特别是从事服务行业的人，掌握一些见面礼仪，能给客户留下良好的第一印象，为以后顺利开展工作打下基础。

一、称呼

称呼即称谓，指的是人们在交往应酬时，用以表示彼此关系的名称用语。不论是在口头语言，还是在书面语言中，称呼对交往都十分重要。称呼的运用与对待交往对象的态度直接相关，是给对方的第一印象。因此，称呼对方时，千万不可马虎大意。在交往中，我们既要注意学习、掌握称呼的基本规律和通常的做法，又要特别注意各国之间的差别，认真区别对待。

知识点　如何称呼外国人的姓名

1. 英、美语人名

姓名结构一般为“教名 / 第一名 + 中间名 + 姓氏”。例如：George Walker Bush（中译：乔治·沃克·布什），中间名可以缩写为 George W. Bush（美国习惯），在英国教名也可以缩写为 G.W. Bush。另外，很多时候，中间名可以略去写为 George Bush。教名是出生和受教会洗礼时取的名字，是受法律承认的正式名字，中间名是父母或亲戚所取，姓氏是由家族世代相传的。美国法律规定，妇女婚后要使用丈夫的姓。

在口头称呼时一般称其姓氏，并加上“先生”“小姐”“夫人”或“女士”，如布朗先生、撒切尔夫人。在十分正式的场合，则应称呼其姓名，并加上“先生”“小姐”“夫人”或“女士”。

2. 俄罗斯语人名

在俄罗斯语系中，姓名结构的一般顺序为“本名 + 父名 + 姓”。例如：亚历山大·谢尔盖耶维奇·普希金。女子的姓名婚前也由这三部分组成，但婚后则使用夫姓。

平时人们口头称呼时，一般只称姓氏或本名，在特意表示客气与尊敬时，可同时称其本名与父名。

3. 阿拉伯语人名

一般由 3 或 4 节组成，常见的姓名结构是“本名 + 父名 + 祖父名 + 姓”。例如：穆罕默德·阿里巴·艾哈迈德·沙特，表示自己名字是“穆罕默德”，父亲名叫“阿里巴”，祖父名叫“艾哈迈德”，姓“沙特”。一般只用自己的名字，但很多有社会地位的上层人士都简称其姓，如穆罕默德·阿贝德·阿鲁夫·阿拉法特，简称阿拉法特。

4. 日本、朝鲜等一些亚洲国家人名

与我国汉人相似，姓名结构为“姓 + 名”。称呼时，一般可与其姓氏或姓名合并使用，并加上“先生”“小姐”“夫人”或“女士”。例如：“田中先生”“三浦友和先生”。

工作任务单

任务实施内容	操作标准
目光注视	①注视的方式：平视、友好、亲切 ②注视的部位：对方额头与双眼之间的三角区
面带微笑	双眼略为睁大，眉头自然舒展，眉毛微微向上扬起，嘴角上翘，嘴唇微张，真诚微笑，表示友好
称呼对方	①泛尊称：这种称呼几乎适合于各种社交场合。对男子一般称“先生”，对女子称“夫人”“小姐”“女士”。应该注意的是，在称呼女子时，要根据其婚姻状况。已婚的女子称“夫人”，未婚女子称“小姐”，对不知婚姻状况和难以判断的，可以称之为“女士”。在一些国家，“阁下”一词也可以作为泛尊称使用。泛尊称可以同姓名、姓氏和行业性称呼分别组合在一起，在正式的场合使用。例如：“奥巴马先生”“玛格丽特·撒切尔夫人”“上校先生”“秘书小姐”，等等 ②职务称呼：在公务活动中，可以对方的职务相称。例如：“部长”“经理”“处长”“校长”，等等。职务性称呼还可以同泛尊称、姓名、姓氏分别组合在一起使用。例如：“周总理”“桥本龙太郎首相”“部长先生”，等等。对职务高的官方人士，如部长以上的高级官员，不少国家可称“阁下”。例如：“总统阁下”“大使先生阁下”。对有高级官衔的妇女，也可称“阁下”。但在美国和德国等国家没有称“阁下”的习惯，对这些国家的相应人员，应该称“先生” ③职衔称呼：对交往对象拥有社会上备受尊重的学位、学术性职称、专业技术职称、军衔和爵位的，可以“博士”“教授”“律师”“法官”“将军”“公爵”等称呼相称。这些职衔性称呼还可以同姓名、姓氏和泛尊称分别组合在一起在正式场合使用。例如：“乔治·马歇尔教授”“卡特博士”“法官先生”，等等 ④职业称呼：对不同行业的人士，可将被称呼者的职业作为称呼。例如：“老师”“教练”“警官”“医生”，等等。有些职业不便当成称呼，如公司职员、公务员、服务行业员工、商界人士等，一般约定俗成地按性别的不同分别称为“小姐”“先生”等。在这些职业称呼前面，还可以同姓名、姓氏分别组合在一起使用 ⑤姓名称呼：在一般性场合，彼此比较熟悉的人之间，可以直接称呼他的姓名或姓氏。例如：“乔治·史密斯”“张志刚”，等等。中国人为表示亲切，还习惯在被称呼者的姓前面加上“老”“大”或“小”等字，而免称其名。例如：“老王”“小张”。更加亲密者，往往不称其姓，而只呼其名。例如：“志刚”“卫东”，等等 ⑥特殊性的称呼：对于君主制国家的王室成员和神职人员应该用专门的称呼。如在君主制国家，应称国王或王后为“陛下”；称王子、公主、亲王等为“殿下”；有爵位的应称爵位或“阁下”；对神职人员应根据其身份称为“教皇”“主教”“神父”“牧师”“阿訇”，等等
注意禁忌	在交往中，称呼不当就会失敬于人，失礼于人，有时后果不堪设想。因此，一定要注意称呼的禁忌，具体如下： ①错误的称呼：称呼对方时，记不起对方的姓名或张冠李戴，误读他人姓氏，都是极为不礼貌的行为。有许多汉字是多音字，在作姓氏使用时读音与常用方法不同。人们都爱惜自己的姓名，如果被读错了音或写错了字，都会很不愉快的。外国人的姓名，在发音和排列顺序上同中国人的姓名有很大的差别，如果没有听清楚或没有把握，宁可多问对方几次，也不要贸然叫错。对被称呼者的年龄、辈分、婚否以及同其他人的关系做出错误判断，也会出现错误的称呼，如将未婚妇女称为“夫人”等

续表

任务实施内容	操作标准
注意禁忌	②易产生误会的称呼：不论是自称还是称呼他人，要注意不要使用让对方产生误会的称呼。例如：有些称呼具有一定的地域性，如北京人爱称人为“师傅”，山东人爱称人为“伙计”。但在南方人眼中，“师傅”就是出家人，“伙计”指的是打工仔。使用这样的称呼往往让对方不知如何理解 ③带有歧视、侮辱性的称呼：在正式场合，不要使用低级、庸俗的称呼或用绰号作称呼。例如：“哥们儿”“姐们儿”“死党”，等等。而对于对方具有侮辱性质的绰号，如“罗锅”“四眼”“北佬”“南蛮”等更不恰当，尤其是当对方身有残疾时，借此起绰号并呼之，只能体现自己修养低、风度差

小贴士

仇（qiú） 单（shàn） 舍（shè） 朴（piáo） 区（ōu） 召（shào） 华（huà）
查（zhā） 种（chóng） 解（xiè） 繁（pó） 任（rén） 纪（jǐ） 折（shé）
黑（hēi） 燕（yān） 芮（ruì） 过（guō） 缪（miào） 仉（zhǎng） 句（gōu）
万俟（mò qí） 单于（chán yú） 澹台（tán tái） 拓拔（tuò bá） 尉迟（yù chí）

（资料来源：中国社会科学院语言研究所词典编辑室．现代汉语词典：第7版［M］．北京：商务印书馆，2019.）

二、介绍

介绍是一切社交活动的开始，是人际交往中与他人沟通、建立联系、增进了解的一种最基本、最常见的形式，通过自己主动沟通或通过第三者从中沟通，从而能使交往双方相互认识，建立联系，加强了解和促进友谊。因此，在人际交往中，介绍可以缩短人与人之间的距离，扩大社交的范围，广交朋友，也可以增进彼此的了解，消除误会和减少麻烦。

介绍可以分为自我介绍、他人介绍两种形式。

知识点1 自我介绍的形式

根据场合目的不同，自我介绍又可分为下述五种形式：

（1）应酬式：它适用于某些公共场合和一般性的社交场所，如旅途中，宴会、舞会上，通电话时。它的对象主要是进行一般接触的交往对象。对介绍者而言，对方是泛泛之交，所以介绍的内容要少而精，往往只包括姓名一项即可。例如：“你好，我叫张路。”

（2）工作式：它主要适用于工作场所或工作中。它是以工作为中心的自我介绍，因工作而交际，因工作而交友。

工作式自我介绍的内容，应包括本人姓名、供职单位及部门、担任的职务及从事的具体事务三项，介绍时缺一不可。其中，第一项的姓名，必须报全，有姓有名；第二项的供职单位及部门，有可能最好全部报出，具体工作部门有时也可以暂不报出；第三项若担任职务极低或无职务，则应报出目前所从事的具体工作。例如：“你好，我叫李东，是某大学英语系主任。”

（3）交流式：它主要适用于社交活动中，是一种刻意寻求与对方进一步交流，希望对方认识自己、了解自己、与自己建立联系和沟通的自我介绍。它的内容，大体包括介绍者的姓名、工作、籍贯、爱好、兴趣以及与交往对象有某些熟人关系等。它们不一定非要面面俱到，而应依照具体情况而定。例如："我叫王芳，现在在海欣公司当财务总监，我和您先生是高中同学。"

（4）礼仪式：它适用于讲座、报告、演出、庆典、仪式等一些正规而隆重的场合，是一种表示对交往对象友好、心存敬意的自我介绍。它的内容，要包含自己的姓名、单位职务等项，还要多加入一些适宜的谦辞敬语，以符合这些场合的特殊需要。例如："各位来宾，大家好，我叫张国强，是盛天酒店的总经理。我代表本公司热烈欢迎大家光临我们的开业活动，谢谢！"

（5）问答式：它适用于应试、应聘和公务交往，通常的形式是有问有答，如主考官问："请介绍一下你的基本情况。"应聘者答："各位好，我叫林海，现年 35 岁，2002 年毕业于西安交通大学船舶工程系，获工学学士学位。现在北京首钢船务公司任工程师，其间曾去阿根廷工作 2 年。本人除精通专业外，还掌握英语、日语，懂电脑，会驾驶汽车和船只。曾在国内正式刊物上发表过 6 篇论文，并拥有一项技术专利。"

工作任务单

任务实施内容	操作标准
介绍时机	①本人希望结识他人：在社交场合或公共聚会上，当对不相识者或身边的陌生人感兴趣并有意愿交往时，可主动做自我介绍 ②他人希望结识本人：在社交场合中，有不相识者表现出对自己感兴趣时，可主动做自我介绍；有不相识者请求自己做自我介绍时，也可做自我介绍 ③本人认为有必要让他人了解或认识本人：若存在下列情况，如有求于他人，而对方对自己不甚了解时；交往对象因为健忘等原因而记不清自己或自己担心这种情况的发生时；在出差、旅行途中，与他人相遇，有必要与之建立临时接触时；拜访熟人遇到不相识者挡驾或对方不在，而需不相识者代为转告时；前往其他工作单位进行业务联系时；应聘求职、求学时，均可做自我介绍
注意时间	在做自我介绍时一定要力求简洁，尽可能地节省时间，越短越好，如没有特殊情况，不宜超过 1min。切忌在做自我介绍时信口开河，借题发挥，滔滔不绝，那样极易引起别人的反感
讲究态度	进行自我介绍时，态度应自然大方，语速适中，条理清楚，热情坦率地目视对方。目光游离不定，甚至根本不去注视对方都是失礼的
实事求是	在进行自我介绍时，一定要实事求是，不要过分谦虚，也不宜自吹自擂，掺加水分，应该有一说一，有二说二

知识点 2　他人介绍的形式

他人介绍，又称第三者介绍，是经第三者为彼此不相识的双方引见、介绍的一种介绍方式。根据实际需要的不同，为他人做介绍时的内容会有所不同。通常，有以下六种形式可借鉴：

（1）标准式：它适用于正式场合，内容以双方的姓名、单位、职务等为主。例如："我来给两位介绍一下，这位是金陵酒店餐饮部经理王燕小姐，这位是恒通集团总经理邓丽萍小姐。"

（2）简介式：它适用一般的社交场合，其内容往往只有姓名一项，甚至只提姓氏即可。例如："我来介绍一下，这位是老李，这位是小王，你们认识一下吧。"

（3）强调式：它适用于各种交际场合，其内容除双方姓名外，还会刻意强调一下其中一位被介绍者与介绍者之间的特殊关系，以便引起另一位被介绍者的重视。例如："这位是江海公司经理孙庆先生。这位是钱红，她是我的侄女，请孙经理多多关照。"

（4）引见式：它适用于普通的社交场合。介绍者把被介绍双方引见在一起，而不需要表达任何具有实质性的内容。例如："两位认识一下如何？你们自报家门吧。"

（5）推荐式：它适用于比较正规的场合，多是介绍者有备而来，有意要将某人举荐给某人。因此，在内容方面，通常会对前者的优点加以重点介绍。例如："这位是周畅先生，这位是我们公司的刘鑫总经理。周先生是博士毕业，在专业领域有很深造诣。刘总，我想您一定乐于认识他吧！"

（6）礼仪式：它适合于正式场合，是一种最为正规的他人介绍，其内容略同于标准式，但语气、表达、称呼上都更为礼貌、谦恭。例如："孟小姐，你好！请允许我把上海环通公司的采购部经理张凯先生介绍给你。张经理，这位就是北京新生集团的业务部经理孟彤小姐。"

工作任务单

任务实施内容	操作标准
介绍者的人选	他人介绍时，介绍者的确定是有一定规则的。通常，具有下列身份者，理应在他人介绍中充当介绍者： ①社交活动中的东道主 ②社交场合的长者，地位、身份较高者或主要负责人员 ③家庭性聚会中的女主人 ④公务交往中的专职人员，如公关人员、礼宾人员、文秘、接待人员 ⑤熟悉被介绍双方者
介绍的顺序	为双方做介绍时，首先要解决介绍的先后顺序问题。根据规范，处理这一问题，必须遵守"尊者优先了解情况"的规则。它的含义是：在为他人作介绍前，先要确定双方地位的尊卑，然后先介绍位卑者，后介绍位尊者 为他人作介绍时的顺序大致有如下几种情况： ①介绍年长者与年幼者相识时，先介绍年幼者，后介绍年长者 ②介绍长、晚辈相识时，应先介绍晚辈，后介绍长辈 ③介绍师生相识时，先介绍学生，后介绍老师 ④介绍上、下级认识时，先介绍下级，后介绍上级 ⑤介绍女士与男士认识时，先介绍男士，后介绍女士 ⑥介绍已婚者与未婚者认识时，先介绍未婚者，后介绍已婚者 ⑦介绍同事、朋友与家人认识时，先介绍家人，后介绍同事、朋友 ⑧介绍来宾与主人认识时，先介绍主人，后介绍来宾 ⑨介绍社交场合的先至者与后来者认识时，应先介绍后来者，后介绍先至者 ⑩介绍职位、身份高者与职位、身份低者认识时，应先介绍职位、身份低者，后介绍职位、身份高者

续表

任务实施内容	操作标准
介绍的姿势	在为他人介绍时，介绍者应该热情、诚恳，手势动作文雅大方。无论介绍哪一位，介绍者应手心朝上，手背向下，四指并拢，以肘关节为轴，指向被介绍者一方，并向另一方点头微笑。切不可用手指头指来指去。必要时，可以说明被介绍一方同自己的关系，以便介绍的双方增进了解和信任
介绍的应对	介绍者在为双方做介绍时，被介绍双方均应起身站立，面带微笑，目视被介绍者或对方，显得高兴、专注。介绍后，身份高的一方或年长者，应主动与对方握手，问候对方，表示非常高兴认识对方等。身份低的一方或年轻者，应根据对方的反应做出相应的反应，如果对方主动伸手与你握手，你应立即将手伸出与对方相握。当双方身份相当时，主动、热情地对待对方是有礼貌的表现

三、会面礼节

在交往中，相识者之间和不相识者之间往往在适当的时候，需要向交往对象行礼，以表示自己对对方的敬意、友好和尊重。这就是所谓的会面礼，是人们见面时约定俗成互行的礼节。

由于各国、各民族、各地区历史、文化传统和风俗习惯的不同，人们所采用的会面礼往往千差万别。人们熟知且世界比较流行的有握手礼、致意礼、鞠躬礼、亲吻礼、拥抱礼等。其中，握手礼是我国乃至世界最通行、最普遍采用的礼节形式。

知识点 1 握手礼

握手礼多用于见面时的问候与致意。对久别重逢和多日未见的老朋友，以握手表示对对方的关心和问候；人们彼此之间经过他人介绍相识，通过握手，向对方表示友好和愿意与对方结识的心情。告别时，以握手感谢对方，表示愿意保持联系、再次见面的愿望。除此之外，握手礼还是一种祝贺、感谢、理解、慰问、支持和鼓励的表示。在交往中，握手礼运用得当，会令人显得彬彬有礼，很有风度。

关于握手的起源有两种说法：一种说法是起源于原始社会刀耕火种时期。人们在狩猎和战争中，手中经常拿着石块和棍棒等武器以防不测，倘若氏族部落间陌生人相遇，如双方没有恶意，就要放下手中的东西，并伸出手掌，让对方摸摸手心，表示手中没拿任何武器。后来，以手掌心相贴，二手并一手，象征互相帮助、亲近问候。天长日久，这种习惯逐渐演变成了今天的握手礼。另外一种说法是源于欧洲中世纪。当时，打仗的骑士身着盔甲，只露出两只眼睛，以防备随时进攻的敌人。如果表示友好，双方接近时便脱去右手的甲胄，伸出右手表示没有武器，并互相握一下，即为和平友好的象征。发展到后来，交战双方的领导人如果有诚意坐到谈判桌上来，见面时握手就表示双方愿意或希望和平共处。一旦签订停战协议，互换文本时，双方代表就握手，表示和好，并含有庆贺化干戈为玉帛的意思。

工作任务单

任务实施内容	操作标准
握手的姿势	姿势：握手时两人相距约 1m，双腿立正，上身微前倾，右臂自然向前伸出，伸出右手，掌心向左，四指并拢，拇指张开与对方相握。可上下稍许晃动三四次，然后松开手，恢复原状。与他人握手，一般应起身站立，除非是长辈或女士，坐着与人握手是失礼的。握手时要注意神态，握手前，双方可打招呼或点头示意。握手时，应面带微笑，目视对方双眼，并且寒暄致意，表现出关注、热情和友好之意
握手的力度	为表示对交往对象的热情友好，握手时可以稍许用力，但用力切不可过大。遇到亲朋故旧，握手时用力可以稍大一些，但与异性和初次相识者握手时，用力千万不可过大。用力的大小，要因人而异，把握好分寸，以不轻不重，适度为好
握手的时间	与他人握手的时间不宜过长或过短。握手时间过短，给人以应付、走过场的感觉；握手时间过长，尤其是握住异性和初相识者的手时间过长，是失礼的表现。通常情况下，握手的全部时间应控制在 3s 以内
伸手的顺序	伸手顺序：由位尊者先伸手，位卑者予以响应，具体如下： ①职位高的人与职位低的人握手，应由职位高的人先伸手 ②女士与男士握手，应由女士先伸手 ③长辈与晚辈握手，应由长辈先伸手 ④已婚者与未婚者握手，应由已婚者先伸手 ⑤老师与学生应由老师先伸手 ⑥社交场合先到者和后到者握手，应由先到者先伸手为礼 ⑦主人迎客时应先由主人伸手为礼，客人告辞时，应由客人先伸手 ⑧服务人员与客人应由客人先伸手，服务人员不能贸然伸手去握
握手的禁忌	①不要用左手与他人握手，尤其是在与阿拉伯人、印度人打交道时要牢记此点，因为在他们看来左手是不洁的 ②不要交叉握手。与基督教信徒交往时，要避免两人握手时与另外两人相握的手形成交叉状，这种形状类似十字架，在基督教信徒中是很不吉利的 ③不要在握手时戴着手套，只有女士在社交场合戴着薄纱手套与人握手才是被允许的 ④不要在握手时戴着墨镜，只有患有眼疾或眼部有缺陷者方可例外 ⑤不要在握手时将另外一只手插在衣袋里 ⑥不要在握手时面无表情，不置一词，好像根本无视对方的存在，而纯粹是为了应付 ⑦不要在握手时长篇大论，点头哈腰，滥用热情，显得过分客套。过分客套不会令对方受宠若惊，而只会让对方不自在、不舒服 ⑧不要在握手时只递给对方一截冷冰冰的手指尖，像是迫于无奈似的。这种握手方式在国外叫作“死鱼式握手”，被公认是失礼的做法 ⑨不要以肮脏不洁或患有传染性疾病的手与他人相握 ⑩不要在与人握手之后，立即揩拭自己的手掌，好像与对方握一下手就会使自己受到“污染”似的 ⑪不要拒绝与他人握手。在任何情况下，都不能这么做

知识点 2　致意礼

致意是一种人际交往中使用频率较高的一种礼节。它对于沟通人际情感、协调人际关系有很大的好处。

从起源上看，挥手致意与军人举手敬礼的动作同出一源。在欧洲的中世纪，骑士们常常在王公大臣、公主、贵妇面前比武扬威，在高唱赞歌经过公主的座席时，要同时举手齐眉做“遮住阳光”的动作，意思是把公主比作光芒四射的太阳。后来，这个动作成了军人接受检阅、遇见长官时的礼节。如今，政府官员下飞机、出席典礼时的挥手致意，人们在见面送别时的举手、挥帽等动作也是这种动作的变体。

1. 致意的种类

致意的种类主要有四类：一是举手致意，二是点头致意，三是欠身致意，四是脱帽致意。

2. 致意的顺序

男士应当首先向女士致意，年轻者应当首先向年长者致意，学生应当首先向教师致意，下级应当首先向上级致意。当年轻的女士遇到比自己年纪大得多的男士的时候，应首先向男士致意。在社交场合遇见身份高的熟人，一般不宜立即起身去向对方致意，而应在对方的应酬告一段落之后再上前致意。

3. 致意的运用

致意方法可以在同一时间内使用一种以上，如点头与微笑、欠身与脱帽均可同时使用。遇到对方向自己致意，应以同样的方式向对方致意，否则是失礼的。致意要注意文雅，一般不要在致意的同时向对方高声叫喊，以免妨碍他人。

工作任务单

任务实施内容	操作标准
举手致意	多用于向他人表示问候、致敬、感谢之意。既可悄然无声地进行，也可以伴之以相关的言辞。当人们忙于工作，而又看见相熟的人，且无暇分身时，用举手致意，可立即消除对方的被冷落感。举手致意时，应全身直立，面向对方，手臂轻缓地由下而上地向上伸起，手臂可全部伸直，也可稍有弯曲，掌心向外对着对方，不要上下摆动
点头致意	适用于不便于与对方交谈的场合的见面礼节，如在会场上或在与别人谈话时遇见熟人，与相识者在同一地点多次见面，或仅有一面之交的朋友在社交场合相见，只需点头致意，打个招呼即可。在迎送客人或其他没有必要正式鞠躬行礼，却又需要向对方示意的场合，可以点头致意
欠身致意	一般用于坐着时与客人打招呼，只需将上身微微向前躬，不必完全站起，如在饭店的前厅设有大堂经理或副经理台，当工作人员看到熟人时，可用欠身致意的方式打招呼。有客人到办公室来访时，也可用欠身致意的方式，表示对客人的欢迎和尊重
脱帽致意	与朋友、熟人见面时，若戴着有檐的帽子，则以脱帽致意最为适宜，即微微欠身，用距对方稍远的一只手脱掉帽子，将其置于大约与肩平行的位置，同时与对方交换目光

知识点3 鞠躬礼

鞠躬是人们在日常工作、生活中用来表示对别人的恭敬而使用的一种礼节，在亚洲国家，如中国、日本、韩国等使用普遍。它既适用于庄严肃穆或喜庆欢乐的仪式，又适用于一般的社交场合，如同事之间的问候、朋友初见、欢迎宾客、演员谢幕等。

鞠躬起源于中国。商代有种祭天仪式“鞠祭”，祭品为猪、牛、羊等，不切成块，而是将其整体弯卷成圆的鞠形，再摆到祭祀处奉祭，以此来表达祭祀者的恭敬与虔诚。这种习惯一直保持到现在。

人们在现实生活中，逐渐援引这种形式来表达自己对地位崇高者或长辈的崇敬。于是，弯一弯腰，象征性地表示愿把自己作为鞠祭的一个牺牲品而奉献给对方。这就是“鞠躬”的来历。

工作任务单

任务实施内容	操作标准
基本动作	行鞠躬礼时，须脱帽，脚跟靠拢、双脚尖处微微分开，呈立正姿势，脸带笑容，目视受礼者。男士双手自然下垂，贴放于身体两侧裤线处，女士的双手下垂搭放在腹前。以腰部为轴，上身前倾弯腰，目光也随鞠躬自然下垂
鞠躬角度	① 15°：最一般的鞠躬角度。微微低头，身体上部向下弯约 15°。常用于与熟人打招呼，与长辈或上级擦肩而过的时候 ② 30°：身体上部向下弯约 30°。当迎接或相送顾客时，常用来表示敬意 ③ 45°：身体上部向下弯约 45°。主要用于表示深切的谢意或歉意 ④ 90°：常用于传统的婚礼、追悼会等正式仪式或表示忏悔、改过、谢罪，服务场合中很少使用
鞠躬顺序	地位较低的人要先鞠躬；受鞠躬应还以鞠躬礼；地位较低的人鞠躬要相对深一些

知识点 4　亲吻礼

亲吻礼是西方国家常用的会面礼，它常与拥抱礼同时采用，即双方见面时既拥抱又亲吻。行亲吻礼时，特别忌讳发出亲吻的声音，或者将唾液弄到对方的脸上。

另外，吻手礼也是流行于欧美上流社会异性之间的一种高层次的礼仪，近年来在我国都市的年轻人中偶有所见。行吻手礼时，男女双方相距约 80cm，双方须注视对方。女性先将手轻轻向左前方抬起约 60°，作下垂姿势；男子轻轻将其提起，略俯身，低头，象征性地在女士的手背或手指上轻轻一吻，然后抬头微笑相视，把手轻轻放下。行吻手礼时，男性一定要稳重、自然、轻松，动作不能粗俗，姿势不可过分夸张。

知识点 5　拥抱礼

拥抱礼是西方国家传统的礼节形式。在人们相见、告别，表示祝贺、慰问和欣喜时，常采用拥抱礼。在我国，除一些少数民族外，拥抱礼不常采用。

旅游服务人员更多地了解各国、各民族的会面礼，对于礼貌地对待来宾，做好接待服务工作是十分必要的。

工作任务单

任务实施内容	操作标准
亲吻	由于双方关系不同，行礼时，亲吻的部位也不相同。长辈吻晚辈，应当吻额头；晚辈吻长辈，应当吻下额或面颊；同辈之间，同性应当贴面颊，异性应当吻面颊；真正吻嘴唇，即接吻仅限于夫妻之间或恋人之间，其他关系是不能吻嘴唇的

续表

任务实施内容	操作标准
拥抱	正规的拥抱礼，应该两个人正面相对站立、各自举起右臂，将右手搭在对方的左肩后面；左肩下垂，左手扶住对方衣腰后侧，首先向各自对方的左侧拥抱，然后向各自对方的右侧拥抱，最后再次向对方的左侧拥抱，拥抱三次后礼毕。在一般的场合行此礼，不必如此讲究，次数也不必如此严格

四、名片

名片是现代社会生活中一种雅致而实用的交际工具和手段，是一种最为经济实用的介绍性媒介。它源于中国，使用已长达2000多年。最初写在竹片上，以后才是写在纸上。汉初时称为“谒”，元朝时称为“名”，唐朝时称为“状”，到明清使用名片之风更盛，称为“门状”“名刺”或“名帖”，一直沿用到近代。

现代生活中，由于名片印制规范、文字简洁、使用方便，且易于保存。因此，用途广泛，各行各业，男女老幼都有使用。一张印制精美、独特的名片一经递出，会给对方留下深刻的印象。

知识点　名片的用途

1. 自我介绍

见面时，名片是最重要的自我介绍辅助工具。在初次与交往对象见面时，除了必要的口头自我介绍外，还可以使用名片进行身份的介绍。这样不仅能向对方明确身份，而且还可以节省时间，强化效果。

2. 结交他人

在社交中若想要结识某人，通常以名片表示结交之意。主动递交名片给初识之人，既意味着友好信任，又暗含“可以交个朋友吗?”之意。在这种情况下，对方一般会“礼尚往来”，从而完成双方结交认识的第一步。

3. 保持联系

大多名片都印有其联络方式。名片可以时刻提醒持有人知道你是谁，如何与你联系。同时，利用他人名片上提供的联络方式，可与对方取得并保持联系，促进认识和交往。

4. 通报变更

若变换了单位、调整了职务、改动了电话号码或者公司乔迁至新址后，都会重新制作自己的名片。向惯常的交往对象递交新名片，可以把本人的最新情况通报给对方，以一种更简单的方式避免联系上的失误，也可以显示自己对他人的尊重。

名片的递送如图3–1所示。

图3–1　名片的递送

工作任务单

任务实施内容	操作标准
递送的时机	递送名片要掌握适宜时机，只有在确有必要时发送名片，才会令名片发挥功效。一般可递送名片的时机有：初次相识自我介绍或别人为你介绍时；当双方谈得较融洽表示愿意建立联系时；当双方告辞时并表示愿结识对方，希望能再次相见时。参加会议时，应该在会前或会后交换名片，不要在会中擅自与别人交换名片。例如：尊者、长者不主动交换名片，可委婉提出，不宜直接索取
递送的姿势	①起立或欠身用双手递送名片，面带微笑，注视对方，双臂自然伸出，四指并拢，用双手的拇指和食指分别持握名片上端的两角送给对方，名片正面朝上，文字内容正对对方，递送时可以说“我叫张文涛，这是我的名片，请多关照”之类的客气话 ②自己的名字如有难读或特别读法的，在递送名片时不妨加以说明，忌目光游移或漫不经心
递送的顺序	在社交场合中，交换名片的顺序一般是：“先客后主，先低后高。”当与多人交换名片时，应依照职位高低的顺序或是由近及远，依次进行，切勿跳跃式地进行，以免对方误认为有厚此薄彼之感。如果是圆桌应按顺时针的顺序，这是吉利的方向
名片的接收	①态度谦和：接受他人名片时，不论有多忙，都要暂停手中一切事情，并起身站立相迎，面含微笑，注视对方 ②阅读名片：在接名片时，要双手接捧或以右手接过，并以客气语言表示感谢，接过对方名片后，至少要用 1min 时间认真浏览一遍：一是表示对别人的尊重，二是可以了解对方确切身份。在默读名片的过程中，如遇有显示对方荣耀的职务、头衔时不妨轻读出声，以示尊重和敬佩。若对方名片上的内容有所不明，可当场请教对方 ③有来有往：接受了他人的名片后要当即回敬对方（递上自己名片）。假如没有名片，名片用完了或者忘了带名片时，应向对方表示歉意、主动说明，告知联系方式。例如：“很抱歉，我没有名片”“对不起，今天我带的名片用完了，过几天我会寄一张给您” ④精心收藏：名片应放在较精致的名片夹里。男士的名片夹应该放在左胸内侧的西装口袋或专门的公文包里，女士的名片夹应该放在坤包里。将名片夹放置于其他口袋，甚至后侧袋里是一种失礼的行为。在保管存放自己和他人的名片时，最好分开放置，以免误将他人的名片当作自己的送给别人，这会使自己在交际中陷于尴尬境地
名片的整理	名片的整理也非常重要，要养成及时整理名片的习惯，按照姓名、国籍、性别、单位、类别等输入电脑

小贴士：名片的特殊用途

（1）简短留言：拜访某人或需要向某人传达信息而对方不在时，可留下自己的名片，附上便签简单写上具体事由，然后委托他人转达。

（2）充当礼单：以私人身份向他人馈送礼品或花卉时，可将本人的社交名片充当礼单，置于礼物或花卉包装之内。

（3）拜会他人：初次拜访他人时，可将名片交由对方门卫、秘书或家人，转交被访者，以便对方决定见与不见，避免冒昧造访。

任务训练

训练情境	无锡将要召开第五届世界佛教大会，无锡灵山饭店的机场代表小刘今天要在机场迎接来自泰国的永莲法师，请设计由机场接到客人到酒店入住的情境	
训练任务	1. 商讨这一情境中的人员都应该注意哪些礼仪，怎样做才是这一场景中正确的礼仪规范 2. 进行现场模拟练习	
训练步骤	训练内容	补充说明
步骤一	以小组为单位，研读训练情境，明确训练目的，清晰训练任务	五人一组进行训练，确定小组负责人，由负责人交流训练情况
步骤二	小组研讨完成训练任务，并确定模拟表演角色	
步骤三	各小组长代表小组交流小组商讨结论	
步骤四	小组进行现场模拟	由教师指定小组表演，其他同学观看并做好记录
步骤五	观看同学就表演同学在情境中表现进行点评	
步骤六	教师点评	

任务拓展

如何交换名片

2015 年 4 月，广州商品交易会，各方厂家云集，企业家们济济一堂。华新公司的徐总经理在交易会上听说伟业集团的崔董事长也来了，想利用这个机会认识这位素未谋面又久仰大名的商界名人。午餐会上他们终于见面了，徐总经理彬彬有礼地走上前去说："您好，崔董事长，我是华新公司的总经理，我叫徐刚，这是我的名片。"说着，便从随身带的公文包里拿出名片，递给了对方。崔董事长显然还沉浸在之前的与人谈话中，他顺手接过徐刚的名片说："你好。"回应了一句并草草看过，放在了一边的桌子上。徐总在一旁等了一会儿，并未见这位崔董事长有交换名片的意思，便失望地走开了。

议一议：你认为双方问题出在哪里？如果是你的话，你会如何做？

任务二

餐饮礼仪

任务目标

1. 熟悉宴请的分类
2. 掌握中餐礼仪的规范要求
3. 掌握西餐礼仪的规范要求

任务实施

餐饮聚会是现代人工作和生活中必不可少的重要活动，是绝佳的交流和会谈的机会，是非常有效的沟通感情、传递信息的途径。作为一项多人参加的集体活动，要想使每个参加者都能愉快尽兴、心满意足，就需要大家共同遵守餐饮礼仪。

一、宴请的形式

国际上通用的宴请形式有宴会、招待会等，而至于采取何种形式，一般根据活动的目的、邀请对象以及经费开支等因素来决定。每种类型的宴请均有与之匹配的特定规格及要求。

知识点 1 宴会的主要形式

宴会是比较正式、隆重的设宴招待，宾主在一起饮酒、吃饭的聚会。宴会是正餐，出席者按主人安排的席位入座进餐，由服务员按专门设计的菜单依次上菜。按其规格又有国宴、正式宴会、便宴、家宴之分。

1. 国宴

国宴特指国家元首或政府首脑为国家庆典或外国元首、政府首脑来访而举行的正式宴会，是宴会中规格最高的。按规定，举行国宴的宴会厅内应悬挂两国国旗，安排乐队演奏两国国歌及席间乐，席间主、宾双方有致辞、祝酒。

2. 正式宴会

正式宴会除不挂国旗、不奏国歌及出席规格有差异外，其余的安排大体与国宴相同。有时也要安排乐队奏席间乐，宾主均按身份排位就座。许多国家对正式宴会十分讲究排场，对餐具、酒水、菜肴的道数及上菜程序均有严格规定。

3. 便宴

便宴是一种非正式宴会，常见的有午宴、晚宴，有时也有早宴，其最大特点是简便、灵活，可不排席位、不作正式讲话，菜肴也可丰可俭。有时还可以自助餐的形式自由取餐，可以自由行动，更显亲切随和。

4. 家宴

家宴是指在家中设便宴招待客人。西方人士喜欢采取这种形式待客，以示亲切，且常用自助餐方式。西方家宴的菜肴不及中国餐的丰盛，但由于通常由主妇亲自掌勺，家人共同招待，因而它不失亲切、友好的气氛。

知识点 2 招待会的主要形式

招待会是指各种不配备正餐的宴请类型，一般备有食品和酒水，通常不排固定的席位，可以自由活动，常见的有冷餐会和酒会。

1. 冷餐会

冷餐会有时亦称自助餐，它是目前国际上所通行的一种非正式的西式宴会，在大型的商务活动中尤为多见。冷餐会一般在中午 12:00 至下午 2:00，下午 5:00 至晚上 7:00 左右举办，以风味独特的冷菜、饮料、低度酒为主，由就餐者在用餐时自行选择食物、饮料，然后或立或坐，自由地与他人在一起或是独自一人用餐。参加自助餐会，应遵循“少取多次”的原则，取食时要量力而行。每次取餐少取一点，品尝之后，如感觉不错可以再取，反复去取也不会引起非议，当然前提是吃完盘内的食物再去，显得文雅一些。

2. 酒会

酒会也称鸡尾酒会，招待品以酒水为主，有鸡尾酒和各种混合饮料，略备三明治、小香肠、薯条等各种小吃。酒会不设座位，酒水饮料和食品均由服务员用托盘端送，也有一部分放在餐台上，由客人自由取用。在餐厅周围设小圆桌供客人摆放酒杯、餐巾纸、餐碟、牙签盅等。客人都是站着品酒、进食，自由交谈。举行鸡尾酒会的时间较为灵活，上午、中午、下午、晚上均可，宾客参加鸡尾酒会可迟来早退，不受约束。鸡尾酒会举行的地点可在室内，也可在室外、花园里，空间不受限制。鸡尾酒会进行的时间较短，一般为 60min 左右。

二、中餐礼仪

知识点 1 席位的排列

在中餐礼仪中，席位的排列是一项十分重要的内容。它关系到来宾的身份和主人给予对方的礼遇，所以受到宾主双方的同等重视。

1. 桌次的排列

举行正式的中餐宴会时，所设餐桌往往不止一张，这时就要按“尊卑”之别排列桌次。主要应遵守如下 3 项规则：

（1）“以右为上”：当餐桌有左右之分时，应以位于右侧的餐桌为上桌。这里所讲的左右，是由面对正门的位置来的，这种做法也叫“面门定位”（图 3–2）。

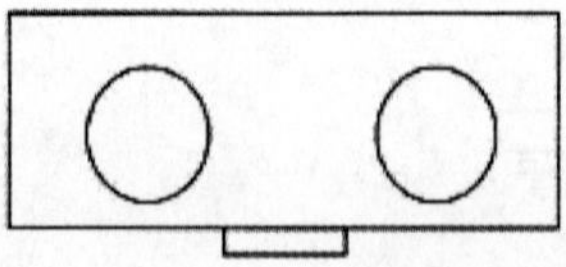

图 3-2　以右为上

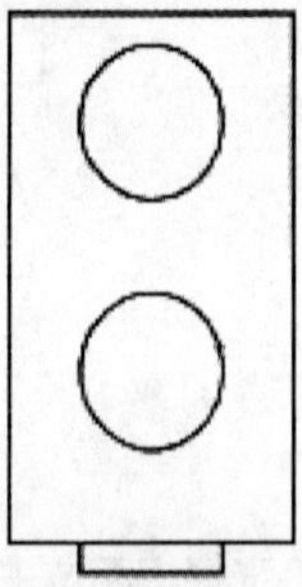

图 3-3　远门为上

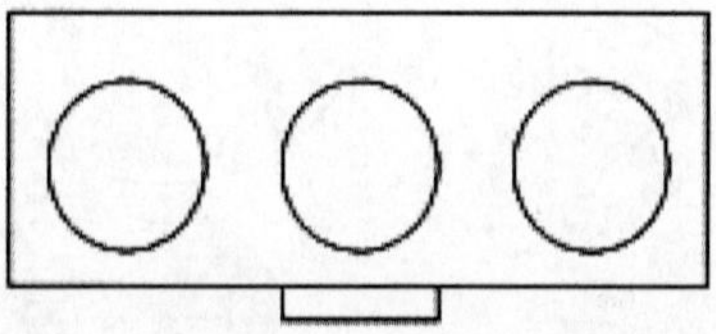

图 3-4　居中为上

（2）“远门为上”：当餐桌距离餐厅正门有远近之分时，一般以距门较远的餐桌，即靠内侧的餐桌为上桌（图 3–3）。

（3）“居中为上”：当多张餐桌并排列开时，一般居中央者为上（图 3–4）。

在大多数情况下，以上 3 条桌次排列的常规做法往往是交叉使用的。此外，在安排多桌宴请的桌次时，还应兼顾其他各桌与主桌的距离。距离主桌越近，桌次越高，这项规则亦称为“主桌定位”（图 3–5）。

2．座次的排列

举办中餐宴会一般用圆桌，每张餐桌上的具体位次有主次尊卑之分。宴会的主人应坐在主桌上，面对正门就座；同一张桌上位次的尊卑，根据距离主人的远近而定，以近为上，以远为下；同一张桌上距离主人相同的位次，排列顺序讲究以右为尊，以左为卑。在举行多桌宴会时，各桌之上均应有一位主桌主人的代表，作为各桌的主人，其位置一般应以主桌主人同向就座，有时也可以面向主桌主人就座。每张餐桌上，安排就餐人数一般应控制在 10 个人之内，并且为双数，人数过多，过于拥挤，也会照顾不过来。

在每张餐桌位次的具体安排上，还可以分为以下两种情况：

（1）每张桌上一个主位的排列方法：每张餐桌上只有一个主人，主宾在其右手就座，形成一个谈话中心（图 3–6）。

（2）每张桌上有两个主位的排列方法：如主人夫妇就座于同一桌，以男主人为第一主人，女主人为第二主人，主宾和主宾夫人分别坐在男女主人右侧，桌上形成了两个谈话中心（图 3–7）。

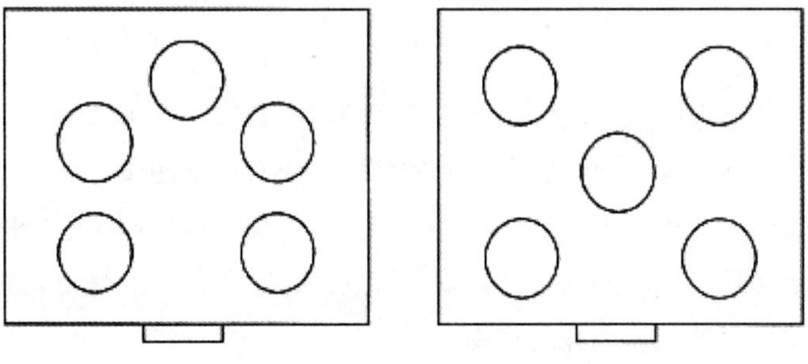

图 3-5　主桌定位

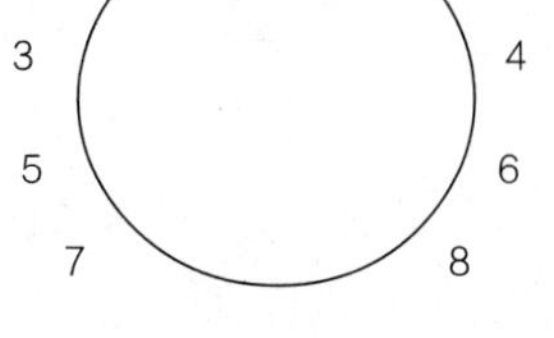

图 3-6　每张餐桌一位主人

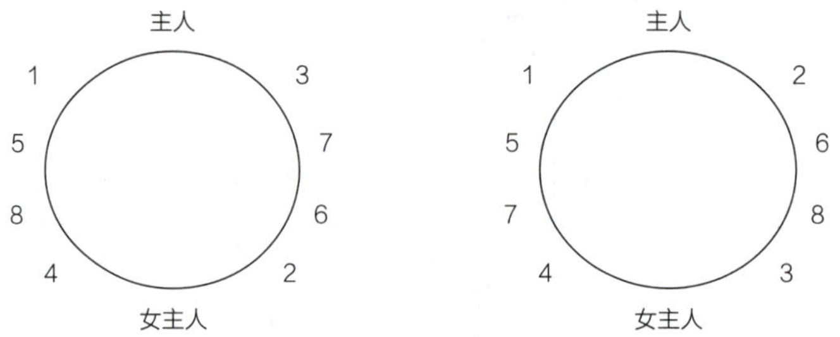

图 3-7　每张餐桌两位主人

如遇主宾的身份高于主人时，为表示对他的尊重，可安排主宾在主人位次上就座，而主人则坐在主宾的位置上，第二主人坐在主宾的左侧。

知识点 2　菜单的安排

根据中国人的饮食习惯，与其说是“请吃饭”，还不如说是“请吃菜”。所以，对菜单的安排是马虎不得的。它主要涉及点菜和准备菜单两方面的问题。

1. 了解菜序

一顿标准的中餐大菜，不管它是什么样的风味，上菜的次序都是相同的。通常，首先上桌的是冷盘，接下来是热炒，随后上的是主菜，然后上点心和汤，最后上的是果盘。如果上咸点心的话，讲究上咸汤；如果上甜点心的话，就要上甜汤。不管是不是吃大菜，了解中餐标准的上菜次序，不仅有助于在点菜时巧作搭配，而且还可以避免因为不懂而出洋相、闹笑话。

2. 量力而行

点菜时，不仅要吃饱、吃好，而且必须量力而行。如果为了讲排场、装门面，而在点菜时大点、特点，甚至乱点一通，不仅对自己没好处，而且还会招人笑话。这时，一定要心中有数，力求做到不超支，不乱花，不铺张浪费。可以点套餐或包桌，这样费用固定，菜肴的档次和数量相对固定，省事；也可以根据“个人预算”，在用餐时现场临时点菜，这样不但自由度较大，而且可以兼顾个人的财力和口味。

3. 客随主便

被请者在点菜时，告诉做东者，自己没有特殊要求，请对方随便点，这实际上正是对方欢迎的做法，或者是认真点上一个不太贵而又不是大家忌口的菜，再请其他人点。别人点的菜，无论如何都不要挑三拣四。

4. 注意禁忌

在宴请之前，主人需要事先对菜单进行再三斟酌。在安排菜单时，必须考虑来宾的饮食禁忌，特别是要对主宾的饮食禁忌高度重视。通常饮食方面的禁忌主要有以下四条：

（1）宗教禁忌：宗教的饮食禁忌，一点也不能疏忽大意。例如：伊斯兰教信徒不吃猪肉和未诵安拉之名宰杀之物，并且不喝酒。国内的佛教徒禁食荤腥食品，它不仅指的是不吃肉食，而且也包括了葱、蒜、韭菜等吃起来气味刺鼻的食物。

（2）地方禁忌：不同的地区，人们的饮食偏好往往不同。对于这一点，在安排菜单时，也要兼顾。例如：湖南、四川省份的人普遍喜欢吃辛辣食物，少吃甜食；英、美人通常不吃宠物、稀有动物、淡水鱼、动物内脏、动物的头部和脚爪。

（3）职业禁忌：有些职业，出于某种原因，在餐饮方面往往也有各自不同的特殊禁忌。例如：国家公务员在执行公务时不准吃请，在公务宴请时不准大吃大喝，不准超过国家规定的标准用餐，不准喝烈性酒；再如：驾驶员在工作期间，不得饮酒，要是忽略了这一点，还有可能使对方犯错误。

（4）个人禁忌：有些人出于健康的原因，对于某些食品也有所禁忌。例如：心脏病、脑血管病、动脉硬化、高血压和脑卒中后遗症的人，不适合吃狗肉，肝炎病人忌吃羊肉和甲鱼，胃肠炎、胃溃疡等患有消化系统疾病的人也不适合吃甲鱼，高血压、高胆固醇患者，要少喝鸡汤等。对于这类人的饮食禁忌，亦应充分予以照顾。

知识点 3 餐具的使用

1. 筷子

中餐最主要的餐具就是筷子，筷子必须成双使用。使用筷子用餐取菜时，要注意筷子是用来夹取食物的，用来挠痒、剔牙或用来夹取食物之外的东西都是失礼的。与人交谈时，要暂时放下筷子，不能一边说话，一边像挥舞指挥棒似地舞动筷子。不论筷子上是否残留食物，千万不要去舔。因为用舔过的筷子去夹菜，会让旁人大倒胃口。

2. 食碟

食碟在中餐里的主要作用是用于暂放从公用的菜盘中取来享用之菜肴。使用食碟时，一般不要取放过多的菜肴在食碟里，那样看起来既繁乱不堪，又十分不雅。不吃的食物残渣、骨头、鱼刺不要吐在饭桌上，而应轻轻取放在食碟的前端，取放时不要直接从嘴吐到食碟上，而要使用筷子夹放到碟子前端。例如：食碟放满了，可示意让服务员换食碟。

3. 勺子

中餐里勺子的主要作用是舀取菜肴和食物。用筷子取食时，也可以使用勺子来辅助取食，但是尽量不要单独使用勺子去取菜。在用勺子取食物时，不要舀取过满，以免溢出弄脏餐桌或衣服。在舀取食物后，可在原处暂停片刻，等汤汁不会再往下流时再移过来享用。用餐间，暂时不用勺子时，应放在自己身前的碟子上。若是取用的食物太烫，不可用勺子舀来舀去，也不要用嘴对着勺子吹，应把食物先放到自己碗里等凉了再吃，还要注意不要把勺子塞到嘴里，或是反复舔食吮吸。

4. 碗

碗是用来盛放主食、汤羹等食物的。一般来讲，不要端起碗进食，尤其不要双手端起碗进食。在食用碗内的食物时，要用筷子、匙等辅助着吃，不要直接用手，也不能直接用嘴吸食。碗内的食物剩余不多时，不要直接全部倒进口中，更不要用舌头舔。暂时不用的碗不可以放杂物，也不能将碗扣着放在餐桌上。

5. 水盂

宴会上，如吃螃蟹、龙虾等腥腻并需用手的食物时，服务员会送上水盂（洗手盅），多用铜质、瓷制或水晶玻璃盅，水面漂有玫瑰花瓣或柠檬片，起点缀、去腥作用；洗时两手轮流沾湿手指，轻轻涮洗，然后用纸巾或小方巾擦干。

6. 牙签

用餐时尽量不要当众剔牙，非剔不行时，要用另一只手掩住口部，剔出来的食物，不要当众“观赏”或再次入口，更不要随手乱弹、随口乱吐。剔牙后，不要叼着牙签，更不要用其来扎取食物。

7. 湿毛巾

中餐用餐前，一般会为每位用餐者上一块湿毛巾。这块湿毛巾的作用是擦手，擦手后，应该把它放回盘子里，由服务员拿走。而宴会结束前，服务员会再上一块湿毛巾，和前者不同的是，这块湿毛巾是用于擦嘴的，不能用其擦脸或抹汗。

知识链接

使用筷子的中国传统礼仪禁忌

中国人使用筷子用餐是从远古流传下来的，古时又称其为“箸”，日常生活当中对筷子的运用是非常有讲究的。一般我们在使用筷子时，正确的使用方法讲究的是用右手执筷，大拇指和食指捏住筷子的上端，另外三个手指自然弯曲扶住筷子，并且筷子的两端一定要对齐。在使用过程当中，用餐前筷子一定要整齐码放在饭碗的右侧，用餐后则一定要整齐地竖向码放在饭碗的正中，如图 3-8 所示。

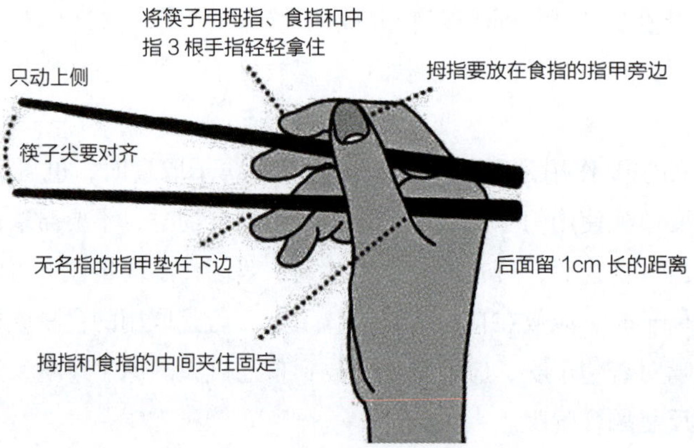

图 3-8 筷子使用方法

绝对禁忌以下十种筷子的使用方法：

1. 三长两短

三长两短的意思就是说在用餐前或用餐过程当中，将筷子长短不齐地放在桌子上。这种做法是大不吉利的，通常我们管它叫“三长两短”，其意思是代表“死亡”。因为中国人过去认为人死以后是要装进棺材的，在人装进去以后，还没有盖棺材盖的时候，棺材的组成部分是前后两块短木板，两旁加底部共三块长木板，五块木板合在一起做成的棺材正好是三长两短，所以说这是极为不吉利的事情。

2. 仙人指路

仙人指路这种做法也是极为不能被人接受的，这种拿筷子的方法是：用大拇指和中指、无名指、小指捏住筷子，而食指伸出，这叫“骂大街”。因为在吃饭时食指伸出，总在不停地指别人，一般伸出食指去指对方时，大都带有指责的意思。所以说，吃饭用筷子时用手指人，无异于指责别人，这同骂人是一样的，是不允许的。还有一种情况也是这种意思，那就是吃饭时同别人交谈并用筷子指人。

3. 品箸留声

品箸留声这种做法也是不行的，其做法是把筷子的一端含在嘴里，用嘴来回嘬，并不时地发出“咝咝”声响，在吃饭时用嘴嘬筷子本身就是一种无礼的行为，再配以声音，更是令人生厌。所以，一般出现这种做法都会被认为是缺少家教，同样不能够被允许。

4. 击盏敲盅

击盏敲盅这种行为被看作是乞丐要饭，其做法是在用餐时用筷子敲击盘碗。因为过去只有要饭的才用筷子击打要饭盆，其发出的声响配上嘴里的哀告，使行人注意并给予施舍。俗话说：“敲碗敲筷子，讨吃一辈子。”

5. 执箸巡城

执箸巡城这种做法是手里拿着筷子，做旁若无人状，用筷子来回在桌子上的菜盘里寻找，不知从哪里下筷为好。此种行为是典型的缺乏修养的表现，且目中无人，极其令人反感。

6. 泪箸遗珠

泪箸遗珠实际上是使用筷子往自己盘子里夹菜时，手里不利落，将菜汤流落到其他菜里或桌子上。这种做法被视为严重失礼，同样是不可取的。

7. 颠倒乾坤

颠倒乾坤就是说用餐时将筷子颠倒使用，这种做法是非常被人看不起的，正所谓饥不择食，以至于都不顾脸面了，将筷子使倒，这是绝对不可以的。

8. 定海神针

定海神针是在用餐时用一只筷子去插盘子里的菜品，这也是不行的，这被认为是对同桌用餐人员的一种羞辱。在吃饭时做出这种举动，无异于在欧洲当众对人伸出中指的意思是一样的。

9. 当众上香

当众上香是有的时候，人们出于好心帮别人盛饭，为了方便省事把一副筷子插在饭中递给对方。这样做是不可取的，会被人视为大不敬，因为汉族人的传统是为死人上香时才这样做，如果把一副筷子插入饭中，无疑是被视同于给死人上香一样。

10. 交叉十字

交叉十字这一点往往不被人们所注意，在用餐时将筷子随便交叉放在桌上，这是不对的。在饭桌上打叉子，是对同桌其他人的全部否定，就如同学生写错作业，被老师在本上打叉子的性质一样，不能被他人接受。除此以外，这种做法也是对自己的不尊敬，因为过去吃官司画供时才打叉子，这也就无疑是在否定自己。

以上所说的十种筷子的禁忌是我们日常生活当中所应当注意的。此外，中国人还忌用舌头舔筷子，忌用沾着饭菜的筷子去夹菜以及忌用筷子代替牙签剔牙。这是家庭吃饭或者宴客时的禁忌俗规，多是关乎卫生、谦让、礼貌的。这也说明中国人对于饮食的庄重性和严肃性的重视。

案例 3-1

细节体现教养

郭晓凡是一位外贸公司的业务经理，有一次，郭先生因为工作上的需要，设宴招待一位来自英国的生意伙伴。有意思的是，那一顿饭吃下来，令对方最为欣赏的不是郭先生专门为其所准备的精美菜肴，而是郭先生在陪同对方用餐时的一处细小的举止表现。用那位英国客人当时的原话来讲就是："郭先生，你在用餐时一点儿响声都没有，使我感到你的确具有良好的教养。"

（资料来源：王慧敏. 商务礼仪教程 [M]. 北京：中国发展出版社，2008.）

工作任务单

任务实施内容	操作标准
适度修饰	参加宴会，应适度地进行个人修饰。总的要求是：整洁，优雅，个性化。一般而言，男士可穿套装，并剃须。女士应穿时装或旗袍，并化淡妆。这样，不但打扮得美观，而且也是对主人表示敬意
赴宴准时	应邀赴宴，一定要准时抵达现场。准时，一般是指在宴会前 5~10min 到达。抵达过早或过晚，均为失礼。早到的话，主人往往还未做好准备，因而措手不及。晚到的话，则会令他人望眼欲穿，甚至打乱整个原定计划
主动问候	在应邀赴宴时，进门处可能会有人请你签到，见到主人时，一定要说些问候的话，尤其是要跟女主人打招呼，然后与邻近的客人握手，互相问好。例如：遇熟人要主动招呼，对长辈要起立、让座，对女宾要举止端庄，彬彬有礼
按序就座	根据来宾的身份和主人所给予的礼遇就座，具体如下： ①桌次的排列以右为上、远门为上、居中为上 ②座次的排列面门为上、以右为上、近主为上

续表

任务实施内容	操作标准
进食无声	使用餐具不要发出响声，未上菜时，不可敲打或玩弄杯、筷、匙。进餐时，不宜高谈阔论。吃食物时，尽可能将嘴巴闭合，不要使邻座人听到自己的咀嚼和吞咽声响。万一打喷嚏、咳嗽，应马上掉头向后，拿手巾掩口。如果伤风咳嗽，最好不要去赴宴，因为在席上频频咳嗽不仅失礼，而且缺乏公德
饮酒节制	当主人或朋友们向自己热情地敬酒时，不要东躲西藏，更不要把酒杯翻过来，或将他人所敬的酒悄悄倒在地上。一般情况下，饮酒应控制在本人酒量的 1/3 以内，饮酒过量容易失言，甚至失态，以致影响整个宴会气氛。如果本人确实不胜酒量或根本就不会喝酒，应事先说明
优雅付账	用餐完毕准备离去时，要利用服务人员经过身边的机会，轻声唤住他，很有礼貌地告诉他说："请帮我们结账。"如果一时没有服务人员走近，不妨耐心地多等一两分钟，不可提高嗓门大叫埋单或者手握钞票，举得高高的挥来挥去。此外，除非饭馆有特别的规定，否则一般来说，埋单应该坐在自己位子上，因为跑到柜台前面掏出钱来结账，既不雅观，也不合乎餐厅礼节的规定

小贴士：工作餐的特点

工作餐是国际交往中常用的非正式宴请形式，主、宾双方利用共同进餐的时间边吃边谈。工作餐按用餐时间可分为工作早餐、工作午餐和工作晚餐。这种宴请形式既简便又符合卫生标准，特别是在日程活动紧张时，它的作用尤为明显。工作餐一般不排座次，大家边吃边谈，常用长桌。

三、西餐礼仪

知识点 1　座次的排列

在西餐用餐时，座次的安排也非常重要。与中餐相比，西餐的座次排列既有不少相同之处，也有许多不同之点。

1. 女士优先

在西餐礼仪里，往往体现女士优先的原则。排定用餐席位时，一般女主人为第一主人，在主位就位。而男主人为第二主人，坐在第二主人的位置上。

2. 距离定位

西餐桌上席位的尊卑，是根据其距离主位的远近决定的。距主位近的地位要高于距主位远的地位。

3. 以右为尊

排定席位时，以右为尊是基本原则。就某一具体位置而言，按礼仪规范其右侧要高于左侧之位。在西餐排位时，男主宾要排在女主人的右侧，女主宾排在男主人的右侧，按此原则，依次排列。

4. 面门为上

按礼仪的要求，面对餐厅正门的位子要高于背对餐厅正门的位子。

5. 交叉排列

西餐排列席位时，讲究交叉排列的原则，即男、女应当交叉排列，熟人和生人也应当交叉排列。在西方人看来，宴会场合是要拓展人际关系，这样交叉排列，用意就是让人们能多和周围客人聊天认识，达到社交目的。

男、女主人可坐在餐桌两端，也可坐在餐桌中央，如图 3–9 所示。

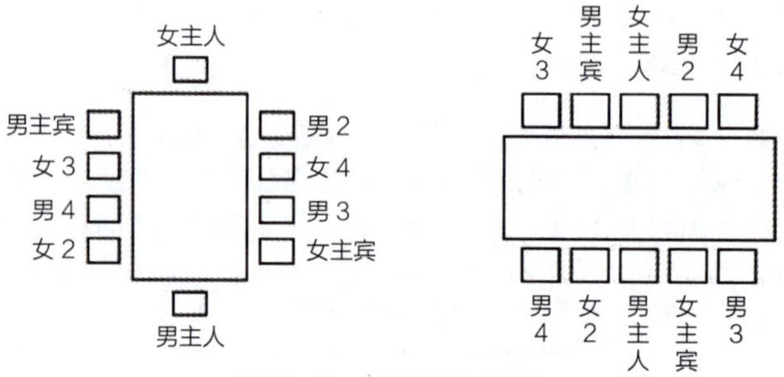

图 3–9　西餐座次排列

知识点 2　菜序的安排

由于饮食习惯的不同，西餐的菜序与中餐有明显的不同。正规的西餐，其菜序既复杂又讲究。一般情况下，完整的西餐正餐由下列 8 道菜肴组成。

（1）开胃菜：一般是由蔬菜、水果、海鲜、肉食所组成的拼盘，多以多种调味汁凉拌而成，其色彩悦目，口味宜人。

（2）面包：一般都是切片面包，有时也有刚烤好的面包。通常可根据个人爱好，涂上各种果酱、黄油或奶酪。

（3）汤：西餐中的汤大都口感芬芳浓郁，有很好的开胃作用。一般来说，汤是西餐的“开路先锋”，只有开始喝汤时才算正式开始吃西餐了。常见的汤有白汤、红汤、清汤等。

（4）主菜：西餐的主菜有冷有热，但应以热菜为主角。比较正规的正餐上通常有一冷两热，在两个热菜中还应有一个是鱼菜，另一个则是肉菜。有时还会再上一个海味菜。其中的肉菜必不可少，而且往往代表着此次用餐的档次和水平。

（5）点心：吃过主菜后，一般要上一些诸如蛋糕、饼干、吐司、三明治之类的小点心，供没有吃饱的人填饱肚子。

（6）甜品：点心之后接着上甜品。最常见的甜品有布丁、冰淇淋等。

（7）果品：可酌情使用干、鲜果。常见的有核桃、杏仁、开心果、草莓、香蕉、葡萄等。

（8）热饮：作为西餐的“压轴戏”，最正规的热饮有红茶或什么都不添加的黑咖啡，二者只能选择其一，不能同时享用。它们的主要作用是帮助消化。西餐的热饮可以在餐桌上也可以换地方，如到客厅或休息室。

在普通情况下，出于节约金钱和时间的考虑，人们往往也会选择西餐便餐。一顿西餐便餐的标准菜序应当是方便从简，通常由五道菜肴构成：开胃菜、汤、主菜、甜品、咖啡。

知识点 3 餐具的使用

1. 刀叉

（1）刀叉的区别：在正规一点的西餐宴会上，通常讲究吃一道菜要换一副刀叉。享用西餐正餐时，在一般情况下，出现在每位用餐者面前的餐桌上的刀叉主要有：吃黄油所用的餐刀，吃鱼所用的刀叉，吃肉所用的刀叉，吃甜品所用的刀叉，等等。要想正确地取用它们，关键是要记住，应当依次分别从两边由外侧向内侧取用。

（2）刀叉的使用：使用刀叉进餐时，要左手持叉，右手持刀，如图 3–10 所示。

（3）刀叉的暗示：如与人攀谈时，应暂时放下刀叉。其做法是，将刀叉刀口向内、叉齿向下，刀右叉左呈汉字的“八”字形状摆放在餐盘之上。它的含义是：此菜尚未用毕，如图 3–11 所示。

如果吃完了或不想再吃了，则可以刀口向内、叉齿向上，刀右叉左地并排纵放。这种做法等于告知侍者，请他连刀叉带餐盘一块儿收掉，如图 3–12 所示。

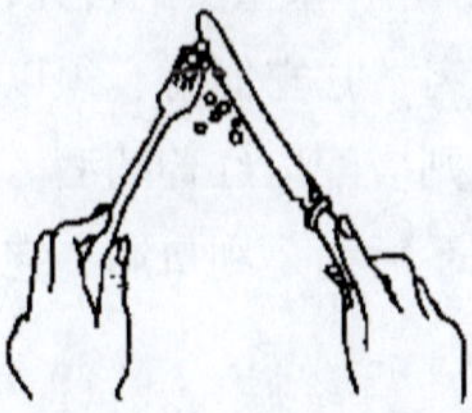

图 3–10 刀叉的使用

图 3–11 刀叉八字放置

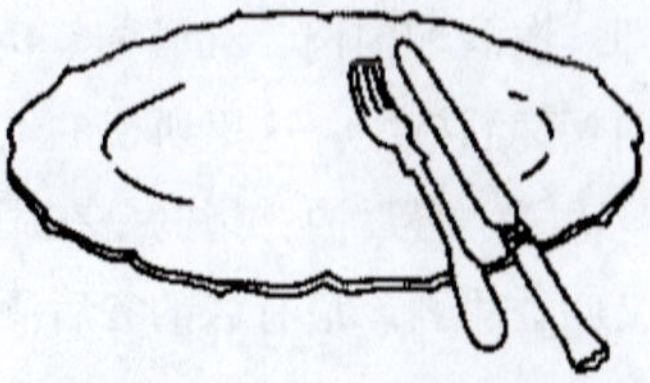

图 3–12 刀叉并排放置

2. 餐匙

在西餐的正餐里，一般会至少出现两把餐匙，它们形状不同、用途不一，摆放也有各自的既定位置。汤匙是个头较大的餐匙，通常被摆放在用餐者右侧的最外端，与餐刀并列纵放。甜品匙是一把个头较小的餐匙，在一般情况下，它应当被横向摆放在吃甜品所用刀叉的正上方，并与其并列。如果不吃甜品用不上甜品匙的话，有时它也会被个头同样较小的茶匙所替代。

3. 餐巾

（1）用来为服装保洁，将餐巾平铺于大腿之上，其主要目的就是为了“迎接”进餐时掉落下来的菜肴、汁汤，以防止其弄脏自己的衣服。

（2）用来揩拭口部，在用餐期间若要与人交谈，为尊重对方起见，应先用餐巾轻轻地揩一下嘴，免得自己“油嘴滑舌”或者嘴角粘着饭粒。女士进餐前亦可用餐巾轻按一下口部，以除去唇膏。用餐巾揩口时，其部位应大体固定，最好只用其内侧。通常不应以餐巾擦汗、擦脸，擦手也要尽量避免。应特别注意的是，不要用餐巾擦餐具，那样做等于向主人暗示餐具不洁。

（3）用来掩口遮羞：在进餐时，不要当众剔牙，也不要随口吐东西。万一非得剔牙和吐出东西不可时，应用左手拿起餐巾挡住口部，然后用右手去剔牙或是用右手持餐叉接住出口之物，再将其移到餐盘前端。关键是这些过程都需餐巾帮助遮掩。

（4）用来进行暗示：在用餐时，餐巾可用以进行多种特殊暗示。最常见的暗示有：暗示用餐开始。西餐大都以女主人为“带路人”。当女主人铺开餐巾时，就等于是在宣布用餐要开始了。当主人，尤其是女主人把餐巾放到餐桌上时，意在宣告用餐结束，请各位告退。其他用餐者吃完了的话，亦可用这种方式示意，暗示暂时离开。若中途暂时离开，一会儿还要去而复返继续用餐，可将餐巾放置于本人座椅面上。见到这种暗示，侍者就能领会其意，不会马上动手“撤席”，而会维持现状不变。

知识点 4　酒水的搭配

在正式的西餐宴会里，酒水是主角，不仅它最贵，而且它与菜肴的搭配也十分严格。一般来讲，吃西餐时，每道不同的菜肴要配不同的酒水，吃一道菜便要换上一种新的酒水。西餐宴会中所上的酒水，一共可以分为餐前酒、佐餐酒、餐后酒三种。它们各自又拥有许多具体种类。

（1）餐前酒：别名开胃酒，它是在开始正式用餐前饮用或在吃开胃菜时与之配伍的。在一般情况下，人们喜欢在餐前饮用的酒水有鸡尾酒、味美思和香槟酒。

（2）佐餐酒：又叫餐酒，它是在正式用餐期间饮用的酒水。西餐里的佐餐酒均为葡萄酒，而且大多数是干葡萄酒或半干葡萄酒。在正餐或宴会上选择佐餐酒，有一条重要的讲究，即“白酒配白肉，红酒配红肉”。这里所说的白肉，即鱼肉、海鲜、鸡肉。吃它们时，须以白葡萄酒搭配。这里所说的红肉，即牛肉、羊肉、猪肉。吃这类肉时，则应配以红葡萄酒。

（3）餐后酒：指的是在用餐之后，用来以助消化的酒水。最常见的餐后酒是利口酒，它又叫香甜酒。最有名的餐后酒，则是有“洋酒之王”美称的白兰地酒。

工作任务单

任务实施内容	操作标准
着装适当	参加西餐宴会，应根据邀请函的要求选择合适的着装。总的要求是：整洁，优雅，个性化。一般而言，男士可穿套装，并剃须。女士应穿时装或旗袍，并化淡妆。这样，不但打扮得美观，而且也是对主人表示敬意
赴宴准时	应邀赴宴，一定要准时抵达现场。准时，一般是指在宴会前 5～10min 到达。抵达过早或过晚，均为失礼。早到的话，主人往往还未做好准备，因而措手不及。晚到的话，则会令他人望眼欲穿，甚至打乱整个原定计划
主动问候	在应邀赴宴时，进门处可能会有人请你签到，见到主人时，一定要说些问候的话，尤其是要跟女主人打招呼，然后与邻近的客人握手，互相问好。例如：遇熟人要主动招呼，对长辈要起立、让座，对女宾要举止端庄，彬彬有礼
按序就座	根据来宾的身份和主人所给予的礼遇就座，遵循女士优先、以右为尊、面门为上、交叉排列的原则
刀叉使用	①英国式要求在进餐时，始终右手持刀，左手持叉，一边切割，一边叉而食之。通常认为，此种方式较为文雅 ②美国式的具体做法是，先是右刀左叉，一口气把餐盘里要吃的东西全部切割好，然后把右手里的餐刀斜放在餐盘前方，将左手中的餐叉换到右手里，再来以之大吃一气。这种方式的好处是比较省事 无论哪种方法都应注意，被切割好的食物应刚好适合一下子入口。切不可叉起它之后，再一口一口咬着吃

续表

任务实施内容	操作标准
餐匙使用	餐匙除可以饮汤、吃甜品之外，绝对不可直接舀取其他任何主食或菜肴。已经开始使用的餐匙，不可再放回原处，也不可将其插入菜肴、主食或是令其“直立”于甜品、汤盘或红茶杯之内。用餐匙取食时，动作应干净利索，切勿在甜品、汤或红茶之中扒来搅去。用餐匙取食时不要过量，而且一旦入口就要一次用完。一餐匙的东西，反复品尝好几次是不合礼仪的。餐匙入口时，应以其前端入口，而不是将它整个塞进嘴里
餐巾铺放	西餐所用的餐巾，通常会被叠成一定的图案，放置于用餐者右前方的水杯上或是直接被平放于用餐者右侧的桌面上。不论大小和形状，餐巾都应被平铺于自己并拢的大腿上。使用正方形餐巾时，应将它折成等腰三角形，并将直角朝向膝盖方向。若使用长方形餐巾，则可将其对折，然后折口向外平铺
酒水饮用	在一般情况下，饮不同的酒水，要用不同的专用酒杯。在每一位用餐者面前桌面上右边餐刀的上方，大都会横排放置着 3、4 只酒水杯。取用它时，可依次由外侧向内侧进行，亦可“紧跟”女主人的选择。在它们之中，香槟杯、红葡萄酒杯、白葡萄酒杯以及水杯，往往必不可少

任务训练

训练情境	你作为总经理秘书要为总经理和合作伙伴安排一场西餐宴会，请问如何安排座席	
训练任务	1. 商讨这一情境中的餐桌的出席人员有哪些，在席位安排上应该注意哪些礼仪，怎样做才是这一场景中正确的礼仪规范 2. 进行现场模拟练习	
训练步骤	训练内容	补充说明
步骤一	以小组为单位，研读训练情境，明确训练目的，清晰训练任务	五人一组进行训练，确定小组负责人，由负责人交流训练情况
步骤二	小组研讨完成训练任务，并确定模拟表演角色	
步骤三	各小组长代表小组交流小组商讨结论	
步骤四	小组进行现场模拟	由教师指定小组表演，其他同学观看并做好记录
步骤五	观看同学就表演同学在情境中表现进行点评	
步骤六	教师点评	

任务拓展

面试最后一关

某著名IT企业的校园招聘中，林然所在的学校有8个应届毕业生进入了最后一轮面试，林然看着其他面试者不是学生干部就是学霸，内心不免紧张了几分，面试结束后时间已晚，人事经理提议请8个应聘者去附近的饭店吃饭。进入饭店后，同学们争着表现自己，有的给经理拉椅子，有的给经理拆筷子，有的和经理聊自己的特长，服务员不时地进来给大家倒水、上菜，其中一位同学问服务员："有绿茶吗？天太热了。"服务员回答说："好的，马上就来。"服务员再次进来给大家倒水，轮到林然时，他轻声说："谢谢，天这么热，辛苦了。"服务员抬头看了他一眼，满含着惊奇，虽然这是很普通的客气话，却是她今天唯一听到的一句感谢。

一个星期之后，成绩中等且其貌不扬的林然接到了这家公司的录用通知。

议一议：请问这家企业为什么会选择林然？从中说明了什么问题？

任务三

馈赠礼仪

任务目标

1. 熟悉馈赠的基本原则
2. 掌握赠礼和受礼的礼仪要求

任务实施

馈赠是人们在社交过程中通过赠送给交往对象一些礼物来表达对对方的尊重、敬意，友谊、纪念，祝贺、感谢，慰问、哀悼等情感与意愿的一种交际行为。馈赠通过礼品作为媒介，能够与交往对象建立很好的沟通渠道，充分表达对对方的友情与敬意。馈赠的目的在于沟通感情和保持联系，所以它不仅是一种行为方式，更为重要的是通过这种方式体现馈赠者的人品和诚意。

一、礼品的选择

知识点 **馈赠的原则**

1. 轻重原则

通常情况下，礼品的贵贱厚薄，往往是衡量交往人的诚意和情感浓烈程度的重要标志，然而礼品的贵贱厚薄与其物质的价值含量并不总成正比。因为礼物是言情寄意表礼的，它仅仅是人们情感的寄托物，人情无价而物有价。“千里送鹅毛”的故事，在中国妇孺皆知，被标榜为礼轻情意重的楷模和学习典范。在赠礼时，应根据馈赠目的和自己的经济实力，择定不同轻重的礼物。对于那些人情礼轻重的把握尺度，目前国内常以个人收入的 1/3 为最上限，下限则视情况而定。总之，除非是有特殊目的的馈赠，其他馈赠礼物的贵贱厚薄都应以对方能愉快接受为尺度。

2. 时机原则

对于馈赠的时机而言，及时适宜是最重要的。中国人很讲究“雨中送伞”“雪中送炭”，即十分注重送礼的时效性，因为只有在最需要时得到的才是最珍贵的，才是最难忘的。因此，要注意把握好馈赠的时机。

3. 效用原则

送礼的对象多种多样，由于各自的阅历、爱好不同，对物品的喜好也会各不相同。根据受赠对象的爱好和实际需求来选择礼品，往往可以增加礼品的实效性，增强对送礼者的好感和信任。因为在受赠对象看来，只有了解和关心他的人，才会明白他的需求。正如鲜花赠予美人，宝刀赋予烈士，可以使礼品获得增值效应。

4. 投好避忌原则

由于民族、生活习惯、生活经历、宗教信仰以及性格、爱好的不同，不同的人对同一礼品的态度是不同的。因此，我们要把握住投其所好、避其禁忌的原则，尤其强调要避其禁忌。例如：中国人普遍有“好事成双”的说法，因而凡是大贺大喜之事，所送之礼，均好双忌单，但广东人则忌讳“4”这个偶数，因为在广东话中，“4”听起来就像是“死”，是不吉利的；再如：我国人民还常常讲究给老人不能送“钟”，给夫妻或情人不能送“梨”；我国香港特区的人们青睐红木制作的小型棺材摆件，寓意为“升官发财”，但是这在其他地区的人看来是无法接受的。

案例 3–2

送错的礼物

1997 年，某阿拉伯国家的一个访问团来中国南方某城市进行参观访问。访问结束后，该市的市政府为这一代表团举办了欢送晚宴。在晚宴上，市长代表中方向客人赠送了一对特制的瓷瓶，上面印有一对可爱的熊猫图样，并用中文和阿拉伯语书写了“友谊长存”的字样。中方本以为这件礼物会博得对方的喜爱，没想到对方代表团的团长却一脸的不高兴，晚宴中甚至一言不发。原来，熊猫虽然是我国的国宝，但在阿拉伯地区却不怎么受欢迎。理由是在他们看来，熊猫长得像猪，而猪是阿拉伯人民讨厌的东西，中国把两只像“猪”一样的东西送给他们，当然会不被接受。

（资料来源：金正昆．人际沟通与交往艺术［M］．北京：中国人民大学出版社，2004.）

二、国际交往中的馈赠常识

知识点 1　亚洲国家的馈赠

1．形式重于内容

对亚洲国家人士的馈赠，名牌商品或具有民族特色的手工艺品是上好的礼品。至于礼品的实用性，则屈居知识性和艺术性之后，尤其是日本人和阿拉伯人，非常重视礼品的牌子和外在形式。对日本人而言，越是形式美观而又无实际用途的礼品越受欢迎，因为日本人有送礼的癖好，送他这样的礼品，他好再转送他人。

2．崇尚礼尚往来

在亚洲，无论何地，人们都认为来而不往是有失尊严的，这涉及自身形象。因此，一般人都倾向于先送礼品于他人。而且收到礼品，在回礼时则常在礼品的内在价值和外在包装上更下功夫，以呈现自己的慷慨和对他人的恭敬。

3．讲究馈赠对象的具体指向性

选择和馈赠礼品时十分注意馈赠对象的具体指向性，这是亚洲人的特点。一般来说，送给老人和孩子礼品常常是令人高兴的，无论送什么，人们都乐于接受。但若是送他人妻子礼品，则需考虑交往双方的关系及对方的忌讳，如阿拉伯人最忌讳对其妻子赠送礼品，这被认为是对其隐私的侵犯和对其人格的侮辱。

4．忌讳颇多

不同国家对礼品数字、颜色、图案等有诸多忌讳，如日本、朝鲜等对“4”字有忌，把“4”视为预示厄运的数字；而对 9、7、5、3 等奇数和 108 等数颇为青睐，对“9”及“9”的倍数尤其偏爱，但日本人不喜欢 9。阿拉伯人忌讳动物图案，特别是有猪等图案的物品，而日本人则忌讳狐狸和獾等图案。

知识点 2　西方国家的馈赠

西方国家与东方国家不同，在礼品的选择喜好等方面没有太多讲究，其礼品多姿多彩。

1．实用的内容加漂亮的形式

西方人对礼品更倾向于实用，一束鲜花、一瓶好酒、一盒巧克力、一块手表，甚至一同游览、参观等，都是上佳的礼品。当然，如果再讲究礼品的牌子和包装，效果更佳。

2. 赠受双方喜欢共享礼品带来的欢快

西方人馈赠时，受赠人常常当着赠礼人的面打开包装并表示赞美后，邀赠礼人一同享受或欣赏礼品。

3. 讲究赠礼的时机

一般情况下，西方人赠礼常在社交活动行将结束时，即在社交已有成果时方才赠礼，以避免行受贿之嫌。

4. 忌讳较少

除忌讳“13”和“星期五”这两个灾难数和对一些特殊场合（如葬礼）礼品的种类颜色等有一定讲究外，大多数西方国家在礼品上的忌讳是较少的。

案例 3-3

习主席的国礼

2013年3月22日晚，克里姆林宫洋溢着热烈友好的氛围，俄罗斯“中国旅游年”开幕前，两国元首互换国礼。随着红布拉开，习主席所赠国礼——国家级非物质文化遗产沈绣精品《普京总统肖像》出现在眼前。“太传奇了，太美，太不可思议了！”俄总统普京端详着眼前的这幅作品，赞不绝口。他甚至解开西服，拿出自己的领带，笑着说：“正是我的这条领带。”

国家主席赠送的国礼，为何选用南通沈绣？原来，2009年11月，沈寿艺术馆绘制的沈绣《奥巴马总统全家福》，由时任国家主席的胡锦涛赠送给来华访问的美国总统奥巴马。胡锦涛主席用了10多分钟亲自向奥巴马介绍该作品的制作过程和艺术特色，这份出自南通沈寿艺术馆刺绣艺术大师之手的特殊国礼，让奥巴马总统惊叹不已。因此，此次习主席出访，外交部决定绣制一幅普京总统肖像，作为习主席访俄国礼。

（资料来源：高峰. 国礼沈绣［J］. 北京：中国集体经济，2013（8）.）

工作任务单

任务实施内容	操作标准
礼品的选择	①礼物轻重：根据馈赠目的和自己的经济实力，择定不同轻重的礼物。对于那些人情礼轻重的把握尺度，目前国内常以个人收入的 1/3 为最上限 ②注意禁忌：了解赠礼对象的民族、生活习惯、生活经历、宗教信仰以及性格、爱好等，投其所好、避其禁忌
礼品的包装	①体现诚意：精心选择的礼品配以精美的包装，更能体现送礼者的尊重与诚意 ②体现品位：礼品的包装能显现出赠礼人的文化和艺术品位

续表

任务实施内容	操作标准
礼品的包装	③保持神秘：包装可以使礼品产生和保持一种神秘感，既有利于交往，又能引起受礼人的兴趣和探究心理及好奇心理 ④附上礼笺：邮寄赠送或托人赠送时，应附上一份礼笺，用规范、礼貌的语句解释送礼缘由
赠礼的时机	①节日：我国是一个节日较多的国家，在传统节日相互赠送相应的礼品，会使双方感情更为融洽 ②特殊日子：在对方的纪念日、乔迁、升职等特殊日子，以礼品相送也会起到很好的效果 ③相见或道别：一般说来，应在相见或道别时赠礼，但在涉外交往中要注意，与有些国家的人初次见面是不宜赠礼的，或一见面就奉上自己的礼品也不礼貌，甚至会使交往难以为继
赠礼的场合	①公务场合：在公务交往中，一般应选择工作场所或交往地点赠送礼品 ②私人场合：在私人交往中，则宜于私下赠送，受赠对象的家中通常是最佳地点 ③注意禁忌：当众只给一群人中的某一个人赠礼是不合适的。因为那会使受礼人有受贿和受愚弄之感，而且会使没有受礼的人有受冷落和受轻视之感。只有那些能表达特殊情感的特殊礼品，如一本特别的书，一份特别的纪念品等，方才在公众面前赠予，因为这时公众已变成你们真挚友情的见证人
礼品的馈赠	①说明意图：送礼前应先向对方致意问候，简要委婉地说明送礼的意图，如“祝你生日快乐”“真是感谢你上次的帮助”等 ②赠礼动作：在面交礼品时，送礼者应起身站立，面带微笑，目视对方，双手递交 ③说明寓意：送礼者还应对礼品寓意、礼品使用方法、礼品特色等适当明确解释
礼品的接受	①仪态大方：受礼时，受赠者应落落大方，起身相迎，面带微笑，目视对方，耐心倾听，双手接受。受礼后与对方热情握手。不可畏畏缩缩、故作推辞或表情冷漠、不屑一顾 ②当面拆封：按照国际惯例，受礼后应将礼品包装当场拆封，仔细欣赏。它表示自己看重对方，同时也很看重所获赠的礼品。在启封时，动作要井然有序，舒缓文明，切不可草率打开，或丢置一旁，不理不睬 ③感谢赞美：接受礼品时，应充分表达赞美和谢意。一般应赞美礼品的精致、优雅或实用，夸奖赠礼者的周到和细致，并伴有感谢之词，如“我很喜欢它的花色和式样”或“这条围巾正是我喜欢的”，表达时应让对方觉得真诚、友好。若是贵重礼品，往往还需要用打电话、电子邮件等方式再次表达谢意，必要时还应选择适当的时机加以还礼。如果是不符合自己心意的礼品，也要表示赞美和感谢，如果确实有不得已的问题不能接受礼品，应该婉言说明，礼貌地谢绝

任务训练

训练情境	公司的员工小张病了，你作为他的主管经理去医院看望他
训练任务	1. 商讨这一情境中的人员都应该注意哪些礼仪，怎样做才是这一场景中正确的礼仪规范 2. 进行现场模拟练习

续表

训练步骤	训练内容	补充说明
步骤一	以小组为单位，研读训练情境，明确训练目的，清晰训练任务	五人一组进行训练，确定小组负责人，由负责人交流训练情况
步骤二	小组研讨完成训练任务，并确定模拟表演角色	
步骤三	各小组长代表小组交流小组商讨结论	
步骤四	小组进行现场模拟	由教师指定小组表演，其他同学观看并做好记录
步骤五	观看同学就表演同学在情境中表现进行点评	
步骤六	教师点评	

任务拓展

千里送鹅毛，礼轻情意重

唐朝贞观年间，回纥国为了表示对大唐的友好，派使者缅伯高带了一批珍奇异宝去拜见唐王。在这批贡物中，最珍贵的要数一只罕见的珍禽——白天鹅。

缅伯高最担心的也是这只白天鹅，万一它有个三长两短，可怎么向国王交代呢？所以，一路上他亲自喂水喂食，一刻也不敢怠慢。这天，缅伯高来到沔河边，只见白天鹅伸长脖子，张着嘴巴，吃力地喘息着，缅伯高心中不忍，便打开笼子，把白天鹅带到水边让它喝了个痛快。谁知白天鹅喝足了水，一扇翅膀飞上了天。缅伯高向前一扑，只拔下几根羽毛，却没能抓住白天鹅，眼睁睁看着它飞得无影无踪，一时间，缅伯高捧着几根雪白的鹅毛，直愣愣地发呆，脑子里来来回回地想着一个问题：怎么办？进贡吗，拿什么去见唐太宗？回去吗，怎么见回纥国王？

思前想后，缅伯高决定继续东行，他拿出一块洁白的绸子，小心翼翼地把鹅毛包好，又在绸子上题了一首诗："天鹅贡唐朝，山重路更遥。沔阳河失宝，回纥情难抛。上奉唐天子，请罪缅伯高，物轻人意重，千里送鹅毛！"

缅伯高带着珠宝和鹅毛，披星戴月，不辞劳苦，不久就到了长安。唐太宗接见了缅伯高，缅伯高忐忑地献上鹅毛。唐太宗看了那首诗，又听了诉说，非但没有怪罪他，反而觉得缅伯高忠诚老实，不辱使命，就重重地赏赐了他。

从此，"千里送鹅毛，礼轻情意重"的故事广为流传开来。

议一议：这个故事说明送礼物最重要的是什么？

项目小结

本项目主要介绍了日常交往中常用的礼仪，如见面礼仪、餐饮礼仪、馈赠礼仪，掌握这些礼仪才能在社会交往中显示出旅游服务人员的文明素质与高雅气质，也树立起企业的良好形象。

习题

一、填空题

1. 正式场合的称呼的种类有________、________、________、________、姓名称呼、特殊性称呼六种。

2. 为让人作介绍时，介绍人在介绍顺序上应遵循__________原则。

3. 行亲吻礼时，长辈吻晚辈，应当吻________；晚辈吻长辈，应当吻________；同辈之间，同性应当________，异性应当________。

4. 在安排菜单时，主人要考虑________、________、职业禁忌和个人禁忌。

5. 西餐中鱼类配________酒，烤肉常用________酒相配。

二、判断题

1. 在介绍年长者与年幼者相识时，应先把年长者介绍给年幼者。 (　　)
2. 客人拜访主人告别握手时，应由主人先伸手。 (　　)
3. 参加鸡尾酒会，宾客可以晚来早走，不受时间约束。 (　　)
4. 西餐刀叉合拢并列，表示客人已经吃完，可以撤盘。 (　　)
5. 中餐圆桌座次主人居中，主宾位于主人的左手边。 (　　)

三、简答题

1. 不同场合的自我介绍的内容有什么不同？
2. 握手时伸手的次序如何？
3. 中西餐在座次安排上有什么异同点？
4. 西餐中餐巾的使用有哪些注意事项？
5. 选择礼物有什么原则？

四、案例分析题

1. 某公司的毛先生是杭州某三星级酒店的商务客人。他每次到杭州，肯定会住这家三星级酒店，并且每次都会提出一些意见和建议。可以说，毛先生是一位既忠实友好又苛刻挑剔的客人。

某天早晨7:00，再次入住的毛先生打电话到总机，询问同公司的王总住在几号房。总机李小姐接到电话后，请毛先生“稍等”，然后在电脑上进行查询。查到王总住在901房间，而且并未要求电话免打扰服务，便对毛先生说“我帮您转过去”，说完就把电话转到了901房间。此时，901房间的王先生因昨晚旅途劳累还在休息，接到电话就抱怨下属毛先生不该这么早吵醒他，并为此很生气。

问题：总机李小姐的做法是否妥当呢？

2. 张经理拜访客户小李，他从钱包掏出名片递给小李，并简要作了自我介绍。小李坐在座位上，右手接过名片并很快地看了一眼就同张经理热情打起了招呼。二人一起热情聊天，小李用手熟练地摆弄着名片，过了一会儿，小李说："实在不好意思，刚才忘记了给你我的名片。"然后，用左手将名片递给张经理，张经理用右手接过名片，并装在裤兜。

问题：张经理和小李各有什么失礼之处呢？

4

项目四

办公接待礼仪

学习目标

知识目标 1. 认识旅游服务中使用办公接待礼仪的重要性

2. 了解办公接待礼仪中接待、电话、会务、交谈的规范要求

技能目标 1. 熟练掌握迎送、电话、会务、交谈的规范和要求

2. 熟练掌握接待礼仪

3. 熟悉会务礼仪的座次及服务规范

4. 灵活运用交谈技巧

素质目标 能运用所学知识，在办公接待过程中正确规范地处理各种情境

关键词

接待、电话、会务、交谈

办公接待工作是企业办公室工作系统的重要环节，接待工作水平高低能够集中反映一个企业的整体形象，能够展示出接待人员的素质和能力，对于推动工作的开展具有十分重要的作用。在办公接待过程中尊重他人、讲究礼节的程序和规范、重视礼仪就成为决定服务工作成败的重要一环。

案例导入

小张错在哪里

小张大学毕业后在扬州昌盛玩具厂办公室工作。中秋节前两天办公室陈主任通知他，第二天下午3:00本公司的合作伙伴上海华强贸易有限公司的刘君副总经理将到本市（昌盛玩具厂的出口订单主要来自上海华强贸易有限公司），这次来的主要目的是了解昌盛玩具厂是否有能力、有技术在60天内完成美国的一批圣诞玩具订单。昌盛玩具厂很希望拿到这份利润丰厚的订单，李厂长将亲自到车站接站。由于陈主任第二天将代表李厂长出席另外一个会议，临时安排小张随同李厂长一起去接刘副总经理。小张接到任务后，征得李厂长同意，在一家四星级宾馆预订了房间，安排厂里最好的一辆车去接刘副总经理。

第二天上午，小张忙着布置会议室，通知一家花木公司送来了一批绿色植物，准备了欢迎条幅，又去购买了水果，一直忙到下午2:30。穿着休闲服的小张急急忙忙随李厂长一起到车站，不料，市内交通拥挤，到车站后发现，刘副总经理已经等待了10min。李厂长不停地打招呼，表示抱歉。小张也跟着说，厂子离市区太远，加上车堵才迟到的。小张拉开车前门请刘副总经理上车说："这里视线好，你可以看看我们扬州的市貌。"随后，又拉开右后门请李厂长入座，自己急忙从车前绕到左后门上了车。车到达宾馆后，小张推开车门直奔总台，询问预订房间情况，为刘副总经理办入住手续。刘副总经理提着行李跟过来，小张将刘副总经理送到房间后，李厂长与刘副总经理交流着第二天的安排。小张在房间里转来转去，看是否有不当之处。片刻后，李厂长告辞，临走前告知刘副总经理晚上6:00接他到扬州一家著名的餐馆吃晚饭。

小张随李厂长出来后，却受到李厂长的批评，说小张经验不够。小张觉得很冤枉，自己这么卖力，又是哪里出错了？

（资料来源：张岩松. 现代交际礼仪［M］. 北京：清华大学出版社，2008.）

任务一

接待礼仪

任务目标

1. 熟练掌握迎送、引导、乘车、送别的礼仪流程及标准
2. 能根据场合灵活运用礼仪知识

任务实施

一、迎送礼仪

知识点 迎送规格

迎送是接待服务中最常见的礼仪活动。迎送活动的规格有高低，仪式有繁简，但几乎任何一次接待活动都不能缺少。迎送的对象按其性质分有专程前来也有顺道路过；按其级别分职务各有高低；按人数分有大型的代表团也有数人乃至一人。接待中通常根据其身份地位、来访性质及其与当地的关系等因素，安排相应的迎送活动。

不同身份、不同国籍、不同单位的不同的人有着不同的迎送规格，迎送规格要因人而异，最高级的迎送规格就是迎接外国元首、政府首脑。一般来说，各国对外国元首、政府首脑的正式访问都会举行隆重的迎送仪式。而对军方领导人的访问，一般不举行欢迎仪式。然而，对应邀前来访问者，无论是官方人士、专业代表团或民间团体、知名人士，在他们抵离时均应安排相应身份人员前往机场、车站、码头迎送。对长期在本国工作的外国人和外交使节、专家等，他们到离任时，各国有关方面亦安排相应人员迎送。

涉外礼仪的迎送规格如下：

（1）隆重迎送：这种规格的迎送仪式，一般适用于来访的重要的官方代表团。举行此类迎送仪式，必须讲求规范性和严肃性，还须遵从一般的国际惯例。

（2）一般迎送：一般迎送用于一般人员或代表团，不论是政治性的还是商业性的，这种规格在平时使用较多。对应邀来访的客人，在他们抵达或离开时，均应安排相应身份的人员前往迎接或送别。

（3）私人性质的迎送：如果来访者是朋友，是属私人性质的访问，则迎送要安排得方便、实际和礼貌。而且视彼此关系，适当加以调整，但这并不意味着可以不讲礼节，随随便便。

工作任务单

任务实施内容	操作标准
确定迎接规格	①迎接规格，一般应遵循对等或对应原则，即主要的迎接人员应与来宾的身份相当或相应。若由于种种原因，主方主要人员不能参加迎接活动，使双方身份不能完全对等或对应，可以灵活变通。以对口原则，由职位相当的人或由副职出面，但应及时向对方做出解释以免误解 ②目前，主要迎接人员更多地在来宾下榻的饭店迎接，而另由职务相宜人员负责机场或车站、码头的迎接
确定迎接的地点	①到达之处：迎接通常应当是来宾到达的地点。例如：机场、码头、火车站、长途汽车站，等等 ②下榻之处：倘若来宾到达时将直接乘坐专门的交通工具，则亦可以来宾的临时下榻之处作为迎接的地点。例如：宾馆、饭店、旅馆、招待所，等等 ③广场大厅：举行迎接仪式的话，迎接的地点还可以选择宜于举行仪式的广场、大厅等
掌握来宾到达的时间	①准确掌握来宾所乘交通工具的航班号、车次以及抵离时间 ②将这些情况和迎送人员名单一并通知机场或车站、码头，以便做好接站 ③保持与机场或车站、码头的联系，随时掌握来宾所乘航班或车次的变化情况，如有晚点，应及时做出相应安排 ④接站时，迎候人员应留足途中时间，提前到达机场或车站、码头，以免因迟到而失礼
安排车辆	①根据来宾和迎接人员的人数以及行李数量安排车辆 ②乘车座位安排应适当宽松，正常情况下，附加座一般不安排坐人 ③如果来宾行李数量较多，应该安排专门的行李车 ④如果是车队行进，出发前应明确行车顺序，并通知有关人员，以免行进中发生错位
发放乘车号和房号	①如果来宾人数较多，为了在接站时避免混乱，应事先排定乘车号和住房号，并打印成表格 ②在来宾抵达时，将乘车表发至每一位来宾手中，使之明确自己所乘的车号 ③接待人员清点每辆车上的人数 ④发放住房表，住房表可以使来宾清楚自己所住的房间，也便于来宾入住客房后相互之间联系
适时献上鲜花	①迎接普通来宾，一般不需要献花 ②迎接十分重要的来宾，可根据接待规格献花 ③所献之花要用鲜花，并保持花束整洁、鲜艳。忌用菊花、杜鹃花、石竹花、黄色花朵 ④通常由儿童或服务人员在参加迎送的主要领导与主宾握手之后将花献上。可以只献给主宾，也可向所有来宾分别献花
主客双方介绍	①主客双方见面时，应互相介绍：按通常礼仪，应先把主人介绍给来宾，然后再把来宾介绍给主人，介绍顺序以职务的高低为先后。介绍人可由双方职务最高者或工作人员担任。如果主宾双方职务最高者本已认识，则最好由他们分别依次介绍各自人员，也可以由双方的工作人员介绍。介绍形式一般以口头介绍为主，如果人数不多，也可以用互换名片的形式 ②不同的客人按不同的方式迎接：对大批客人的迎接，可事先准备特定的标志，让客人从远处即可看清；对首次前来，又不认识的客人，应主动打听，并自我介绍；而对比较熟悉的客人，则不必介绍，仅向前握手，互致问候即可

续表

任务实施内容	操作标准
提取行李	①如果来宾行李较多，应安排专门工作人员，负责清点、运送行李并协助来宾办理行李的提取 ②提取行李时如需等候，应让迎宾车队按时离开，留下有关人员及行李车装运行李
与饭店的协调	①来宾抵达饭店时，具体事务较多，更应做好有关事项的协调衔接 ②当重要来宾抵达时，接待工作人员应及时通知饭店，以方便饭店组织迎送、安排客房、就餐和进出行李等服务

小贴士

客人抵达住处，一切安排妥当之后，不要马上安排活动，要给对方留下一定的休息时间，然后再安排活动。

二、引导礼仪

接待人员应懂得基本的引导礼仪，带领客人到达目的地，应该有正确的引导方法和引导姿势。

知识点 电梯引导礼仪

1. 电梯内的站位

电梯内的次序排位：距离操作盘近端为次位，远端为尊位。领导或客户要在①和②的位置，下属在③和④的位置，如图 4–1 所示。

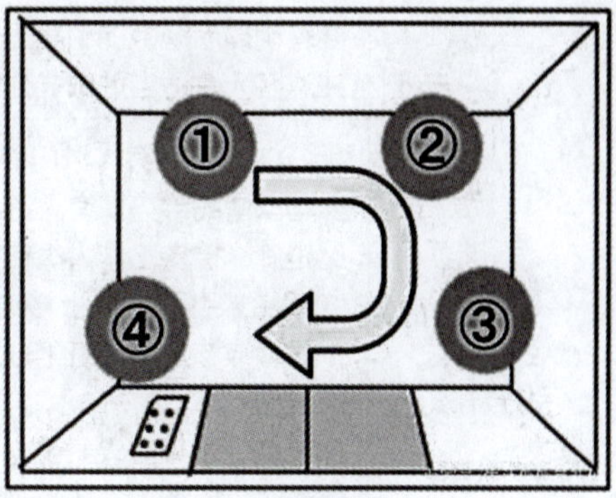

图 4–1 电梯内站位次序

2. 有电梯员时

接待人员将客人引导至电梯口，右手按住控制按钮，左手屈臂反向做请的手势并护住电梯门，引导请客人先进入，再陪同进入。进入电梯后，接待人员应该身体背对电梯壁，与电梯门成 90°，侧对客人以随时提供帮助。

3. 无电梯员时

无电梯员时，如只有一位来宾，则请来宾先进入，然后紧跟进入，站到电梯内控制按钮附近。如果有两位以上，接待人员按住控制按钮，先说“请稍等”走进电梯，右手按住开门按钮，另一只手要请来宾进入。

4. 出电梯时

接待人员按“开”的钮，左手做请的手势并护住电梯门，请客人先走出电梯。按住按钮说“您先请”，等来宾都走出去后，再走出去引导。

小贴士

（1）不要让客人按电梯按钮。

（2）千万不要让客人进来时电梯关门夹住人。

（3）不要忘记按所要到达的楼层按钮。

工作任务单

任务实施内容	操作标准
引导位置	引导人员站在来宾的左前方，距离来宾 0.5～1.5m，传达“以右为尊、以客为尊”的理念。来宾人数多，引导的距离应该稍远，以免照顾不周。但始终应与客人保持一定的距离，引导人员的步伐应适应来宾的速度，切忌独自走在前面
引导手势	①直臂式：在表示“请进”“请”或指引方向时常用直臂式引导手势。做法是，五指并拢，手掌自然伸直，手心向上，右臂从体侧抬起，以肘为轴轻缓地向一旁摆出，到腰部并与身体正面成 90° 时停止。头部和上身微向伸出手的一侧倾斜，另一手下垂或背在背后，目视宾客，面带微笑，表现出对宾客的尊重、欢迎 ②曲臂式：需要给宾客指示方向，介绍物品时，采用曲臂式。做法是，五指伸直并拢，手心斜向上，右臂曲肘由腹前抬起，向应到的方向摆去，摆到肩的高度时停止，肘关节基本伸直。应注意在指引时，身体要侧向来宾，眼睛要兼顾所指方向和来宾 ③反向式：用右手指引相反方向时使用反向式引导手势。做法是，五指并拢，手掌自然伸直，手心向上，小臂由身体侧抬起以肘为轴轻缓地向腹部摆出，小臂与大臂成 90° 时停止。头部和上身微向伸出手的一侧倾斜，另一手下垂或背在背后，目视宾客，面带微笑，表现出对宾客的尊重、欢迎
引导语言	要有明确而规范的引导语，多用敬语“您好”“请”，以表达对来宾的尊重。引路时要注意客人，适当地做些介绍、提醒，确保来宾心情舒畅并且能安全到达目的地
引导方法	①门口：引导客人进门时，接待人员应先开门，用靠近把手的手拉住门，站在门旁，用反向式手势请客人进门，然后把门轻轻关上 ②走廊：接待工作人员在客人左侧二三步之前，客人走在内侧 ③楼梯：引导客人上楼时，应让客人走在前面，接待工作人员走在后面，若是下楼时，应该由接待工作人员走在前面，客人走在后面。上下楼梯时，应注意客人的安全 ④电梯：引导客人乘坐电梯时，接待人员先进入电梯，等客人进入后关闭电梯门，到达时，接待人员按“开”的钮，让客人先走出电梯 ⑤会议室：引导客人走入会议室，接待工作人员用手指示，请客人坐下，客人坐下后，行点头礼后离开，如客人错坐下座，应请客人改坐上座（一般靠近门的一方为下座）

三、乘车礼仪

接待工作中，接待人员经常会协助客人上下车或与客户、上级等同乘一辆车，怎样才能显示出礼节，表达对客人的尊重呢？

知识点　乘车座次礼仪

在比较正规的场合，乘坐轿车时一定要分清座次的尊卑，并在自己合适之处就座。而在非正式场合，则不必过分拘礼。座次礼仪规则可概括为“四个为尊，三个为上”。“四个为尊”是客人为尊、长者为尊、领导为尊、女士为尊，此四类人应为上座；“三个为上”是方便为上、安全为上、尊重为上，以这三个原则安排座次，其中“尊重为上”原则最重要。

1. 乘坐小轿车

客人抵达后，如果需要陪车，乘坐轿车时，通常有两种情况：一是当主人或领导亲自驾车的时候，此时一般称之为社交用车，上座为副驾驶座。这种情况，一般前排座为上，后排座为下。二是以右为尊，以左为卑。这种坐法体现出“尊重为上”的原则，体现出客人对开车者的尊重，表示平起平坐，亲密友善，如图 4–2 所示。

专职司机驾车时，由于右侧上下车更方便。因此，要以右尊左卑为原则，同时后排为上，前排为下。在接待非常重要客人的场合，比如说政府要员、重要外宾、重要企业家，这时候上座是司机后座，因为该位置的隐秘性好，而且是车上安全系数较高的位置，如图 4–3 所示。

2. 乘坐 3 排 7 人座轿车

3 排 7 人座轿车，顺序是：副驾驶座→后排右座→后排左座→后排中座→中排右座→中排左座，如图 4–4 所示。

3. 乘坐 3 排 9 人座轿车

3 排 9 人座轿车，顺序是：前排右座→前排中座→中排右座→中排中座→中排左座→后排右座→后排中座→后排左座，如图 4–5 所示。

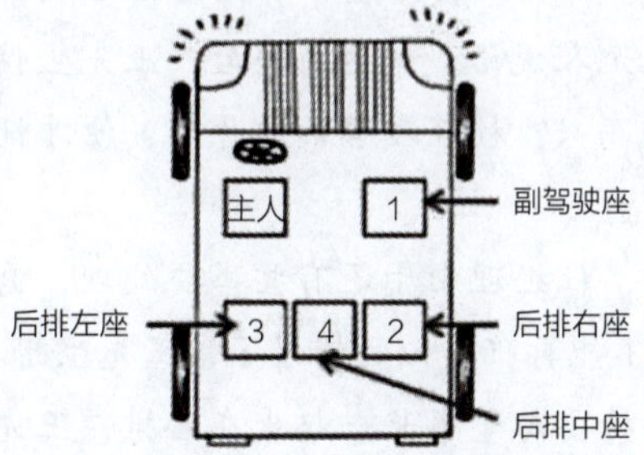

图 4–2　主人驾驶座次尊卑顺序

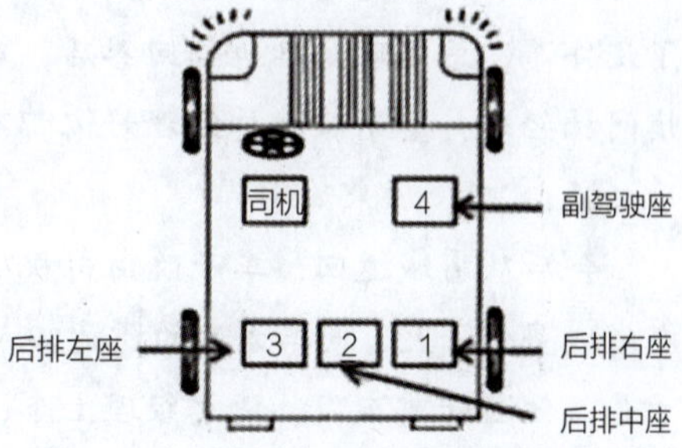

图 4–3　专职司机驾驶座次尊卑顺序

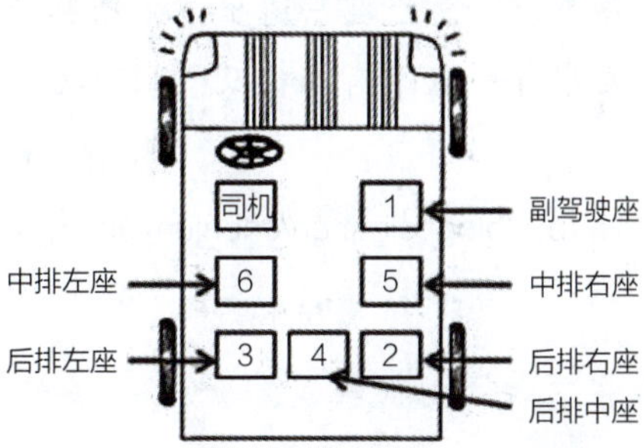

图 4–4　3 排 7 人座轿车座次尊卑顺序

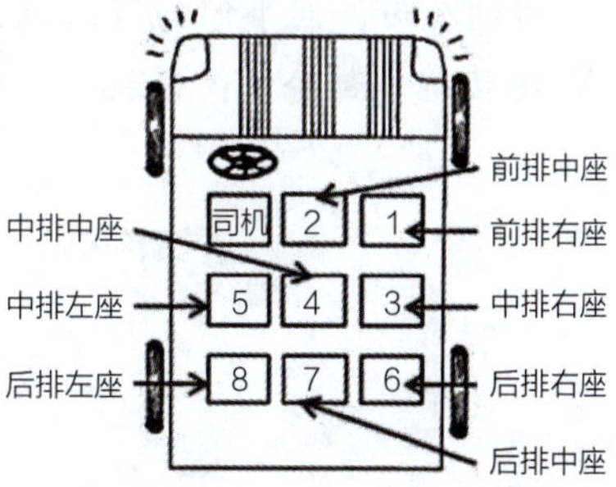

图 4–5　3 排 9 人座轿车座次尊卑顺序

4. 其他车辆

如果是中巴、大巴，中间是过道，那座次原则是离门近者为主座，由前向后，由右往左，离门越近，位置越高，也就是说，司机后排靠门的位子是主座，这个位置前面通常有扶手，领导上下车也方便，这样安全、方便兼顾。

案例 4-1

王先生应该坐哪里

某公司的王先生年轻肯干，点子又多，很快引起了总经理的注意并拟提拔为营销部经理。为了慎重起见，决定再进行一次考查，恰巧总经理要去省城参加一个商品交易会，需要带两名助手，总经理一是选择了公关部杜经理，一是选择了王先生。王先生自然同样看重这次机会，也想寻机好好表现一下。

出发前，由于司机小王乘火车先行到省城安排一些事务，尚未回来。所以，他们临时改为搭乘董事长驾驶的轿车一同前往。上车时，王先生很麻利地打开了前车门，坐在驾车的董事长旁边的位置上，董事长看了他一眼，但王先生并没有在意。

车上路后，董事长驾车很少说话，总经理好像也没有兴致，似在闭目养神。为活跃气氛，王先生寻一个话题："董事长驾车的技术不错，有机会也教教我们，如果都自己会开车，办事效率肯定会更高。"董事长专注地开车，不置可否，其他人均无应和，王先生感到没趣，便也不再说话。一路上，除董事长向总经理询问了几件事，总经理简单地作回答后，车内再也无人说话。到达省城后，王先生悄悄问杜经理：董事长和总经理好像都有点不太高兴？杜经理告诉他原委，他才恍后大悟，"噢，原来如此。"

会后从省城返回，车子改由司机小王驾驶，杜经理由于还有些事要处理，需在省城多住一天，同车返回的还是四人。这次不能再犯类似的错误了，王先生想。于是，他打开前车门，请总经理上车，总理坚持要与董事长一起坐在后排，王先生诚恳地说："总经理您如果不坐前面，就是不肯原谅来的时候我的失礼之处。"最后，坚持让总经理坐在前排才肯上车。

回到公司，同事们知道王先生这次是同董事长、总经理一道出差，猜测着肯定提拔他，都纷纷向他祝贺。然而，提拔之事却一直没有人提及。到底为什么呢？

（资料来源：陈军燕的博客 http: //blog. sina. cn/chenjunyan217）

工作任务单

任务实施内容	操作标准
开车门礼仪	①给自己开车门以顺手为原则 ②为他人开车门应把手背朝上，手心朝下挡在车门上框，防止入车人头部碰到
上车礼仪	①上车次序：乘坐小轿车时，女士、长辈、领导、客人先上车，男士、晚辈、下级、主人后上车，后上车者开车门以照顾先上车者。多人乘坐时，位低者先上车，而位高者后上车 ②上车姿势：男士上车一只脚先踏入车内，臀部坐到位子上，再将另一只脚收进车里，入座后解开西装纽扣。女士上车需先站在座位边上，臀部坐到位子上，再将双腿一起收进车里，双膝一定保持合并的姿势
座次礼仪	按照座次的礼仪要求陪同客人乘车
下车礼仪	①下车次序：男士先下车，女士、长辈后下车，服务人员先下车，领导后下车，先下车者开车门以照顾后下车者。若多人乘坐时，位高者先下车，位低者后下车 ②下车姿势：男士下车一只脚先伸出，身体前倾，以手助推，迈出车门，系上西装纽扣，轻抚领带。女士下车正面朝车门，双脚一同伸出，身体前倾下车，同时对帮助开车门者表示感谢

小贴士

（1）乘坐主人驾驶的轿车时，最重要的是不能冷落主人，也就是不能令前排座位“虚位以待”，一定要有人坐在那里，以示相伴。由男士驾驶自己的轿车时，若夫人或女友在场，她一般应坐在副驾驶座上。

（2）由主人驾车送其友人夫妇回家时，其友人之中的男士，一定要坐在副驾驶座上，与主人相伴，而不宜形影不离地与自己夫人坐在后排，那将是失礼之至。若同坐多人，中途坐前座的客人下车后，在后面坐的客人应改坐前座，此项礼节最易疏忽。

（3）具体到副驾驶位、司机后位、司机对角线位哪个重要，要因人而异，因时而异，最标准的做法是客人坐在哪里，哪里就是上座。所以，不必纠正并告诉对方“您坐错了”。尊重别人就是尊重人家的选择，这就是商务礼仪中“尊重为上”的原则。

（4）服务人员坐面包车或中巴、大巴，应坐副驾驶位或尽量往后排就座。

四、送别礼仪

送别，通常是指在来宾离去之际，出于礼貌，而陪着对方一同行走一段路程或特意前往来宾启程返还之处，与之告别，并看着对方离去。最为常见的送别形式有：道别、话别、饯别、送行，等等。

知识点　送别的种类

1. 道别

道别指的是与交往对象分手。按照常规，道别应当由来宾率先提出来，假如主人首先与来宾道别，难免会给人以厌客、逐客的感觉。所以，一般是不应该的。在道别时，来宾往往会说："就此告辞""后会有期"。而此刻主人则一般会讲："一路顺风""旅途平安"。有时，宾主双方还会向对方互道"再见"，叮嘱对方"多多保重"，或者委托对方代问其同事、家人安好。在道别时，特别应当注意下列四个环节：

（1）应当加以挽留。

（2）应当起身在后。

（3）应当伸手在后。

（4）应当相送一程。

2. 话别

话别亦称临行话别。与来宾话别的时间，一要讲究主随客便，二要注意预先相告。最佳的话别地点是来宾的临时下榻之处。在接待方的会客室、贵宾室里或在为来宾饯行而专门举行的宴会上，亦可与来宾话别。参加话别的主要人员，应为宾主双方身份、职位大致相似者，对口部门的工作人员，接待人员，等等。话别的主要内容如下：

（1）表达惜别之意。

（2）听取来宾的意见或建议。

（3）了解来宾有无需要帮忙代劳之事。

（4）向来宾赠送纪念性礼品。

3. 饯别

饯别又称饯行。它所指的是，在来宾离别之前，东道主一方专门为对方举行一次宴会，以便郑重其事地为对方送别。为饯别而举行的专门宴会，通常称作饯别宴会。在来宾离别之前，专门为对方举行一次饯别宴会，不仅在形式上显得热烈而隆重，而且往往还会使对方产生备受重视之感，并进而加深宾主之间的相互了解。

4. 送行

送行在此特指东道主在异地来访的重要客人离开本地之时，特地委派专人前往来宾的启程返还之处，与客人亲切告别，并目送对方渐渐离去。在接待工作中需要为之安排送行的对象主要有：正式来访的外国贵宾、远道而来的重要客人、关系密切的协作单位的负责人、重要的合作单位的有关人员、年老体弱的来访之人、携带行李较多的人士，等等，当来宾要求主人为之送行时，一般可以满足对方的请求。

考虑为来宾送行的具体时间问题时，重要的是要同时兼顾下列两点：

（1）切勿耽误来宾的行程。

（2）切勿干扰来宾的计划。

工作任务单

任务实施内容	操作标准
确定送别规格	①对等或对应原则：送别规格，一般应遵循对等或对应原则，即主要的送别人员应与来宾的身份相当或相应。若由于种种原因，主方主要人员不能参加送别活动，使双方身份不能完全对等或对应，可以灵活变通。以对口原则，由职位相当的人或由副职出面，但应及时向对方做出解释以免误解 ②为了简化送别礼仪，目前主要送别人员更多地在来宾下榻的饭店送别，而另由职务相宜人员负责机场（或车站、码头）的送别
确定送别的地点	①启程之处：为来宾正式送行的常规地点，通常应当是来宾返还时的启程之处。例如：机场、码头、火车站、长途汽车站，等等 ②下榻之处：倘若来宾返程时将直接乘坐专门的交通工具，从自己的临时下榻之处启程，则亦可以来宾的临时下榻之处作为送行的地点。例如：宾馆、饭店、旅馆、招待所，等等 ③广场大厅：举行送行仪式的话，送行的地点还可以选择宜于举行仪式的广场、大厅等
掌握来宾离开的时间	①准确掌握来宾所乘交通工具的航班号、车次以及离开时间 ②将这些情况和送别人员名单一并通知机场（或车站、码头），以便做好送站 ③送站时，送别人员应留足途中时间，提前到达机场（码头或车站），以免耽误客人行程
安排车辆	①根据来宾和送别人员的人数以及行李数量安排车辆 ②乘车座位安排应适当宽松，正常情况下，附加座一般不安排坐人 ③如果来宾行李数量较多，应该安排专门的行李车 ④如果是车队行进，出发前应明确行车顺序，并通知有关人员，以免行进中发生错位
提取、托运行李	①如果来宾行李较多，应安排专门工作人员，负责清点、运送行李并协助来宾办理行李的托运手续 ②送行时，如果来宾需交付托运的行李较多，有关人员应随行李车先行，提前办理好托运手续，以避免主宾及送行人员在候机（车、船）厅等候过久
与饭店的协调	①来宾离开饭店时，具体事务较多，更应做好有关事项的协调衔接 ②当重要来宾离开时，接待工作人员应及时通知饭店，以方便饭店组织送别、结账退房和进出行李等服务
送别礼节	①与来宾亲切交谈 ②与来宾握手作别 ③向来宾挥手致意 ④在对方走后，自己才能离去

任务训练

训练情境	广东静雅纺织公司产品总监一行 3 人，应邀到南京博世进出口贸易公司拜访，请做接待安排工作
训练任务	请以小组为单位，模拟演示这次接待程序

续表

训练步骤	训练内容	补充说明
步骤一	以小组为单位，研读训练情境，明确训练目的，清晰训练任务	五人一组进行训练，确定小组负责人，由负责人交流训练情况
步骤二	小组研讨完成训练任务，并确定模拟表演角色	
步骤三	各小组长代表小组交流小组商讨结论	
步骤四	小组进行现场模拟	由教师指定小组表演，其他同学观看并做好记录
步骤五	观看同学就表演同学在情境中表现进行点评	
步骤六	教师点评	

任务拓展

应该先开的车门

某五星级宾馆的迎宾员小赵，见有一辆高级轿车停靠在饭店门前，赶快迎上前去。小赵看到车内坐的是外国宾客，前排副驾驶座上坐着一位女士，后排坐着两位男士。小赵立即以职业性的动作和姿势，先为后排右侧的客人开门，做好护顶姿势，并目视着客人，礼貌亲切地问候。关好车门后，小赵又迅速走向前门，以同样的礼仪迎接那位女士下车，但却发现几位宾客都是满脸不悦的神情，小赵感到有点茫然。

议一议：小赵应该先开哪个车门？服务过程中应注意哪些细节？

任务二

电话礼仪

任务目标

1. 掌握电话语言的礼仪规范
2. 掌握接打电话的礼仪要求

任务实施

在现代社会，电话的应用早已十分普遍。从某种意义上讲，运用电话这一行为本身，对于旅游从业人员而言，也是一种服务。在具体运用电话时，尤其是与服务对象直接进行通话时，旅游从业人员所作所为是否得当，与其服务水平有紧密联系。影响通话直接效果的主要因素有通话者的声音、通话者的态度和通话者所使用的言词。这三者，一般被人们称为“电话三要素”。旅游从业人员在运用电话时要做到彬彬有礼、表现得体，就必须在通话方式上对自己严格要求。

一、拨打电话

知识点　拨打电话的基本礼仪

1. 重要的第一声

当打电话给某单位，若一接通，就能听到对方亲切、优美的招呼声，心里一定会很愉快，使双方对话能顺利展开，对该单位有了较好的印象。在电话中只要稍微注意一下自己的行为就会给对方留下完全不同的印象。同样说：“你好，这里是某公司。”声音清晰、悦耳、吐字清脆，会给对方留下好的印象，对方对其所在单位也会有好印象。因此，要记住，接电话时，应有“代表单位形象”的意识。

2. 喜悦的心情

打电话时要保持良好的心情，这样即使对方看不见你，但是从欢快的语调中也会被你感染，给对方留下极佳的印象，由于面部表情会影响声音的变化，所以即使在电话中，也要抱着“对方看着”的心态去应对。

3. 清晰明朗的声音

打电话过程中绝对不能吸烟、喝茶、吃零食，即使是懒散的姿势对方也能够“听”得出来。如果你打电话的时候，弯着腰躺在椅子上，对方听你的声音就是懒散的，无精打采的，若坐姿端正，所发出的声音也会亲切悦耳，充满活力。因此，打电话时，即使看不见对方，也要当作对方就在眼前，尽可能注意自己的姿势。

4. 迅速准确的接听

现代工作人员业务繁忙，桌上往往会有两三部电话，听到电话铃声，应准确迅速地拿起听筒，最好在 3 声之内接听。电话铃声响 1 声大约 3s，若长时间无人接电话或让对方久等是很不礼貌的，对方在等待时心里会十分急躁，你的单位会给他留下不好的印象。即便电话离自己很远，听到电话铃声后，附近没有其他人，应该用最快的速度拿起听筒，这样的态度是每个人都应该拥有的，这样的习惯是每个办公室工作人员都应该养成的。如果电话铃响了 5 声才拿起话筒，应该先向对方道歉，若电话响了许久，接起电话只是“喂”了一声，对方会十分不满，会给对方留下恶劣的印象。

5. 认真清楚的记录

随时牢记 5W1H 技巧，所谓 5W1H 分别为：一是 When（何时）；二是 Who（何人）；

三是 Where（何地）；四是 What（何事）；五是 Why（为什么）；六是 How（如何进行）。在工作中这些资料都是十分重要的，对打电话及接电话具有相同的重要性。电话记录既要简洁又要完备，有赖于 5W1H 技巧。

6. 挂电话前的礼貌

要结束电话交谈时，一般应当由打电话的一方提出，然后彼此客气地道别，说一声“再见”，再挂电话，不可只管自己讲完就挂断电话。

工作任务单

任务实施内容	操作标准
准备充分	①清楚对象：打电话之前要确定对方的公司名、职务及姓名，避免产生误会 ②找准时间：在拨打电话前一定要慎重考虑何时给对方打电话最适宜，约好何时打电话，一定要守时。通话的最佳时间是双方事先约定的时间或者是对方方便的时间。在给工作上的合作伙伴拨打电话时，最好避开临下班的时间和午休时间。若非紧要的事情，节假日、用餐时间和休息时间不要打电话。平时，在早 6:00 前，晚 9:00 后不要打电话。如果一定要在私人时间或休息时间打电话，首先要表示歉意，而且要解释原因，取得对方的谅解。如果是给国外的人打电话，则要先了解一下时差，不要不分昼夜。因为时差关系，在我国处于白天时，对方可能正处于深夜的睡眠状态 ③列明提纲：主动打电话的人作为电话沟通的发起者，必须意识到电话沟通的时间有限，要把事情讲清楚，又不能占用对方太多的时间。因此，如果电话中要讲的事情比较多或者问题比较复杂，最好准备一份通话提纲。在提纲里对需要说的问题排列出先后次序，这样就不会因为一时疏忽而遗漏事项，说起话来也不会颠三倒四，前言不搭后语。在电话里，条理清晰而简明扼要地把问题阐述清楚，会给人留下熟悉业务、精明干练的好印象 ④准备记录：打电话前要准备好记录工具。例如：纸笔、电脑，通电话时，左手持听筒右手拿笔，随时准备记录
礼貌问候	①问候对方：用尊称称呼对方并问候，如果受话人身旁还有其他人，也要附带问候 ②自我介绍：自报家门，做简单的自我介绍，用简洁得体的语言说明来电话的目的 ③礼貌询问：要主动问询对方现在通话是否方便，如果对方感到不方便，就另约时间再打。如果预计通话时间较长，拨打电话的人应当事先告知受话人并征求受话人的意见，并在通话结束时表示歉意
内容精练	①打电话时忌讳通话内容不着要领、语言啰唆、思维混乱，这样很容易引起受话人的反感 ②在通话时，要牢记通话 3min 原则，即打电话的时间最好不要超过 3min。拨打电话的人一定要对通话的具体时间长度有所控制，长话短说，废话少说，没话不说。自觉、有意识地做到通话简洁明了，不漫无边际地闲扯，以致造成对方时间上的浪费
表现有礼	①拨打电话的人在通话的过程中，始终要注意待人以礼，举止和语言都要得体大度，尊重通话的对象，并照顾到通话环境中其他人的感受 ②打电话时，若非可视电话，一般互相看不到对方的举止，但仍然可以感觉到对方的一些动作和声响。因此，通话时要注意自己的举止行为，不可掉以轻心。在打电话时，不要嘴里含着东西或者咀嚼东西，也不要把话筒夹在脖子下，或者抱着电话来回走动，或者躺着、趴着甚至高架双腿与人通话。在拨号的时候，如果对方的电话一直占线，要表现出适度的耐心，不要急躁、骂骂咧咧，甚至拿电话机出气

续表

任务实施内容	操作标准
通话结束	通话结束时，与对方道别，如果不说“再见”就挂断电话，会给人以突兀和生硬的感觉，别人也不能确定通话是否结束。结束话题并不意味着马上挂断电话。一般来说，应由通话双方中地位较高的人先挂断，这是电话礼仪中的惯例。通话双方地位相近时，一般由拨打电话的一方先挂断

小贴士：电话忽然中断或拨错号码的处理方法

如果通话时出现电话忽然中断的现象，按照礼仪要求，应由拨打电话的人立即再拨打一遍，当电话接通之后，应立即向受话人解释电话中断是线路故障、信号不好所导致，不要闭口不提，更不要等着受话人一方打电话过来询问。

如果拨打电话时出现拨错号码的情况，应当对接听电话的人稍做解释并表示歉意，不要一言不发或者不做解释就挂断电话。

二、接听电话

接听电话的人虽然处于被动的位置，但是也要讲究必要的礼仪和一定的技巧，以免产生误会，应做到语调热情、大方自然、声量适中、表达清楚、简明扼要、文明礼貌。

1. 及时接听

一般来说，在办公室里，电话铃响3遍之前就应接听，6遍后就应道歉：“对不起，让你久等了。”如果受话人正在做一件要紧的事情不能及时接听，代接的人应妥为解释。如果既不及时接电话，又不道歉，甚至极不耐烦，就是极不礼貌的行为。尽快接听电话会给对方留下好印象，让对方觉得自己被看重。

2. 确认对方

对方打来电话，一般会自己主动介绍。如果没有介绍或你没有听清楚，就应该主动问：“请问您是哪位？我能为您做什么？您找哪位？”但是，人们习惯的做法是，拿起电话听筒盘问一句：“喂！哪位？”这在对方听来，陌生而疏远，缺少人情味。接到对方打来的电话，您拿起听筒应首先自我介绍：“你好！我是某某某。”如果对方找的人在旁边，你应说：“请稍等。”然后，用手掩住话筒，轻声招呼你的同事接电话。如果对方找的人不在，你应该告诉对方，并且问：“需要留言吗？我一定转告！”

3. 讲究艺术

当你拿起电话听筒的时候，一定要面带笑容。不要以为笑容只能表现在脸上，它也会藏在声音里。亲切、温情的声音会使对方马上对我们产生良好的印象。如果绷着脸，声音会变得冷冰冰。应注意使嘴和话筒保持4cm左右的距离；要把耳朵贴近话筒，仔细倾听对方的讲话。

4. 注意禁忌

在接电话时切忌使用“说！”“讲！”说讲是一种命令式的方式，既难让人接受，又不礼貌。有的人在接听电话时，一接起电话马上说：“说”“讲”或多加一两个字“听到，说！”

这种行为在公司、企业内部也许还可以理解，由于某种原因工作繁忙，时间紧张，没有太多的时间应对电话，希望对方直截了当，别浪费时间。但这种硬邦邦的电话接听方式显得过于粗鲁无礼，有一种盛气凌人的气势，好像是摆架子。给人的感觉是：“有什么话快说，我没空和你在电话里啰唆！”

有的人对这样的电话应答方式也懒得再“说”，干脆一声不吭地将电话挂了。本来还想联系一些业务或提供一些信息，一听他这口气就不舒服，说了等于白说，这种人懒得理他。

大家每个人都希望别人以礼相待，有谁愿意同不懂礼貌的人打交道呢？所以，在接听电话时，一定要注意应有的礼貌。

工作任务单

任务实施内容	操作标准
准备接听	①面带微笑：态度谦和、热情亲切。笑容不仅仅表现在脸上，它也会藏在声音里，亲切、温暖的声音会使对方马上对我们产生良好的印象 ②主次分明：电话铃声一旦响起，接电话就成为最紧急的事情，其他事情都可以先放一边。接听电话时，不要再与旁人交谈或者看文件、吃东西、看电视、听广播等。有时候确实有无法分身的情况，比如自己正在会晤重要的客人或者在会议中，不宜与来电话的人深谈，此时可以向来电话的人简单说明原因，表示歉意，并主动约一个具体的双方都方便的时间，由自己主动打电话过去 ③接听及时：电话铃声响起，要立即停下自己手头的事，及时接听。一般来说，在电话铃声响过3声左右，拿起话筒比较合适。在电话刚刚响起时就接电话，显得过急，说不定会让对方吓一跳。铃声响起很久不接电话，拨打电话的人也许会以为没有人接而挂断电话。如果接电话不及时，要道歉，向对方说“抱歉，让您久等了”
应对谦和	①自报家门：在接电话时，首先要问候，然后自报家门，向对方说明自己是谁。向发话人问好，也有向发话人表示打来的电话有人接听的意思。自报家门是为了确认自己是否是发话人真正要通话的对象。严禁以“喂”字开头，因为“喂”表示希望先知道对方是谁，等着对方告诉你。通话完毕，互道再见后再按礼仪要求轻轻挂断电话 ②代接电话：如果来电话的人所要找的人不在，可以在向他说明情况后，问一下是否需要代为转达，如果对方有这个要求，就应当帮助转达。对于所要求转达的内容，最好做一下笔录，并把笔录内容复述一遍，与来电话的人确认，以验证自己的记录是否准确无误。做笔录时，不要忘了询问和记录来电话人的单位、姓名、来电时间、通话要点、是否要求回电话、要求回电的时间等内容。不要向来电话的人打听他与要找的人的关系。当被要求代为转达某事的时候，传话人要对所转达的内容保密，切勿到处宣传 ③做好记录：对于通话内容及时做好记录，如需回电需告知对方大概回复的时间
通话结束	与对方道别，结束话题并不意味着马上挂断电话。一般来说，应由通话双方中地位较高的人先挂断，这是电话礼仪中的惯例。通话双方地位相近时，一般由拨打电话的一方先挂断

小贴士：通话时遇到另一个电话打进来的处理方法

如果在接听电话的时候，适逢另一个电话打了进来，切忌不要中断通话，而要向来电话的人说明原因，请他不要挂断电话，稍等片刻。去接另一个电话的时候，接通之后也要请对方稍候片刻，或者请他过一会儿再打进来，或者自己过一会儿再打过去。等对方理解之后，再继续方才正在接听的电话。纵然再忙，也不能拔下电话线或者来电不接就直接挂断。这些都是非常不礼貌的行为。

三、手机礼仪

随着手机的日益普及，无论是在社交场所还是工作场合随意地使用手机，已经成为文明礼仪的大忌，手机礼仪越来越受到人们的关注。在国外，如澳大利亚电讯的各营业厅就采取了向顾客提供“手机礼节”宣传册的方式，宣传手机礼仪。

案例 4-2

不和谐的手机铃声

2000 年悉尼奥运会，中国运动健儿的出色表现征服了外国观众，但某些中国人的不文明习惯却给他国运动员、记者留下了不好的印象。有媒体报道，中国记者团几乎每个人都配备了移动电话，铃声是非常特别的音乐，在很嘈杂的场所也可以清楚分辨是不是自己的电话。但在射击馆里，当运动员紧张比赛的时候，这种声音就显得特别刺耳。组委会为了保证运动员发挥出最佳水平，在射击馆门前专门竖有明显标志：请勿吸烟，请关闭手机。也不知是中国的一些记者没看见还是根本不在乎，竟没有关机。其实，把手机铃声调到“振动”并不费事。王义夫比赛时，中国记者的手机响了，招来周围人的嘘声和众多不满的目光。有外国人轻轻说：“这是中国人的手机！”在陶璐娜决赛射第七发子弹的关键时刻，中国记者的手机又一次响了……

（资料来源：郑爱琴．尴尬的中国人 [J]．成都：廉政瞭望，2001（9）．）

工作任务单

任务实施内容	操作标准
手机铃声	①铃声选择：铃声的内容有乐曲、歌声、仿人声、仿动物叫声等，铃声设定应健康活泼，避免粗俗和低级的铃声。个性彩铃本是无可厚非，但在公共场所，尤其是相对比较安静的场合，手机铃声的设置直接体现了使用者的公共意识程度

续表

任务实施内容	操作标准
手机铃声	②调低铃音：在办公室手机铃声要适当调低，同时，应选择柔和悦耳的铃声，避免声音过大影响他人 ③关闭铃音：会客、会议、剧院、影院、图书馆、医院，手机应设置静音或振动状态
接打电话	①注意时间：打对方手机前应考虑合适的时间，不要在休息时间打电话，如果有办公电话，就不要打私人电话，如果能通过邮件、短信、微信的方式沟通就不要拨打对方手机。注意从听筒里听到的回音来鉴别对方所处的环境。如果很静，应想到对方可能在开会，当听到噪声时对方就很可能在室外。有了初步的鉴别，对能否顺利通话就有了准备 ②礼貌询问：是否通话还是由对方来定为好，所以“现在通话方便吗?”通常是拨打手机的第一句问话 ③压低音量：公共场合接打电话尽量压低声音，不要影响他人。例如：电梯、剧院、电影院、餐厅等
收发信息	①言简意赅：发送信息要有诚意、有针对性，不要群发祝福，发送清理微信，群发砍价链接等。在有事找别人的时候，省去那些客套，不要发“在吗”，直接开门见山，真诚说明，会更容易博得他人的好感 ②方便对方：考虑到对方查看方便，尽量不要发微信语音，更不能连续十几条没有重点，应该用简短的文字发送信息，这既方便了他人，又有利于提高效率 ③及时回复：收到别人的信息要及时回复，如不能及时回复要表示歉意，避免不回复私聊却在双方都能看到的其他社交媒介上活跃频繁而产生误会

小贴士：手机放置的位置

无论在什么场合，手机在不使用时，最好放在合乎礼仪的常规位置，不要在不使用的时候拿在手里或挂在上衣口袋外。放手机的常规位置有：随身携带的公文包里（这种位置最正规），上衣的内袋里。开会的时候手机应交给秘书、会务人员代管，也可以放在不起眼的地方，如背后、手袋里，但不要放在桌上，特别是不要对着对面正在聊天的客户。

任务训练

训练情境	某五星级酒店前台接待员小李接到一位客人询问房间价格的电话，请运用恰当的电话礼仪进行接待	
训练任务	1. 商讨这一情境中的人员都应该注意哪些礼仪，怎样做才是这一场景中正确的接待规范 2. 进行现场模拟练习	
训练步骤	训练内容	补充说明
步骤一	以小组为单位，研读训练情境，明确训练目的，清晰训练任务	五人一组进行训练，确定小组负责人，由负责人交流训练情况
步骤二	小组研讨完成训练任务 1，并确定模拟表演角色	

续表

步骤三	各小组长代表小组交流小组商讨结论	
步骤四	小组进行现场模拟	由教师指定小组表演，其他同学观看并做好记录
步骤五	观看同学就表演同学在情境中的表现进行点评	
步骤六	教师点评	

任务拓展

如何转接电话

有位客户电话打到办公室，张红接听后，放下电话，对苏丽说："小苏，电话！"

议一议：请讨论张红的应对是否正确？如果是你，你会怎么回答？

任务三

会务礼仪

任务目标

1. 掌握会议接待的流程及礼仪要求
2. 能根据会议的类型、规格进行准备及礼仪服务工作

任务实施

会议是有组织、有领导地商议事情的一种活动。有效的会议是提高管理工作效率的重要辅助手段，是办公活动的重要组成部分。

知识点 1　会见和会谈座位的安排

1. 会见座位的安排

通常将客人安排在主人的右侧，译员、记录员安排在主人和主宾的后面，其他人员按礼宾次序在主宾一侧就座。主方陪见人员在主人一侧就座。座位不够可在后排加座。双方人员

的排序由双方按照每个人的职务、地位、本次会见的内容等综合排定，如图 4–6 所示。

2. 会谈座位的安排

双边会谈通常用长方形、椭圆形或圆形桌子，宾主相对而坐，以正门为准，主人坐背门一侧，客人坐面门一侧，主谈人居中。我国习惯把译员安排在主谈人右侧，其他人员按礼宾次序左右排列。记录员可安排在后面，当会谈人员较少时，记录员也可安排在会谈桌上就座。双方人员的排序也由双方按照每个人的职务、地位、本次会见的内容等综合排定，如会谈长桌一端向正门，则以入门的方向为准，右为客方，左为主方，如图 4–7、图 4–8 所示。

3. 会议合影就座的安排

一般由主人居中，按礼宾次序，以主人右手为上，主人的右手排第一位来宾，主人的左手排第二位来宾，主、客双方间隔排列。第一排人员既要考虑人员身份，也要考虑场地大小，即能否都摄入镜头。一般来说，两端均由主方人员把边。

如果是上级领导来视察，安排合影时，则要将所有合影人员排出次序，每排再按开会时主席台上的就座次序排列。为了突出主要领导，保证主要领导居中，通常排单数就座，1 号人员身份最高者居中，2 号人员在 1 号人员左手位置，3 号人员在 1 号人员右手位置，以此类推。

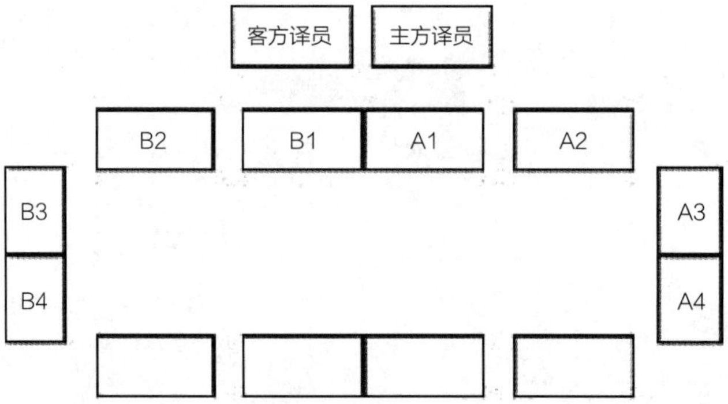

注：A 为主方，B 为客方

图 4–6　会见座位安排

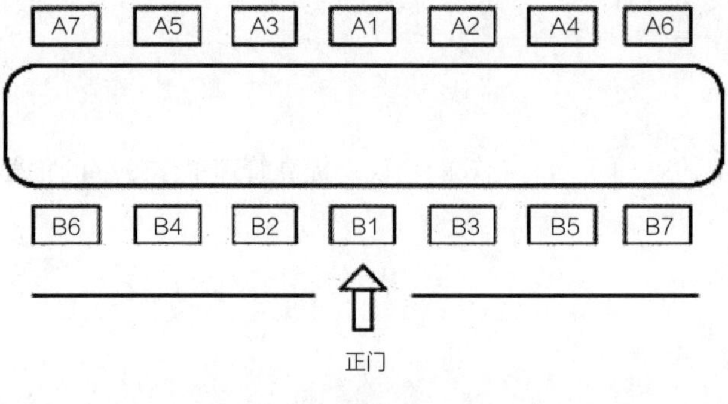

注：A 为上级领导，B 为主方席

图 4–7　长桌会谈座位安排①

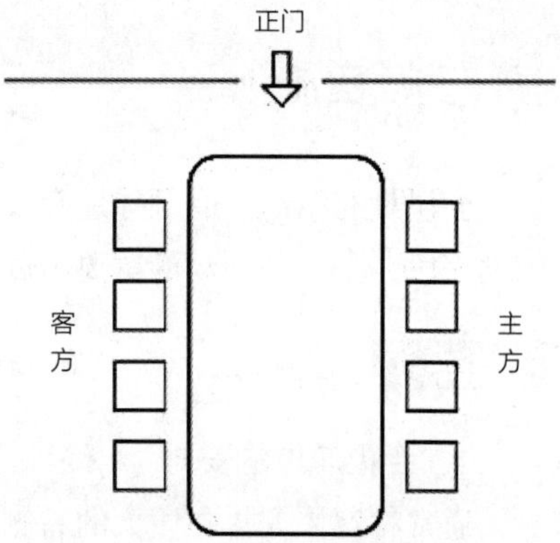

图 4–8　长桌会谈座位安排②

案例 4-3

小何的懊悔

公司年度销售工作总结大会召开在即，前一天小何和业务部门的同事一起布置会场，最后摆放座签时，部长特意嘱咐小何："左大右小。"小何自以为明白了，先将董事长的名签放在主席台的中间位置，然后依次是总经理、副总经理分别列其左右。不过小何摆放时，是面对着主席台摆放的，这样一来左右正好颠倒过来了。

第二天会议按时召开，就座时，总经理也没看主席台上的台签，习惯性地坐到了董事长的左侧。坐下后总经理发现面前的台签上写的不是自己的名字，他自我解嘲地笑着起身和副总经理换位置，似乎并没在意。但坐在台下的小何却浑身不自在，特别是看到部长投来的埋怨眼神，他心里真是懊悔不已。

（资料来源：夏志强．人一生要懂得的100个商务礼仪［M］．北京：中国书店出版社，2006.）

知识点 2　主席台席卡的排列方法

当主席台人数较多时，可设立 1 排以上的主席台，领导分排就座。以面向台下来看，当主席台人数为单数时，1 号人员居中，2 号人员在 1 号人员左手位置，3 号人员在 1 号人员右手位置，以此类推。当主席台人数为双数时，1 号人员在中心点偏右的位置，2 号人员在中心点偏左的位置，即 1 号、2 号人员之间的中心点即为主席台的中心点，3 号人员在 1 号人员右手位置，4 号人员在 2 号人员左手位置，以此类推。

有发言的要准备"发言席"席卡，会前摆放到位。发言前 5min，要请发言人员到达主席台后面靠近发言台的一侧，准备发言，发言后回到自己的座位上，如图 4–9、图 4–10 所示。

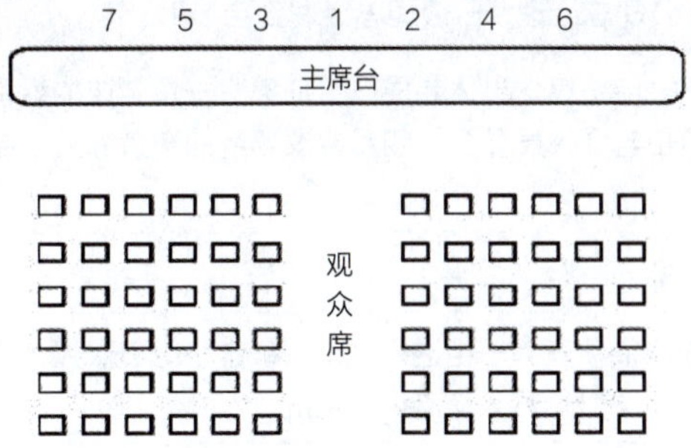

（主席台人数为奇数时）

图 4-9　会议主席台座次安排①

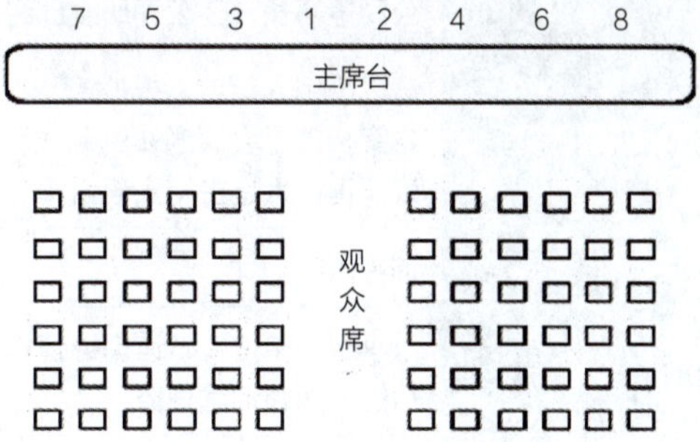

（主席台人数为偶数时）

图 4-10　会议主席台座次安排②

工作任务单

任务实施内容	操作标准
会议筹备	①确定接待规格：根据会议的种类、参加会议的主要领导人的身份来确定会议的接待规格 ②发放会议通知：写明会议时间、地点、主题、参会要求等 ③选择会场：根据接待规格和参会人数选择会场 ④会场布置：装饰布置、座次安排、主席台布置 ⑤准备会议资料：装订整齐，用文件袋装好
接待服务	①签到：签字台备好签到簿，双手递签字笔、发放资料 ②引座：接待人员将客人引入会场就座，重要领导引入休息室 ③送茶：及时递茶送水，双手奉茶，茶杯杯把放在与会者右手处，续水时，注意不要淋湿桌上的文件，茶水倒至 8 分满
会后工作	①宴请：根据餐饮礼仪排好菜单、定好形式、排定座次 ②演出：观看文艺节目，一般以第 7、8 排座位为最佳。观看电影则是第 15 排前后为好。专场演出要把贵宾席留给主人和主要客人，其他客人可排座位，也可自由出入 ③联欢：如举办联欢会、舞会，时间掌握在 2 小时，即尽量在晚上 8:00 至 10:00，注意歌舞相间。舞会上，男士要主动请女士跳舞，女士可以婉拒；女士请男士跳舞，男士不可拒绝。舞会快结束时，结尾曲要能让来宾感到舞会快要结束了 ④参观游览：结合来访目的、客人意愿和兴趣、来宾是否参观过进行安排。项目确定之后，应做出详细计划，先看什么、后看什么，在哪儿停车、在哪儿介绍、在哪儿上卫生间、在哪儿上车，以及中间如何引导、如何衔接、由何人介绍情况，等等，都要向接待单位交代清楚 ⑤送别：工作人员应根据情况安排车辆把客人送到车站、码头或机场，待客人登上车、船、飞机，与客人告别后方可离去

任务训练

训练情境	龙华电子科技有限公司将要研发新产品，为了解新产品的市场，准备召开一个研讨会。研讨会有产品总监戴总以及工程师王工参加，并且邀请 A 公司总经理（女）、B 公司董事长、C 公司研发部经理、D 公司总经理、E 公司总经理到会	
训练任务	请以小组为单位，模拟演示这次会议接待程序。具体完成以下任务：一是会议的筹备方案；二是会议通知的制作；三是通知与会人员参会；四是会议场所的布置；五是会议议程；六是主持人语言	
训练步骤	训练内容	补充说明
步骤一	以小组为单位，研读训练情境，明确训练目的，清晰训练任务	五人一组进行训练，确定小组负责人，由负责人交流训练情况
步骤二	小组研讨完成训练任务，并确定模拟表演角色	
步骤三	各小组长代表小组交流小组商讨结论	

续表

步骤四	小组进行现场模拟	由教师指定小组表演，其他同学观看并做好记录
步骤五	观看同学就表演同学在情境中的表现进行点评	
步骤六	教师点评	

任务拓展

失败的茶水服务

一个炎热的夏天，在一家四星级酒店将举行一场小型会议，接待员把与会者引领到大堂边的一个金碧辉煌的接待室，以等候总经理会见。落座后，服务员在与每位与会者的茶几上摆上茶杯，然后从茶叶筒里取出茶叶，依次放入每位与会者的茶杯中，再用暖水瓶依次往杯子里倒水。5min 后，服务员尚未把滚烫的开水倒完，总经理来了。干渴的与会者没喝一口水就离开前往会议室了。

议一议：办公室茶水服务应注意哪些细节?

任务四

交谈礼仪

任务目标

1. 掌握基本的礼貌语言运用
2. 掌握交谈礼仪知识
3. 熟练运用常用的职业接待服务用语

任务实施

一个人的言谈反映着一个人的修养与学识，大方得体的言谈可以给他人留下良好的印象，也有助于更好地与他人再次交流与沟通，所以在职场中，言谈礼仪是特别重要的。

知识点 1　礼貌语言的运用

以礼待人，不但能显示出自身人格尊严，而且可以满足对方的自尊需要。为此，交谈中要随时随地有意识地使用礼貌语言，这是文明人应当具备的基本素养，也是以敬人之心表示尊重的基本方式。

在交谈中多使用礼貌用语也是博得他人好感与体谅的最为简单易行的方法。所谓礼貌用语，简称礼貌语，是指约定俗成地表示谦虚恭敬的专门用语。运用好基本的礼貌语言可以使我们显得更加彬彬有礼。

（1）需要经常挂在嘴边的礼貌语言——H. P. T. S：西方国家的父、母亲，在孩子学说话的时候，无论什么场合，甚至在家里，教孩子最常用和最频繁的礼貌用语就是“你好（Hello）”“请（Please）”“谢谢（Thank you）”“对不起（I’m sorry）”。

①“你好”，是一句表示问候的礼貌语。遇到相识者与不相识者，不论是深入交谈，还是打个招呼，都应主动向对方先问一声“你好”。若对方先问候了自己，也要以此来回应。在有些地方，人们习惯以“你吃饭了没有”“身体怎么样”“一向可好”来打招呼，问候他人，但都没有“你好”简洁通行。我们往往还由于表示尊敬对方，例如：遇到年长的前辈，都要说“您好”表示更加的尊敬。但是，我们在使用的时候一定要记住，“您好”表示的是单数，要是对方是多人，你一起打招呼，应该使用“你们好”而非“您们好”。

②“请”，在西方国家，几乎在任何需要麻烦他人的时候都是必须说的礼貌语。例如：“请问”“请留步”“请用茶”“请稍候”等，举不胜举。在敬语中使用频率最高的是“请”字。这些用语中的“请”字并非是多余的，有了这个“请”字，话语会变得委婉而礼貌。尤其是在职业工作时使用命令的话语中，如果有了这个“请”字，就表明你没有凌驾他人之上的意思，而且还会使你显得分外有教养，使得对方非常乐意为你服务。谦语“请”是比较自然地把自己的位置降低，而把对方的位置抬高的最好方法。美国人说话、写信、打电话都少不了“请”字，如“请坐”“请转告”“请您先走”“请多费心”“请及早复信”等。打电报时，他们宁可多付电报费，也不省掉“请”字。因此，美国电信总局每年从这个“请”字上就可多收很多钱。

③“谢谢”，在与人交往中，并非客套话，这是个很有魔力的语言。能正确地运用这两个字，就会使你的语言充满魅力。日本人说话离不开“谢谢”。据统计，一个在百货公司工作的日本职员，一天平均要说 571 次“谢谢”，否则就不是一个好的职员。经验表明，人们都愿意光顾洋溢着亲切和尊重人的气氛的商店。无论别人为你做了什么，哪怕是你的亲人，你都应该说声“谢谢”。感谢必须是诚心的，你确实有感谢对方的愿望再说出来，并赋予感情。道谢时，应注视着被谢者，要及时注意对方的反应。对方对你的感谢感到茫然时，你要用简洁的语言向他道出致谢的原因，这样才能使你的道谢达到目的。出乎意料的道谢，当别人没想到或者感到未必值得感谢时，一句“谢谢”会使对方倍感温暖。对他人的道谢要致意，致意的措辞可以是“没什么，别客气”“我很乐意帮你的忙”等。

④“对不起”，这三个字看起来很简单，它却是调和双方可能产生的紧张关系的一帖灵药。英国人最常用的词汇是“对不起”。例如：凡事稍有打扰，便先说一声“对不起”。警

察对违章司机进行处理时，先要说声“对不起”；两车相撞时，司机相互说声“对不起”。在这样的气氛中，双方的自尊心都得到了满足。你在公共汽车上不小心踩了别人的脚，说声“对不起”，被踩的人自然不会计较什么了。人的心理就是这样，对于许多事情皆可原谅。不管在日常生活还是职业工作中，“对不起”这三个字真是用途太多了。另外，使用“对不起”致歉时，切忌缺乏诚意。

（2）合理使用客套话：好听的话大家都爱听，客套话不是可有可无的。在交际往来中常用的应酬套语，每每都是润滑社交齿轮的润滑油，能减少“摩擦”和“噪声”。请人帮忙，说一声“劳驾”；送客临别，讲一句“慢走”。这些都显示出你礼貌周到、谈吐文雅的内涵。擅长职业礼仪的人，可以像司机精通交通规则一样精于客套。正如培根所说，得体的客套同美好的仪容一样，是永久的荐书。“客套”对于服务业从业人员尤为常用，愈显重要。现在很多服务业对最必要的客套语言做了规定，要求员工能够熟练运用。顾客买好东西，服务人员马上会说：“谢谢您经常光顾！”顾客提出某种需求，服务人员很快把所需物品递上时也常常说：“让您久等了！”不用说，这些彬彬有礼、热情洋溢的话语，一定会使顾客如沐春风，温暖无比。

客套话绝不是套话。因为它老被说及，说好它就成了需要特别用心的事。谁能根据不同场合、不同对象把客套话说好，取决于能否注意观察各种情况的细微差别，调整自己的客套用语。我们学习和运用好客套话，对我们平时的学习生活和将来从事的职业工作都大有帮助。

知识点 2 声音的讲究

在交谈场合，为使自己的谈话引人注目，谈吐得体，除了讲究礼貌语言的得体使用外，还要注意交谈时的声音。交谈时，说话者的语调、音色、音量、停顿、语速、节奏等均是传递信息的重要因素，可以传递出暗示、制止、号召、鼓动、赞扬、怀疑、讽刺、惊讶、申诉、坚决、自信、祝愿、庄重、悲痛、冷淡、喜悦、热情、自豪、警告等各种情感。所以，声音的讲究远远比我们想象的作用要大得多，而且声音运用得好坏，往往会使交谈效果大相径庭。所以，要根据对象、场合和实际需要恰当运用声音。此外，还应微笑着说话。很多公司都要求员工哪怕是与客户通电话也要笑着进行交谈，因为人在微笑时所发出的声音会让对方听起来更加愉快。

讲究交谈艺术，想要把话说好，必须注意调谐语调、控制音色、调节音量、讲究停顿、运用语速、和谐节奏的问题。

（1）调谐语调：语调就是说话的腔调，具体指说话时语音高低、升降、轻重的变化。表达者根据传情达意的需要，加上自身的年龄、文化、气质、修养等方面的因素，在进行口语表达时，声音或快或慢，或高或低，或缓或急，或一气呵成，或一字一顿，这就形成了各种各样的语调。它本是说话人思想感情的自然流露，一般来说，有什么样的思想感情，说话时就会带上什么样的语调。反之，从一个人的说话语调也可以了解到他的思想情绪。

句子都有一定的语调，如陈述句用的是降调，疑问句则用升调，它们分别表示不同的语气和情感。例如：“我们给您发的传真您收到了吗？”“收到了。”

前一句用升调表示提问，后句用降调表示肯定。可见，运用不同的语调不仅表示语气和情感不同，而且可以避免语音的枯燥单调。

语调一般分为升调、平调、降调和曲调四种。升调，也叫高升调，句调先低后高。升调多用于表示兴奋、激动、惊叹、疑问等感情状态。例如："李先生，我代表我们公司全体员工热烈欢迎您的到来！"这表示兴奋、激动。

平调，也叫平直调，语势平直舒缓，声音无明显的高低变化。平调多用于表示庄严、稳重、平静、冷漠等感情状态。例如："您看到的这排数字，它是我们产品的出厂日期。"这表示稳重、平静。

降调，也叫降抑调，句调先高后低，句势渐低。降调多用来表示肯定、赞许、感激、期待、悲伤、厌恶等感情状态。例如："我们今天下午三点出发。"这表示肯定。

曲调，也叫曲折调，句调高低曲折，富于变化，往往表示这当中隐约、委婉、曲折的思想感情。例如："啊，这是你干的好事！"如果用曲折调说出来，就表示一种讽刺。

正是由于语调在停顿、重音、速度、升降上的丰富变化，使人的说话声能够表达各种委婉、复杂、细致、微妙的思想感情。因此，我们在说话时要注意得体地使用语调。

（2）控制音色：音色又叫音质，就是声音的特色。一个人的音色好坏既有先天的因素，也与后天的训练有关。一般人经过训练，都可以使自己的音色更加纯正。职业人员通过刻意训练培养自己的音色，可以使音色明亮、柔和，声音充满热情，能够充分展现自己的个性。

声音明亮指声音圆润、明朗、有弹性。这种声音显得自然、不做作，还能因为气息长久而传得较远。说话最忌讳的是无力的、没有弹性的、沙哑的、沉闷的声音，这种声音不但传不远，就是在近的地方听起来也很吃力，很不舒服。

（3）调节音量：音量是指声音的大小。人们在讲话的时候声音的大小会不断地变化，这种变化不是无目的、随意的，而是要受到表达内容或者表达感情的制约。与人交谈时音量的大小要求，具体如下：

①要恰当、适度。声音当大则大，当小则小，当平则平。大，不可大到声嘶力竭的程度；小，不可小到别人没法听到的地步。

②要顺畅、自然。音量不可没有根据地忽大忽小。生硬的变换音量，不仅听起来不自然、不舒服，还会引起误会，干扰交谈内容的正常表达。

③要注意周围环境、他人感受。中国人爱热闹，特别在很多喜庆的场合爱大声表达，西方人讲究保持公共环境的安静不受破坏。还有说话的音量要照顾到交谈对象的情绪、状态和周围人员。例如：在列车上，你邻座的旅客正在闭目休息，这时你需要与朋友交谈就应该尽量调节好音量，不影响他人。

（4）讲究停顿：语言表达中的停顿，主要是由生理原因和语言表情达意的需要来决定的。在语言表达中主要的停顿有换气停顿、语法停顿、逻辑停顿、心理停顿。

换气停顿主要是生理方面的需要，换气，减弱呼气和吸气的声音。

语法停顿主要是为了区分语言单位。正确地运用语法停顿，能使由各种语言单位充当的各种句子成分的关系正确、清晰，否则有可能使表达模糊、错误。例如：说成语"对牛弹琴”完整的意思是指与表达对象无法沟通，如果语法停顿成“对！牛弹琴”就是另外的意思了。

逻辑停顿基本是出于强调、呼应、转换等方面的需要，目的是使表达更加准确。

心理停顿主要是说话者表达情感的需要。在交谈中说话者将自己的心理感受的变化以及希望给对方的各种心理暗示都是通过心理停顿体现出来的。例如：你希望对方思索你刚刚表达过的观点，你肯定要在表达下一个观点前停顿一下，让对方意识到这点。心理停顿有时还用在说话者想引起对方的特别注意或者刻意把对方引进到所表达的内容上来。这一点应用得当可以使交谈效果增色不少。

（5）运用语速：语速就是说话的速度。在正常情况下，如叙述、说明、解释时，一般用中速表达；在职场中经常会有一些庄重场合或需要冷静表现风格时，一般适宜用慢速表达；在需要言语情绪大起大落或者需要表现昂扬激荡的情感或表达重要的评论时，可以用快速表达。一般来说，语速的调整应注意与场合、交谈对象等协调。例如：你与一个老年人交谈时，语速就要放慢，不然对方往往难以消化。

（6）和谐节奏：语言表达中的节奏是一个比较复杂的综合性概念。一般来讲，节奏与表达中的抑扬顿挫、轻重缓急、回环往复等方面的因素都有关系。有的学者将节奏比作群山的绵延起伏、江河的浪涌波翻，没有峰谷的循环、交替，没有前后的连接、呼应就谈不上节奏。

节奏可分为轻快型、凝重型、低沉型、高亢型、舒缓型、紧张型六种。在实际表达时，这六种节奏往往是处于转换状态，使表达在快与慢、抑与扬、轻与重等节奏中取得和谐的效果。一般情况下，节奏与语速是可以兼顾控制的，这些要靠平时多留心练习。

知识点 3　赞美语言的使用

赞美，是现代交际所不可缺少的。发自真诚的赞美可以使对方产生亲和心理，不失为交际最好的润滑剂。戴尔·卡耐基常说的一句话就是：“称赞别人。”每个人都有可赞美之处，只要用真诚的目光去关注都能找出他身上的优点所在。事实上，承认别人的长处，正说明自己虚怀若谷。出于好感和善意，多多使用赞美语言可以让对方感到心理上最大的满足。马克·吐温曾说：“一句精彩的赞辞可以做我十天的口粮。”莎士比亚曾说：“称赞，即是我的薪俸。”喜欢赞美，是人的天性。

（1）对男士的赞美：首先，称赞年轻的男子应多赞美他的能力和表现，如“将来一定前途无量”“你的工作表现很好”“你真棒，我很看好你”等。其次，对于稍上年纪的男士，他喜欢人家赞美他的努力过程、社会地位、实力和成就、气度和信用，如“李总，甘拜下风啊，能不能请教一下，您这一路是怎么才有今天的事业成就的”“不知道我哪天可以像您这样，能有这么多贴心的员工为您精心工作，您好厉害”“您是个有气度、有风度的男士”“跟你谈业务，我绝对放心，您信用可靠”等。

（2）对女士的赞美：女士一般比较注重外在和细节方面的感觉，具体如下：

①外貌。例如：“你真是天生丽质，我要是有你这么漂亮多好啊！”

②能力。现在女性很在乎工作上的表现。

③品位。例如："你真是好品位，你看，这件衣服穿在你身上感觉就是不一样，我要多向你学习搭配服装"。

④保养。例如："看不出你都快40岁了，怎么看起来像20岁的小姑娘"。你这句话一出，就会发现她的神态真像年轻了10岁一般。

⑤事业成就。如果她是女强人，那么事业对她很重要，所以你也要关注一下她的事业成就。

⑥感觉。例如："你好随和啊，我很想和你做朋友"，这表明此人是一个人际关系很好的人。

（3）赞美的技巧：使用赞美语言一定要得体适度，不然别人会以为你别有用意。

①具体明确赞美。所谓具体明确，就是在赞美他人时，有意识地说出一些具体而明确的事情，而不是空泛、含混地赞美。前者让人感到真诚，有可信度，后者因没有明确而具体的评价缘由，令人觉得不可接受。因此，有经验的直销员在赞扬顾客时，总是注意细节的描述，而不空发议论。

②观察异点赞美。每个人都有一种希望别人注意他不同凡响之处的心理。赞美他人时，如果能适应这种心理，去观察发现他异于别人的不同之点来进行赞扬，一定会取得出乎意料的效果。

案例 4-4

学会赞美他人

戴尔·卡耐基是美国著名的人际关系学大师，被誉为"美国现代成人教育之父"。有一天，卡耐基去纽约33号街第8大道的邮局寄一封挂号信。在他排队等待的时候，看到柜台后面的那位办事员在称重、递出邮票、找零钱、分发收据的过程中待人冷漠，没有好脸色。当轮到为他称信件重量时，卡耐基便对办事员称赞道："真希望我也有你这样的头发。"办事员抬起头，惊讶地看着卡耐基，随即泛出笑容，很客气地说："啊，它已经不像以前那么好了。"卡耐基又说："或许没有过去的光泽，不过现在看起来，你的头发仍然极佳。"办事员非常高兴地说："许多人赞美过我的头发。"他们谈得很投机，就像老朋友一样。分手的时候，卡耐基看到，办事员面带微笑地接待后面的顾客。

后来，卡耐基在演讲中多次讲过这件事。有人问他："您想从那位办事员身上得到什么吗？"卡耐基回答说："我确实想从那位办事员身上得到些什么，那东西是无价的，而且我已经得到了。那就是，帮助别人，快乐自己。虽然这件事已经过去很久了，但依然会在我的记忆中闪耀出光芒。"

（资料来源：光宇. 赞美是心间的阳光［J］. 合肥：决策，2014（10）.）

卡耐基真不愧为语言大师，就当时的情形看，如果赞扬他工作热情，办事员肯定会认为这是卡耐基在对他进行挖苦、讽刺，若是批评他服务质量差，他又很可能破罐子破摔，服务态度更恶劣。所以，要善于抓住人的心理，不失时机地赞美别人几句，那么本来以为很糟糕的事，反而会向着很好的方向发展。

知识点 4 交谈时避免的话题

1. 避开别人的隐私

我们在运用礼貌语言时要避开别人的隐私，那么在进行交谈时，话题也要避开隐私。例如：女士多重、腰围多粗、年龄多大等这些在现代社会都属于个人私密性的问题，有人以为说这些是出于关心的角度，但是在现代交际生活和行使职业礼仪时，都应该“关心有度”。下面给大家介绍五类在交谈中定要避开的个人隐私之“个人隐私五不谈”。

不谈收入，也尽量避免涉及间接的收入方面的问题。例如：“有没有私家车啊”“房子面积多大啊”“出差住几星酒店啊”“飞机坐头等舱了吗”，这些都是与别人收入相关的隐私问题，最好不要谈论起，否则会引起别人反感。

不谈年龄。不与女士谈年龄大家都知道，但是在职业礼仪中还要注意，不和 60 岁左右的人谈论年龄，你经常提起这个话题的话，会让对方以为你是在提醒他“该到站休息（退休）了”。与西方老年人不要谈论年龄问题。我们中国人见到年长者都爱问“您老高寿啊”，这些不能与西方年长者谈论，有故意提醒别人老不中用之嫌。我们要知道“十里不同风，百里不同俗”，应多尊重对方的意愿和习俗。

不谈婚姻家庭。列夫·托尔斯泰的名著《安娜·卡列尼娜》中有一句被誉为经典的话，“幸福的家庭家家相似，不幸的家庭各有各的不同”。中国也有句俗语叫“家家有本难念的经”。在我们的现实生活和职场中有很多的单身贵族，也有很多人婚姻不如意。你在谈论诸如“最近哪个同事离婚啦”“你为什么还不结婚啊”等，这些也都属于关心过度。

不谈健康状态。年龄和健康是现代职业人士的立身之本，这些都属于自己关注的问题。如果你觉得某位同事脸色不好，出于对同事的关心你可以递一杯水，礼貌地说：“有不舒服吗？要不要紧呢？”不能够刨根问底说：“是不是胃不好呢？不是吗？那肯定是肠道不好呢？不是吗？那你不会有什么严重的病了吧？”这些都属于不讨好的言语。

不谈个人经历。英雄不问出路，好汉不提当年勇。例如：我来自大城市，你来自小乡镇；我毕业于重点大学，你毕业于无名院校；我曾经多么辉煌，你曾经做过传单员。在交谈时，谈论这些话题，别人会认为你在故意炫耀。

2. 不要选择浅薄话题

降低自己的良好形象，诸如议论他人、小道消息、家长里短等。

3. 倾向错误的话题

例如：非议自己的祖国、自己的家乡等都是粗鄙话题，也等于自己给自己抹黑。选择符合法律、公德和伦理道德的话题积极讨论无妨。

知识点 5 常用接待服务用语

1. 问候语

“您好”“早上好”“先生您早”“李经理好”等。

2. 迎接语

“欢迎光临”“见到您真高兴”“很荣幸能再次与您相遇”“欢迎您的到来”“欢迎阁下莅临指导”等。

3. 欢送语

“再见”“慢走”“您走好”“欢迎再次光临”“一路平安”“一路顺风”等。

4. 致谢语

“谢谢您”“非常感谢”“感激不尽”“非常感谢您的关心与支持”等。

5. 征询语

“您需要我的帮助吗?”“我能够帮你做什么吗?”“您觉得我这样处理，您满意吗?”“你需要这件还是那件?”“请问，我可以为您撤换骨碟吗?”“对不起，请您重复一遍，可以吗?”“对不起，我可以占用您一点儿时间吗?”等。

6. 请托语

“请您稍候”“很对不起，让您久等了”“劳驾您了”“对不起，打扰您一下”“麻烦您帮我一个忙”“借光，让我先过一下”等。

7. 应答语

“对”“好的”“是”“一定照办”“没关系，这是我应该做的”“您不必客气”“请多多指教”“没关系”“不要紧”“好的，一定为您办到”等。

8. 赞赏语

“很对”“非常好”“非常正确”“您的意见非常宝贵”“您对这个非常在行”“这个意见对我们非常重要”“你真棒，我要向你学习”等。

9. 道歉语

“对不起”“非常抱歉”“不好意思，请多包涵”“十分抱歉，是我们的失误耽搁了您”“对不起，耽搁您的时间了”等。

10. 推托语

“十分遗憾，我帮不了您”“我们公司有规定……不能为您办理，请多包涵”“您知道……所以请理解和支持我们的工作”“很遗憾，不能满足您的要求”等。

11. 祝贺语

“节日快乐”“新年快乐”“新年好”“祝您身体健康，万事如意”“祝您旅途愉快”等。

接待服务用语还有很多，我们在日常生活和工作中要注意积累，灵活应用。

工作任务单

任务实施内容	操作标准
态度真诚	①目光交流：注视对方的目光应当友善、真诚，一般沟通可注视对方的三角区域，即两只眼睛和鼻子形成的倒三角形。每次目光交流时间不宜过长或太短，时间太长，会让对方感觉不舒适，时间太多显得不够诚挚。3～5s 为宜。在沟通交流过程中，投放在对方身上的眼神交流应当保持 1/3 左右的占比，剩余时间可以多用来观察环境或其他材料，这是被实践证明的黄金分割法 ②神情专注：交谈时，双方神态要既自然，又专注，应正视对方，认真倾听，切忌东张西望，似听非听，或者翻阅书报，甚至自顾自处理一些与交谈无关的事务，这是极不礼貌的表现，它将会严重破坏谈话的气氛。不要随意打哈欠、伸懒腰，做出一副疲惫不堪的样子，或者不时看看钟表，显得心不在焉，这会给对方留下傲慢的印象 ③情绪交流：交谈要注意反馈，当一方在阐发自己的意见时，另一方要通过适当的眼神、手势或其他形体语让对方感觉到你在认真倾听，或及时适当地使用一些语气词，或简单的语句进行反馈，如“啊”“是吗?”“那太好了！”等来烘托渲染谈话气氛，激发对方谈兴，如果让一方滔滔不绝，自己却如泥塑木雕一般，对他方谈话不置可否，这也是失礼的表现
话题适宜	交谈中宜选的主题如下： ①既定的主题，即双方事先商定或其中一方准备的主题 ②高雅的主题，即内容文明、优雅的话题，如文学、艺术、历史、建筑等 ③轻松的主题，即谈论起来令人轻松愉快、不觉劳累厌烦的话题，如休闲娱乐、旅游观光、风土人情、天气状况等 ④擅长的话题，即交谈的双方，尤其是交谈对象擅长的话题
谈吐文明	①使用敬语：在沟通交流过程中，多说“请”“谢谢”等礼貌用语，少说“哥儿们”等江湖习气较重的词，不过分强调“你”和“我”之间的对立关系，而应该多说“我们”，这是吸引关注度的不二法则。少说负能量的语句和词汇，多表达正能量的情绪 ②顾及他人：谈话中使用外语和方言，需要顾及谈话的对象以及在场的其他人。假如有人听不懂，那就最好别用，不然就会使他人感到是故意卖弄学问或有意不让他听懂。当谈话者超过 3 人时，应不时同其他所有人都谈上几句话，不要搞“酒逢知己千杯少，话不投机半句多”而冷落了某个人 ③尊重他人：谈话是一门艺术，谈话者的态度和语气极为重要。有人谈起话来滔滔不绝，容不得他人插嘴；有人为显示自己的伶牙俐齿，总是喜欢用夸张的语气来谈话，甚至不惜危言耸听；有人以自我为中心，完全不顾他人的喜怒哀乐，一天到晚谈的只有自己。这些人给人的只是傲慢、放肆、自私的印象，因为不懂得尊重别人
善于聆听	①表示兴趣：听别人谈话要全神贯注，不可东张西望，或显出不耐烦的表情。应当表现出对他人谈话内容的兴趣，而不必介意其他无关大局的地方。例如：对方浓重的乡音或读错的某字 ②补充意见：听别人谈话就要让别人把话讲完，不要在别人讲得正起劲的时候，突然去打断。假如打算对别人的谈话加以补充或发表意见，也要等到最后。有事要找正在谈话的人，也应立于一旁，当他谈完之后再去找他 ③积极反馈：在聆听中积极反馈是必要的，适时地点头、微笑或简单重复一下对方谈话的要点，是令双方都感到愉快的事情 ④适当赞美：真诚地赞美对方，使对方产生亲和心理，关注对方的优点，使用赞美语言让对方感到心理的满足

任务训练

训练情境	南京博世进出口贸易公司将接待广东静雅纺织公司产品总监一行 3 人，办公室主任安排机场接机，请准备从机场到公司路程中的话题，模拟交谈过程	
训练任务	请以小组为单位，模拟演示交谈话题	
训练步骤	训练内容	补充说明
步骤一	以小组为单位，研读训练情境，明确训练目的，清晰训练任务	五人一组进行训练，确定小组负责人，由负责人交流训练情况
步骤二	小组研讨完成训练任务，并确定模拟表演角色	
步骤三	各小组长代表小组交流小组商讨结论	
步骤四	小组进行现场模拟	由教师指定小组表演，其他同学观看并做好记录
步骤五	观看同学就表演同学在情境中的表现进行点评	
步骤六	教师点评	

任务拓展

敬语缘何招致不悦

一天中午，一位住在某饭店的国外客人到饭店餐厅去吃饭，走出电梯时，站在电梯口的一位女服务员很有礼貌地向客人点点头，并且用英语说："先生，您好！"客人微笑地回道："你好，小姐。"当客人走进餐厅后，引位员发出同样的一句话："您好，先生。"那位客人微笑着点了一下头，没有开口。客人吃好午饭后，顺便到饭店的庭院中去遛遛，当走出内大门时，一位男服务员又是同样的一句话："您好，先生。"

这时客人下意识地只是点了一下头了事。等到客人重新走进内大门时，劈头见面的仍然是那个服务员，"您好，先生"的声音又传入客人的耳中，此时这位客人已感到不耐烦了，默默无语地径直去乘电梯准备回房间休息。恰好在电梯口又碰见那位女服务员，自然又是一成不变的套话："您好，先生。"客人实在不高兴了，装作没有听见的样子，皱起了眉头，而这位女服务员却丈二和尚摸不着头脑！

这位客人在离店时，写给饭店总经理的一封投诉信，内中写道："……我真不明白你们饭店是怎样培训员工的？在短短的午休时间内，我遇到的几位服务员竟千篇一律地简单重复一句话："你好，先生。"难道不会使用其他的语句吗？

议一议：分析上述案例，请阐述有效沟通的环节有哪些。

项目小结

本项目主要介绍了旅游服务中常用的接待礼仪，如迎送礼仪、电话礼仪、会务礼仪、交谈礼仪，掌握这些礼仪才能在旅游接待服务中显示出旅游服务人员的专业素质，树立企业的良好形象。

习题

一、填空题

1. 座次礼仪规则中的“四个为尊”是指________、________、________、________。

2. 引导人员应站在来宾的________，距离来宾________，传达“以右为尊、以客为尊”的理念。

3. 通话结束时，一般来说，应由通话双方中地位较高的人先挂断，如果通话双方地位相近时，应由________先挂断。

4. 会见座位的安排，通常将客人安排在主人的________，译员、记录员安排在主人和主宾的________，其他人员按礼宾次序在主宾一侧就座。

5. 双边会谈通常用________、________或________桌子。

二、判断题

1. 与客户交谈时最好选择自己擅长的话题。（　　）

2. 乘车礼仪中，如果是司机开车，那么第一尊位是副驾驶位。（　　）

3. 接陌生访电时不要随意告之同事去向及个人电话号码。（　　）

4. 会议合影就座安排中一般由主人居中，按礼宾次序，以主人右手为上。（　　）

5. 主席台会议座次安排中，1 号人员居中，2 号人员在 1 号人员的右手位置。（　　）

三、简答题

1. 简述接电话的礼仪规范。

2. 简述交谈礼仪中宜选的话题和避免的话题。

四、案例分析题

请针对以下几种情况进行分析：

1. 有位客户电话打到办公室，张红接听后，放下电话，对苏丽说道：“小苏，电话！”

2. 当接到电话，对方要找的人不在，应该怎么说呢？

3. 如果接到电话对方有事情需要我们转达，应该怎么做呢？

4. 如果对方要找的人已经调离你们办公室或者已经从单位辞职了，应该怎么做呢？

5

项目五

职业服务礼仪

学习目标

- 知识目标 1. 了解服务礼仪在旅游各部门各岗位的具体要求
  2. 认识服务礼仪在旅游接待中的重要性
- 技能目标 1. 掌握旅游饭店各部门的服务礼仪标准
  2. 掌握导游服务各流程的服务礼仪标准
  3. 掌握会展接待中的礼仪规范
- 素质目标 1. 能运用所学内容灵活处理饭店服务中的疑难问题
  2. 能够在导游服务中进一步提高沟通与协调能力
  3. 具备会展从业人员的基本素质和基本技能

关键词

- 前厅迎送礼仪、餐饮服务礼仪、导游服务礼仪、展会服务礼仪

案例导入

记住客人的姓名

一位常住的外国客人从饭店外面回来，当他走到服务台时，还没有等他开口，问讯员就主动微笑地把钥匙递上，并轻声称呼他的名字，这位客人大为吃惊，由于饭店对他留有印象，使他产生一种强烈的亲切感，旧地重游如回家一样。

还有一位客人在服务台高峰时进店，服务员问讯小姐突然准确地叫出：“×× 先生，服务台有您一个电话。”这位客人又惊又喜，感到自己受到了重视，受到了特殊的待遇，不禁添了一份自豪感。

另外，一位外国客人第一次前往住店，前台接待员从登记卡上看到客人的名字，迅速称呼他以表欢迎，客人先是一惊，而后做客他乡的陌生感顿时消失，显出非常高兴的样子。简单的词汇迅速缩短了彼此间的距离。

此外，一位贵宾随陪同人员来到前台登记，服务人员通过接机人员的暗示，得知其身份，马上称呼客人的名字，并递上打印好的登记卡请他签字，使客人感到自己的地位不同，由于受到超凡的尊重而感到格外的开心。

点评：

学者马斯洛的需要层次理论认为，人最高的需求是得到社会的尊重。当自己的名字为他人所知晓就是对这种需求的一种很好的满足。在饭店及其他服务性行业的工作中，主动热情地称呼客人的名字是一种服务的艺术，也是一种艺术的服务。通过饭店服务台人员尽力记住客人的房号、姓名和特征，借助敏锐的观察力和良好的记忆力，做出细心周到的服务，使客人留下深刻的印象，客人今后在不同的场合会提起该饭店如何如何，等于是饭店的义务宣传员。

目前，国内著名的饭店规定：在为客人办理入住登记时至少要称呼客人名字 3 次。前台员工要熟记 VIP 的名字，尽可能多了解他们的资料，争取在他们来店报家门之前就称呼他们的名字，当再次见到他们时能直呼其名，这是作为一个合格服务员最基本的条件。同时，还可以使用计算机管理系统，为所有下榻的客人做出历史档案记录，对客人做出超水准、高档次的优质服务，把每一位客人都看成是 VIP，使客人从心眼里感到饭店永远不会忘记他们。

（资料来源：徐桥猛. 酒店管理经典案例分析 [M]. 广州：广东经济出版社，2007. ）

旅游服务工作的涵盖面极其广泛，旅游的六大功能“食、住、行、游、购、娱”都包含着接待与服务。职业服务礼仪是旅游服务业的“软件”，是衡量服务质量的重要标志之一。它是指在旅游服务工作中形成的，并得到共同认可的礼节与仪式。它贯穿于旅游接待服务的全过程，贯穿于旅客从旅游活动开始到结束的始终。在旅游行业所有岗位各个环节的服务中，职业服务礼仪的主要体现是礼貌服务，宾客至上。目的是使客人有宾至如归的感觉，从而更好地树立个人和企业的形象。旅游行业职业服务礼仪主要表现在全心全意为客人服务，尊重关心客人，宾客至上，讲究接待服务的方法和艺术等方面。

不同服务门类的接待与服务工作各有其特点，接待的程序、规格和要求也不尽相同，作为服务人员，应当对旅游的不同类型的接待程序和服务模式都有一定的了解和掌握，这样才能在今后的工作中得心应手。

任务一

前厅迎送礼仪

任务目标

1. 掌握前厅各岗位服务礼仪标准
2. 能灵活处理各种突发情况

任务实施

知识点 前厅部员工素质要求

前厅服务员是酒店形象的代表，是酒店各部门中素质最高的员工。他们身兼酒店的推销员、公关员、调解员、信息资料员等数职。酒店的成功经营与否，客人对酒店的印象，甚至是否在本店留宿往往决定于酒店前厅服务员的素质。前厅员工的基本素质包括以下几个方面：

（1）仪表、仪态：优秀的前厅服务员，必须着装整洁、大方、面带微笑、主动热情、讲究礼仪、礼貌、彬彬有礼地接待客人，而且头脑反应灵敏、记忆准确、表情自然、留意客人表情、注意客人动作、掌握客人心理。

（2）语言：前厅服务员不仅应有良好的仪容、仪表，而且必须具备优美语言，令人愉快的声调，恰当的内容和灵活有策略的语言技巧。这样，前厅的服务就能显得生机勃勃。前厅服务员必须掌握一到两门外语的基本会话，发音标准，表达准确。

（3）行为举止：优秀的前厅服务员，应该做到站立标准、行为规范、举止大方。尽量避免或克服不好的习惯动作，如嚼口香糖、工作场所吃喝、高嗓门儿叫喊、勾肩搭背、指手画脚等。

（4）业务操作技能：前厅服务员必须能够熟练、准确地按程序完成本职工作。工作的快速敏捷、准确无误也标志着酒店的管理水平。任何业务操作失误，不仅会给酒店造成经济损失，更重要的是破坏了客人对酒店的总体印象。

（5）应变能力：前厅服务员所应该具备的特殊服务技能与素质。因为客人来自全国各地或异国他乡，不同的生活习惯、不同的知识与修养都会有不同的表现。酒店在经营中也会出现失窃、火灾以及账目失控等特殊的情况，前厅服务员只有具备应变能力，才能妥善处理好这些特殊问题。在任何情况下，前厅服务员都应沉着冷静，采用灵活多变的方法，处理好特殊事件。

（6）诚实度：前厅服务员必须具有较高的诚实度。这一素质在酒店经营中已显得愈加重要。特别是在涉及收银工作及外币兑换工作时，前厅服务员必须严格遵守工作纪律；在接待工作中，客人的优惠必须符合酒店的规定，绝对不能以工作之便，徇私舞弊。

（7）知识面：前厅服务员在业务中经常能碰到客人各种各样的提问。这些问题有时会涉及政治、经济、旅游、风俗、文化以及有关酒店的情况，前厅服务员只有具备较宽的知识面和丰富的专业知识，才能为客人提供准而实的信息。

（8）合作精神：前厅的每一位员工都应该意识到前厅就是酒店的一个“舞台”，每个人都在扮演一个特定的角色，要想演好这场戏，需要员工的集体合作。当接待员忙于接待时或因特殊情况离开工作岗位时，其他员工必须能够替代其工作，共同使客人满意。个人的意见或恩怨绝不能表现到工作中来，否则会破坏整个酒店的形象。

案例 5–1

预订未到的客人

小周是杭州某酒店的前厅接待员。2002 年国庆节期间，杭州几乎所有酒店客房都已爆满，而且房价飙升。10 月 1 日 22:30，小周在工作繁忙之时接到一位潘先生预订客房的电话。潘先生是该酒店某协议单位的老总，也是常住客，所以小周格外小心。当时还剩下一间标准间，刚好留给潘先生，并与他约好抵店时间是当晚 23:00。在这半小时期间，有许多电话或客人亲自到酒店来问是否还有客房，小周都一一婉言谢绝了。但一直等到 23:40，潘总还未抵店。小周心想：也许潘先生不会来了，因为经常有客人订了房间后不来住，如果再不卖掉，24:00 以后就很难卖了。为了酒店的利益，不能白白空一间房，到 23:45，小周无法联系上潘先生，就将最后一间标准间卖给了一位正急需客房的熟客。24:00 左右潘总出现在总台，并说因车子抛锚、手机无电故未事先来电说明。一听说房间已卖掉，他顿时恼羞成怒，立即要求酒店赔偿损失，并声称将取消协议，以后不再安排客人来住。

（资料来源：王大悟．酒店管理 180 个案例品析［M］．北京：中国旅游出版社，2012.）

通过以上案例，请对下面的几种做法进行评析：

①小周向客人解释，指出是潘总未按约定时间抵店，我们没有责任，无论潘总如何说只能表示爱莫能助。

②向值班经理或大堂经理汇报，将事情推给领导处理。

③害怕事情闹大，酒店老总知道了后炒他的鱿鱼，干脆自己掏腰包赔偿损失。

④向客人致歉，并立即打电话联系其他酒店，为客人重新预订一间同档次的客房；如果无房，尽量在酒店内部解决。

⑤此法显得不够灵活，客人可能因为这件事不再来酒店了。另外，服务员也不能直接指出客人的不是。

⑥员工就主动为上级分担工作，更应站在客人的立场，尽量缩短解决问题的时间。

⑦员工并没有错。

工作任务单

任务实施内容	操作标准
前厅迎送服务礼仪	①热情问候：鞠躬、称呼、问候 ②规范接车：护顶服务、细心、开门的顺序 ③撑伞迎接 ④扶助老、弱、病、残 ⑤帮助提携行李：先征求意见 ⑥观察顾客的物品 ⑦主动帮助客人招呼车辆 ⑧热情送客：鞠躬、道别
行李服务礼仪（图 5-1）	①问候 ②提携行李 ③耐心等候客人办理入住登记手续：在客人身后 1m 处、看好行李 ④引领客人：左斜前方 1.5m ⑤电梯服务：先进后出（没有电梯服务员） ⑥规范开门：先敲门，再用钥匙开门 ⑦请客人进门 ⑧规范放行李：重的物品放下面、整齐，箱子的把手向外 ⑨认真介绍客房设备设施：根据客人的具体情况灵活处理 ⑩告别客人离开客房：要先问客人有没有吩咐、先退一步、问客人是否可以关门 ⑪迅速到客房提取行李 ⑫礼貌进门：先敲门、客人允许 ⑬热情告别：退后到车辆 2m 处、目送客人
总台接待服务礼仪（图 5-2）	①热情问候 ②主动提供服务 ③顺序依次办理 ④实事求是地耐心介绍客房 ⑤礼貌验查证件 ⑥礼貌递送单据、证件 ⑦礼貌递送钥匙 ⑧祝客人住店愉快 ⑨主动征求 VIP 意见 ⑩及时送客人的信件

续表

任务实施内容	操作标准
预订服务礼仪	①热情接待 ②耐心了解客人的情况 ③耐心介绍客房类型、设备设施、价格 ④客房满员要向客人表示歉意 ⑤帮助客人填写订房单 ⑥电话预订要礼貌接听，认真记录 ⑦遵守预订承诺
问讯服务礼仪	①主动迎接问好 ②耐心回答问题 ③用词准确 ④竭尽全力 ⑤不能答复客人时要向客人表示歉意
电话总机服务礼仪	①迅速接听 ②热情问候 ③报酒店名称 ④待客人先放电话 ⑤迅速转接电话 ⑥客人不在，主动询问客人是否需要留言 ⑦认真记录并及时转达电话留言 ⑧准时提供叫醒服务 ⑨不能随便把客人的信息转告他人
结账送别礼仪	①当场核对 ②准确无误 ③迅速办理 ④价格折扣政策要认真主动执行 ⑤不能满足客人时，要耐心解释并表示歉意 ⑥微笑送别

图 5-1　行李服务礼仪

图 5-2　总台接待服务礼仪

小贴士：酒店前厅服务忌语

（1）不是不给您订，真的没房了。
（2）您预订房间了吗？
（3）谁说的？不可能吧。
（4）是不是您记错了。
（5）房间都住满了，您到其他酒店看看吧。
（6）对不起，我没这个权力。
（7）对不起，这不是我的职责范围。
（8）现在都这个价，是最低的了。
（9）主管不在，有事您说吧。
（10）我们不提供这项服务，您找 × × 部吧！
（11）看公园的房间没有了，您将就住一下吧。
（12）无烟房、有烟房没多大区别。
（13）对不起，我不知道。
（14）就剩下这种房型了，您看着办吧！
（15）我们发过通知，您应当知道。
（16）行李员都很忙，您先等一会儿吧！
（17）房间还没打扫好，您再等 20min 吧。
（18）必须每个人都登记。
（19）说慢点，我没听清。
（20）你到底找谁？
（21）你姓什么？
（22）大点声。
（23）好了，好了，知道了，再见。
（24）我们不可能什么事都知道。
（25）刚查完，怎么又查？
（26）他们早就订了，您订晚了。
（27）我们也没办法了，要不就这样吧。
（28）可是这登记的是您消费了。
（29）不行，这样的卡不能用。
（30）对不起，不是协议客户不打折。

任务训练

训练情境	无锡灵山景区的王总今天要会见来自日本博山公司的成田先生，你作为灵山景区前台的接待人员应如何接待客人	
训练任务	1. 商讨这一情境中的人员都应该注意哪些礼仪？怎样做才是这一场景中正确的礼仪规范 2. 进行现场模拟练习	
训练步骤	训练内容	补充说明
步骤一	以小组为单位，研读训练情境，明确训练目的，清晰训练任务	五人一组进行训练，确定小组负责人，由负责人交流训练情况
步骤二	小组研讨完成训练任务，并确定模拟表演角色	
步骤三	各小组长代表小组交流小组商讨结论	
步骤四	小组进行现场模拟	由教师指定小组表演，其他同学观看并做好记录
步骤五	观看同学就表演同学在情境中的表现进行点评	
步骤六	教师点评	

任务拓展

客人被车门夹伤之后

某现代化大都市，春光明媚，鲜花盛开，整座城市被装饰得流光溢彩。市里正在举行各种各样的宴会和庆典活动，市里各大饭店也挤满了身着盛装的绅男淑女。在当地一流的大饭店门前豪华轿车川流不息。饭店贵客H太太乘上一辆奔驰车，当门卫推上车门时，只听H太太“啊哟”一声，门童忙把门打开，可已经来不及了，H太太的手指被门夹了一下，而且伤得很厉害。“你是怎么关的门?”H太太怒气冲冲地责问门童。“对不起，夫人！可我是看您落座后才关的门。”门卫解释说。“你还强辩！”H太太更是怒不可遏。于是双方发生了一场争执……

议一议：客人受伤后，门童应该怎样应对?

任务二

餐饮服务礼仪

任务目标

1. 掌握餐厅服务人员职业形象要求
2. 掌握餐饮部各岗位服务礼仪标准

任务实施

现代社会餐饮服务业日益发展，人们与餐饮业的联系越来越多，对服务水平的要求越来越高，餐饮业的服务礼仪是服务质量、服务态度的直接表现，其中餐厅服务水平更是餐饮业服务水平的缩影，讲究礼仪更为重要。餐厅的服务礼仪主要由领台、值台、账台、走菜、厨台等服务礼仪构成。

知识点 1　餐厅服务人员素质要求

1. 热情诚恳的性格、友善的服务态度

餐厅除了销售提供的食物、饮品外，更需将优质的服务奉献给宾客。因此，餐厅服务员应有“以客为尊”“顾客至上”的观念。友善的服务态度与亲和力是服务顾客所必须具备的，可以拉近顾客与服务员间的距离。

餐厅服务员应具有热情诚恳待人的工作热情，能以亲切自然的微笑和诚恳的态度接待每一位顾客，并时常设身处地为顾客着想，让顾客享受宾至如归的气氛。

2. 良好的沟通能力与专业的推销技能

餐厅服务员是餐厅直接接触顾客的人。不同的顾客有不同的消费习惯，对于顾客的疑问与需求，服务员要通过灵活的说话方式与技巧提出独到的见解，让顾客信服，以促使服务工作顺利进行。

活泼得体的肢体动作是一种无声的沟通语言，它能排除地域以及文化的差异，成为无国界的沟通语言。适时灵活地运用肢体动作，有可能因为一个微笑、一个手部小动作、一次专业的桌边服务而拉近与顾客间的距离，建立餐厅与顾客间的良好关系。

3. 相应的知识素质，勤于学习的上进心

餐厅服务员不是简单的体力劳动者，需要有相应的知识素质，勤于学习的上进心。社会在进步、技术在发展，需要餐厅服务员不断地学习。不仅要学习餐饮专业知识、顾客心理学知识，而且要学习计算机相关知识，有的还需学习外语。因为点菜开单已不再用手写方式，而是用计算机实现，各种餐饮机械设备的操作也需要有一定知识的人员。

4. 主动负责的精神，不怕吃苦的顽强毅力

餐厅服务员需要有主动负责的精神，要有一双敏锐的眼睛，而不应“熟视无睹”。只要见到顾客有需要服务的动作，即应主动上前服务。主动、积极的服务态度是一位优秀服务员精神面貌的体现。

餐厅服务员的工作负荷量一般较大，除了接触不同类型的顾客外，往往 8 小时工作时间皆要站立或四处走动，较之办公室内的事务性工作要耗费更多的精神与力气。因此，拥有较强的身体与心理素质，对于餐厅服务员是绝对必要的。更重要的是要有责任心，不惧怕困难，有耐心、有毅力，努力完成工作任务，这是餐厅服务员应有的品格。

知识点 2　餐厅服务人员礼貌用语

餐厅服务员必须遵守的礼仪：餐厅是宾客的用餐场所，餐厅服务员不但要掌握业务技能，还要遵守服务中的各种礼仪，使宾客不但吃得饱，还要吃得愉快。

（1）笑脸迎宾客，自然大方并亲切问候：“您好，欢迎光临！请问一共几位？”如果是男女结伴而来，应先问候女宾，再问候男宾。对老幼残宾客，应主动上前照料。

（2）根据宾客的不同情况把他们引入座位，如重要宾客光临，应把他们引领到餐厅中最好的位置；夫妇、情侣就餐，应把他们引领到安静的角落位置；全家、亲朋好友聚餐，应把他们引领到餐厅中央的位置；对老幼残宾客应把他们安排在出入比较方便的位置。

安排座位应尽量满足宾客的要求，如果该座位已经被先到的宾客占用，服务员应解释致歉，求得谅解，推荐其他令宾客较满意的座位。

（3）宾客走近餐桌，服务员应按先女宾后男宾，先主宾后一般宾客的顺序用双手拉开椅子，招呼宾客入座；宾客屈膝入座的同时，轻轻推上座椅，使宾客坐好、坐稳。

（4）给宾客送上茶水，切忌用手接触茶杯杯口。适时主动恭敬地递上菜单，不能随意将菜单扔在桌上。顾客点菜时要耐心等候，不能催促，让宾客有考虑的时间。点菜时，拿好纸、笔随时记录。例如：宾客犹豫不决，服务员应当好参谋，热情介绍菜肴品种和特色。应注意语言艺术，礼貌委婉，不要勉强或硬性推荐，以免引起宾客反感。例如：宾客点的菜已经无货供应，应礼貌致歉，求得谅解，再如：宾客点的菜，菜单上没有，不要拒绝，可以说："请允许我与厨师商量一下，尽量满足您的要求。"宾客点菜时，服务员应面带笑容，上半身略微前倾，身体不能靠在餐桌边，不能把手放在餐桌上，要认真倾听，准确记录，避免出错。

（5）有儿童就餐，可给儿童加上小凳，方便儿童入座。

（6）宾客不慎掉落餐具，应迅速为其更换干净的餐具，不能在宾客面前一擦了事。

（7）宾客的电话，应走近宾客轻唤，不能在远处高喊。

（8）工作中必须随时应答宾客的召唤，不能擅离岗位或与他人聊天。

（9）宾客斟酒上菜要讲究程序。上菜时手指不能碰及菜肴，每上一道菜要报菜名，简要介绍其特色，说话时不能唾沫四溅。斟酒时手指不能触摸酒杯杯口，应按酒的不同种类决定斟酒的程度。倒香槟或冰镇饮料时，酒瓶应用餐巾包好，以免酒水滴落到宾客身上。

（10）宾客吸烟，应主动上前点火。宾客的物品不慎落到地上，应主动上前帮助拾起，双手捧上。

（11）宾客应一视同仁，生意不论大小都应服务周到。逢年过节，要对每一位宾客致以节日的问候。

（12）在全部宾客离去后，再进行清扫，不能操之过急。

（13）结账时，应把账单放在托盘中，正面朝下递给宾客。宾客付账后，要致谢。宾客起身后，服务员应拉开座椅，并提醒宾客不要忘记随身携带的物品。帮助宾客穿大衣戴帽子，在餐厅门口与宾客友好话别："再见，欢迎您再次光临。"

（14）餐厅服务员要与食物、餐具打交道，所以要对服务员的个人卫生严格要求。应穿着干净整洁的制服，勤洗澡，勤理发，勤剪指甲，勤刮胡须，勤刷牙，勤洗手，不佩戴首饰，不浓妆艳抹，不梳披肩发。在宾客面前不掏耳朵，不剔牙，不抓头发，不打哈欠，不掏鼻孔。不得已要打喷嚏、咳嗽，应背转身体，用手帕遮住口鼻，并向宾客致歉。工作前不吃有刺激气味的食品。

案例 5-2

无缺点服务与补位服务

广东胜利宾馆坐落在广州沙面大名鼎鼎的白天鹅宾馆后面，其点心部被评为全国旅游系统先进集体。宾馆点心品种多、质量好，一百多种早点全部标准化制作，色、味、形均不走样。然而最使客人钦佩的，还是宾馆那天衣无缝的服务。日本人创造了“无缺点产品”，而在这里客人体验到了“无缺点服务”。坐下就餐的时间，餐厅服务有条不紊，滴水不漏，很难“挑剔”出一项差错。

服务员个个精神饱满，聚精会神，托盘不离手，不停地穿梭于餐桌之间，目光不停地巡视环顾，绝不遗漏一点服务细节。餐桌上的烟缸有两个烟头必定换，既不会一个烟头就换，也从不超过两个烟头。客人喝了一口茶，马上会上来给你沏满，柔声传语“请用茶”，吃包子刚剥下粘在包子下的垫纸，服务员会迅速地用镊子悄然取走，客人刚从烟盒里取出一支烟，打火机已在面前点燃……服务员并不是围站在身边使人感到不自在，感到厌烦，而是当客人需要服务和应该服务的时候，服务员总是能够适时出现，这真是“奇迹”。

全店餐厅 280 个餐位，在管理上划分为四个区，每个区仅由三名服务员负责。要使服务准确、及时、到位，很重要的一点就是“补位”。在这里有三重补位：一是 3 名服务员在服务责任区互相补位，不停走动，不停观察；二是 3 人中有一人需兼顾周围其他区内的服务，以弥补邻区可能因忙碌而出现的疏漏；三是领班、主管和部门经理各级管理人员的补位。管理人员主要从事现场管理，并不确定具体的岗位，但对现场服务也必须及时补位。发生问题绝不暴露在客人面前，而是由管理人员无声无息地抢先补位满足客人需要。事后记下来，在以后的班前会和班后会上找出症结，提出解决方案。

胜利宾馆招聘服务员有一个信条，那就是素质第一。他们认为客人来店首先是享受服务，而不是来“选美”。若服务员相貌虽然漂亮，但冷漠、懒惰、服务态度差，是不会受欢迎的。因此，招工时在符合身高、体重、体形和相貌等基本身体条件下，着重看其道德修养，并通过 3 个月的试用期来观察员工素质水平，最终是否签录用合同需征得一线部门经理的同意。胜利宾馆依靠传统作风、严格制度、感情管理和素质选拔这四条，产生了凝聚力，提供了无缺点服务与补位服务，同时也取得了可观的经济效益。

（资料来源：王大悟. 酒店管理 180 个案例品析 [M]. 北京：中国旅游出版社，2012.）

工作任务单

任务实施内容	操作标准
仪容仪表礼仪	头发，如下： ①保持头发清洁，经常洗头发 ②前发不可遮及眼睛，发式不可吹得过于夸张 ③男员工长发侧面不可以盖过耳部 ④女员工穿制服时，头发必须束起，发夹必须为黑色 鼻：经常留意及修剪鼻毛 胡须：男员工不准留胡须，并且每天必须剃胡须 指甲，如下： ①所有指甲应短而干净 ②女员工不能涂色彩艳丽的指甲油 首饰，如下： ①女员工不可佩戴垂下来或夸张的耳环 ②项链不可露出制服外 ③不能佩戴任何质地的戒指和手链，以免影响食物卫生 鞋袜，如下： ①袜子必须为黑色 ②必须穿着由酒店发给的工鞋或皮鞋上班 工牌：必须佩戴工牌上班 服装：必须穿着干净制服上班，且穿着整齐。上班时，必须戴工作帽；必须系围裙及佩戴净布
领台服务礼仪	领台服务人员包括门卫礼仪服务人员和引领服务人员，如下： ①领台服务人员营业前一定要了解本店的概况和当天预约的客人情况，做好仪容、仪表和精神准备，营业前站在餐厅门口两侧或里面，便于环顾四周位置，等待迎接客人 ②客人到来时要热情相迎，主动问候。在客人左前方 1m 处引领客人，问清是否预约、几位，然后把客人引到合适的座位。这主要根据客人的身份、年龄等来判定。宾客就餐完毕离开时，要有礼貌地欢送，并致告别语，目送宾客离开
值台服务礼仪	值台人员服务礼仪主要包括开菜、点菜、斟酒、派菜、分菜时的服务礼仪，如下： ①客人被引到餐桌前，要主动问好，并给客人拉椅让座，递香巾。递香巾时，可双手捏住香巾并递到客人面前，也可用不锈钢夹夹起香巾送给客人 ②客人如点饮料，饮料应放在客人的右侧，然后打开饮料瓶盖。同时，需注意要用右手握瓶，露出商标，左手托瓶子上端，将饮料徐徐倒入饮料杯中，不宜倒得太满，也不可倒得太快。拉开易拉罐时，不要将罐口冲向客人，如客人没点饮料，则一定要上茶，茶杯放在垫盘上，轻轻放于桌上，把茶杯把手转向客人右手方向 ③客人如预先没有点菜，值台服务人员要站在主宾的左侧，躬身双手将菜单递上，请客人点菜。点菜时，可适当地向客人推荐本店名菜。菜单一般先递给主宾、女宾或者长者。点好的菜名应准确迅速地记在菜单上，一式两份，一份送给厨台值班，一份送给账台买单 ④快开席时，值台服务人员应将主宾、主人的口布从水杯内取出递给他们围上，从第一道菜开始，值台服务员应为客人斟上第一杯酒。斟酒、分类的顺序是：男主宾、女主宾，从正主位左侧开始，按顺时针方向逐位斟酒，最后再斟主位。当主人、主宾祝酒、讲话时，服务员应停止一切活动，站一适当位置。斟酒时，应先斟烈性酒，后是果酒、啤酒、汽水饮料

续表

任务实施内容	操作标准
值台服务礼仪	⑤服务人员在斟酒、上菜、分菜时，左臂应搭一块干净餐巾，以备擦酒滴、饮料滴等用，但不可擦自己的手。斟酒时，一般右手拿酒瓶，左手拿杯徐徐倒入，特别是啤酒，开始倒要把瓶口放到杯的正中内快点倒入，一面倒，一面把瓶口慢慢移向杯边，而且倒得速度也由快变慢，以防啤酒的泡沫上升溢杯。啤酒倒好一般以七分液体，二分泡沫为好
走菜服务礼仪	走菜主要指上菜、端菜、撤换餐具，如下： ①上菜，一般在 10min 内把凉菜送上台，20min 内把热菜送上台。上菜要求快，特别是午餐。主食由服务员用右手放于客人的左侧。最后一道菜是汤，饭后上茶 上菜时动作要轻、稳，看准方向，摆放平稳，不可碰倒酒杯餐具等。上菜还要讲究艺术。服务员要根据菜的不同颜色摆成协调的图案。凡是花式冷盘，如孔雀、凤凰等冷盘以及整鸡、鸭、鱼的头部要朝着主宾。上好菜后，服务员退后一步，站稳后报上菜名 ②端菜一定要用托盘，不可用手直接端拿，更不允许大拇指按住盘边或插入盘内。端菜的姿态是既稳又美，具体要求是用五指和手掌托起，托盘不过耳，托盘不能太低，托盘边太靠近于耳及头发是不雅的，重托时可用另一只手扶着托盘 ③撤换餐具时要先征得客人同意。撤换时一定要小心，不可弄倒其他新上的菜、汤。撤换的餐具要从一般客人的右侧平端出去。如果菜汤不小心洒在同性客人的身上，可亲自为其揩净，如洒在异性客人身上，则只可递上毛巾，并表示歉意
账台服务礼仪	主要包括收款、买单、转账时的礼仪，如下： ①买单，当把客人用餐的细目送到收款台后，账台服务人员一定要准确、迅速地把食品的单价标上，一并合计好用款总数。合计好后，在客人用毕主餐饮茶时，由值台服务员用托盘将账单送到客人面前，并且应站到负责买单客人的右后侧，轻声告之，然后用钱夹把钱放进托盘送回账台，并把找回的余款送到买单客人面前，叙说清楚 ②如客人用电子支付转账，一定请客人签字。账台服务人员一般正坐在账台内，可戴两只套袖。坐姿要娴雅、自如、端庄、大方，面带微笑
厨台服务礼仪	上岗前首先要整理工作环境卫生和个人卫生。厨台卫生主要包括：厨台、砧板、刀、地面和墙壁卫生。厨台要清洁、整齐、美观。服务员要彻底洗手，梳理头发，整理面容，戴上工作帽，穿上白上衣，系上围裙，工作服一定要清洁。在操作时，一定要养成良好的卫生习惯，如不用袖子擦脸、擦汗，不能在工作现场打喷嚏等，也不允许边操作、边吸烟等

小贴士：餐饮服务忌语

（1）客人到时，不能面无表情地大声说：“欢迎光临。”

（2）客人到时，不能直接对客人说：“要吃饭吗？你们一共几个人？”

（3）当查询不到客人预定的餐位时，不能直接说：“你没有预定。”

（4）当引领客人到餐位时，不能生硬地说：“坐这张桌子吧。”

（5）当餐厅的餐位已满座时，不能对后来的客人说：“没有座位了，你再等会儿。”

（6）自助餐迎宾应向客人介绍吸烟区和无烟区的区别，不能简单地问客人：“你吸不吸烟？”

（7）迎宾员带客时，不能直接说："你有没有订餐?"
（8）不能催促客人点菜说："可以点菜了吗?"或站在客人身边生硬地说："请点菜。"
（9）询问客人喝茶水时，不能简单地询问客人说："你喝什么茶?"
（10）为客人点菜时，不能简单地问："你想吃什么?"
（11）当客人询问特色菜时，不能讲："菜牌上都有，你自己看吧。"
（12）为客人点酒水时，应主动介绍，不能简单询问："你喝什么酒水?"或"酒水牌上有。"
（13）当客人点了菜牌上没有的菜品时，不能直接讲："我们没有这道菜。"或"我们不做这道菜。"
（14）当客人点了已沽清的菜时，不能直接对客人讲："今天没有这道菜。"或"这道菜卖完了。"
（15）当客人点了酒水牌上没有的酒水、饮料时，不能直接对客人说："我们没有这种酒。"
（16）当客人点主食时，不能向客人说："要什么饭?"
（17）客人走晚时，不应该催促客人或说"你怎么还不走?"等类似的话。
（18）在客人不清楚自己的桌号时，不能直接对客人说："你先去看一下您的桌号吧！"
（19）在看到客人招手时，不能直接上前问："您有什么事?"或"有事吗?"
（20）在客人身体不佳表示慰问时，不能讲："您有病?"

任务训练

训练情境	你作为总经理秘书要为总经理和合作伙伴安排一场中餐宴会，应如何安排座席	
训练任务	1. 商讨这一情境中 10 人餐桌的出席人员有哪些，在席位安排上应该注意哪些礼仪，怎样做才是这一场景中正确的礼仪规范 2. 进行现场模拟练习	
训练步骤	训练内容	补充说明
步骤一	以小组为单位，研读训练情境，明确训练目的，清晰训练任务	五人一组进行训练，确定小组负责人，由负责人交流训练情况
步骤二	小组研讨完成训练任务，并确定模拟表演角色	
步骤三	各小组长代表小组交流小组商讨结论	
步骤四	小组进行现场模拟	由教师指定小组表演，其他同学观看并做好记录
步骤五	观看同学就表演同学在情境中的表现进行点评	
步骤六	教师点评	

任务拓展

景泰蓝食筷

在一家五星级酒店的中餐厅里，正是中午时分，用餐的客人很多，服务员小姐忙碌地在餐台间穿梭着。

有一桌的客人其中一位在用完餐后，顺手将自己用过的一双精美的景泰蓝食筷放入了随身带的皮包里。服务员在一旁将此景看在眼里……

议一议：作为服务员看到这种情况应该怎么做呢？

任务三

导游服务礼仪

任务目标

1. 掌握导游各流程服务礼仪标准
2. 能灵活应对咨询和投诉

任务实施

案例 5-3

形象代表有失“形象”

时逢炎夏，学生们又开始了愉快的假期，师大附中的夏令营活动也开始了。在马老师的带领下，第一站到了南京的中山陵。同学们怀着对孙中山先生的尊敬之情走进了景区。许多同学一边听着导游讲解，一边在小本子上做着记录。马老师看在眼里，不由得为同学们的表现而高兴。

突然，马老师眉头紧锁，什么原因让他的情绪发生了突变呢？原来，由于南京连日的高温，今天最高温度达到了36℃，许多人被炎热的天气折磨得透不过气来。而马老师发现，为游客提供服务的导游员们所穿的服装更是五花八门，有长衫、有短裙……真可谓是“导游服装大荟萃”。只见一位男导游员，身着裸露双臂的大背心和休闲裤，脚下穿一双拖鞋，脖子上挂着一条毛巾。从这位男导游身边过去的游客，都不经意地回头看看，就像看一个“很有吸引力的景点”。一些外国游客还停下脚步，拍下了照片。马老师此时再也看不下去了，趁男导游休息的空当，把刚才所见告诉了他。小伙子很不好意思，诚恳地接受了马老师的建议。接着，马老师跟上同学们的队伍，发现在他旁边还有一位女导游，一只手用小扇子扇着风，一只手打着太阳伞，身上穿的更是“通透”，一层薄纱下面的吊带小衫看得清清楚楚，无奈的马老师只能摇摇头。

马老师一行的游览活动结束了，但此事并没有结束。在网络上出现了那位赤膊导游员的照片，《男导游不重自身形象》这一标题，点击率位列前茅。为此，这位导游员受到了旅行社的处罚，并在整个行业掀起了一股争当文明导游员的热潮。许多旅行社为了给游客留下好的印象，还为所有的导游员定做了合体的制服，以保证导游员都能以最佳形象接待八方游客。

（资料来源：李娌，王哲．导游服务案例精选解析［M］．北京：旅游教育出版社，2009.）

知识点1 客人入住的工作流程

（1）到达酒店后，协助客人登记入住，并借机熟悉客人情况。随后，将每个客人安排妥帖，协助配合饭店行李员将客人行李分送到每一位客人的房间。若游客客房存在问题，导游员应及时协助处理，使旅客住得安全舒适。

（2）客人进房前先简单介绍游程安排，并宣布第二天日程细节。第二天活动如安排时间较早，应通知总台提供团队客人的叫早服务，并记住团员所住房号，再一次与领队进行细节问题的沟通协调。

（3）询问客人的健康状况，如团队客人中有身体不适者，首先应表示关心，若需要应想办法为客人提供必要的药物，进行预防或治疗，以保证第二天游程计划的顺利实施。

（4）与客人告别，并将自己的房间号码告知客人，不可久留。

知识点2 导游讲解技巧

出色的讲解不光要考虑讲述的内容，也要注重表达的方式。景区导游在讲解服务中要用具有活力的语言打动人心，引起旅游者的共鸣。

1．情感丰富，有感染力

首先，需要景区导游员出自内心情感的迸发，从而才能将自己对美的理解正确传递给游客。所以，比起景区其他一线岗位的工作人员来说，景区导游的培训时间可能是最长的，对导游词的死记硬背是不够的，而将自己融入角色，深刻理解景区的文化和美，才是最重要的。

其次，景区导游在与游客短时间的接触中，就要求能把握游客的情绪和心理动态，能把握好机会，调动游客的情感，把讲解推向高潮。

2. 条理清晰、通俗易懂

讲解时，要根据游览顺序和游客的接受程度循序渐进地从一个方向介绍到另一个方向，景点与景点之间要有自然的过渡，不要跳跃式讲解，而是让游客慢慢地进入角色，可以采用语言上的引导，也可以灵活地运用身体语言。例如："这里不仅有迷人的山光水色，还有众多的名胜古迹""请大家顺着我的手指看，前面就是象鼻山"……这样一来，游客自始至终都会感觉仿佛在听一曲流畅的音乐，在看一幅连绵的画卷，思绪清晰，游兴大增。

同时，要使用通俗易懂的语言，忌用生僻词汇和歧义语。尽量口语化，少用结构复杂的长句，多用短句。

3. 善于创新，灵活使用多种讲解方法

导游讲解要脱颖而出，关键在于构思新颖、富有创意、与众不同。在整篇导游词的安排上，要精心构思，将各个部分有机结合起来，就像把一些闪亮的珍珠通过精心构思这条细线串成一条美丽的项链。

必须讲究讲解的技巧，灵活使用多种方式方法，如分段讲解法、突出重点法、触景生情法、虚实结合法、问答法、设置悬念法、类比法、画龙点睛法、由点及面法、联想法等。当然，景区导游员应根据景区自身游览特色和自己的表达习惯，创立适合的讲解方法。

4. 形象生动，富有趣味性

生动的讲解为景区增色，从而使景点、景物在游客心中活起来。景区导游员应力求使用形象化的语言，要增加讲解的趣味性，用生动的比喻让游客更容易理解自己讲解的内容。很多时候，幽默感也是不可或缺的。

案例 5-4

幽默语言在导游过程中的正确应用

一位到中国观光旅游的欧洲年轻漂亮姑娘，在上海参观植物园时，因不小心被树枝钩破了心爱的上衣，她顿时傻了眼，不一会儿眼泪就流了出来。其他游客见状围拢上来纷纷劝慰，但效果不大。这时，导游员走上前笑眯眯地说："年轻漂亮的小姐您可别生气呀，上海植物园是位多情的白马王子，他见您是那么的美丽动人，想多看您一眼，想留住您，这是在拉住您不要匆忙离开他。"话音刚落，周围游客都会心地笑了，那位年轻的姑娘也转忧为喜，人们沉浸在一片欢乐之中。而另一团队的一位女游客在景区游览时，钱包不慎被偷，她游兴大减，坐在凉亭中生闷气。这时，导游员笑嘻嘻地上前对她说："梁上君子和你闹着玩呢，这是一种爱的表现。"女士听后显得非常不悦，在座的游客也十分尴尬。

（资料来源：王昆欣．旅游景区服务与管理案例［M］．北京：旅游教育出版社，2008．）

知识点 3 咨询服务礼仪规范

从咨询途径上来说，可以分为电话咨询、网络咨询和当面咨询。

接受电话预订时，应遵循相应的商务电话礼仪，语音亲切和蔼，使用标准普通话和礼貌用语。

负责网络咨询的工作者，应该看懂和使用一些网络常用语，增加亲切感。

接受游客当面咨询时，应做到有问必答，语言简明易懂，同时应实事求是，不夸大吹好。

负责接待咨询的工作人员，应掌握多方面知识，除了景区本身的游览内容外，还应了解景区所在地的旅游信息，以便在游客询问当地交通或餐饮特色等方面做出详细答复。

对于无法答复的问题，应该向游客表示歉意，不能简单地说“不知道”，更不能给游客脸色看、表示不耐烦。

案例 5-5

接线员良好的服务态度吸引了客人

“五一”黄金周马上来了，忙碌了几个月的小张，想要找个旅游景区休闲放松一下。网友给他提供了几个景区的咨询电话。于是，他首先拨打了网友推荐较好的一个集休闲、度假、娱乐为一体的A景区。电话铃响过五六声后，传来了服务人员急促而又低沉的声音：“您好，A旅游景区。”

“您好，我是上海的一名游客，想在黄金周期间去你们景区游玩，可否咨询一下你们黄金周期间推出了哪些特殊的优惠活动?”

“对不起，我们这里黄金周期间没有优惠活动。”

“那有没有增加一些特色旅游活动?”

“请问您是一日游还是度假游?”

“什么意思?”小张有些疑问。

“如果是度假游，晚上我们景区会有大型的篝火晚会，但是我们这里接待中心客房非常紧张，如果是一日游，没有增添旅游活动。”

“那就是说我要度假游的话也不一定有地儿住，是吗?”

“是的。我不敢保证。”

“噢，谢谢。”

“再见。”服务人员急不可待地挂了电话。

小张对A景区的满腔希望破灭了，于是，他拨打了另外一个景区的服务电话，优美的音乐过后，传来了服务人员甜美的声音：“您好，这里是B旅游景区，很高兴为您服务。”

小张听到后心里略有些温暖，马上把刚才的问题重新问了一遍。

服务人员回答："对不起，我们这里黄金周期间没有优惠活动。但是黄金周期间我们景区增添了许多新的活动项目会对游客开放，晚上有歌舞联谊会，门票价格不会上涨。"

"是吗？那住宿紧不紧张？"

"有些紧张，请问您打算几号来？"

"这有什么不同吗？"小张问。

"如果您是3号来，我们的接待住宿有房间。"

"是这样啊。我3号来也没关系的。"

"那我帮您把3号的房间定下来吧。"

"好的，谢谢了。"

"请您把您的联系方式告诉我，如果您改变了主意，也请提前打电话告诉我，好吗？"

"好的，没问题。"小张愉快地把联系方式告诉了对方。

放下电话，小张看看剩下的几个景区，心想没必要再打电话了，因为经过两个景区电话服务的比较，他相信B景区的服务肯定是好的。因为他想要的就是一个良好的服务环境，一个可以让自己尽情放松的环境。

事实上，小张在B景区的体验也正是如此。

（资料来源：王昆欣．旅游景区服务与管理案例［M］．北京：旅游教育出版社，2008．）

知识点4 投诉受理服务技巧

我国的旅游业仍处在快速发展之中，旅游景区软硬件水平还不能完全跟上旅游者的需求，服务中出现了一些差强人意的现象，引起游客不满，这是事实，无须回避，应该勇于承认不足，努力改善，塑造旅游目的地或旅游企业形象。而认真对待游客的投诉从根本上是有利于旅游景区发展的，投诉的受理结果有时也能改变在游客心中造成的印象，最终能成为旅游景区建立诚信的契机。

投诉受理的工作人员应与景区其他工作人员一样，统一着装，甚至其工作服装从规格上应高于一般工作人员，从而在心理上给予游客一定的信赖感。

以换位思考的方式去理解游客，满怀诚意帮助客人，当游客情绪激动时，应先安抚客人，此时不与游客争辩，礼貌待客，如请游客坐下、为游客泡茶，以缓解游客情绪。

注意询问技巧，认真分析问题所在，不以个人情绪干扰判断。

控制事态进一步发展，迅速思考解决方案，并充分征询游客意见，如游客不同意所提方案，可以进一步询问"您希望我们怎么做？"如果游客在情绪影响下提出一些不合理要求，应沉着应对，最好用幽默的方法化解尴尬，让游客回到理性的解决途径上来。

工作任务单

任务实施内容	操作标准
准备工作	①导游员的服装应简洁、整齐、大方，不能过分华丽，一般应选择休闲装、运动装、工作服、各式便装，但必须注意着装的一些基本原则和各式服装的穿着禁忌，如女性不宜穿过短或过长的裙子，也不可化浓妆。夏季男性不能穿圆领汗衫、短裤等。在导游服务过程中，需佩戴导游证、旅行社工牌等 ②准备好导游图册、宣传资料和纪念品。熟悉景点导游词，掌握近期景区变化以便及时调整讲解 ③如果有条件，可以事先熟悉游客情况，针对性地做一些讲解内容的变化，如游客有特殊习俗或宗教信仰，应针对性地做一些准备工作，避免尴尬局面的出现
入住服务流程	①预约：有事到客人房间要预约，并准时到达。尊重客人的作息习惯，尽量避免在休息时间或深夜打扰对方，因急事需要见面又未经约定前去打搅时，应先表示歉意，说明打搅的原因，并及早离开；除特殊情况外，一般不要站在房间门口与客人谈日程；事先没有约定的谈话，时间一定要短 ②敲门：进门前要先敲门，经允许后方可进入 ③不单独去异性房间：不要随意去客人的房间，尽量不要单独去异性客人的房间，如果情况需要，进房后门要半掩着 ④不随意乱动：在室内，未经主人同意，即使是较熟悉的朋友，也不要随意触动、翻看客人的物品、书籍等。有事到客人的房间，在客人没有示意请坐时，一般不要自己先坐下再说，更不要坐在客人的床上，尽量不要使用客人房间的卫生间
导游讲解礼仪	①服务规范：口齿清晰，语音标准，措辞恰当，逻辑性强。内容要健康、规范，不要掺杂道听途说、封建迷信、低级庸俗的内容 ②流程正确：严格按照导游服务的流程工作。进入景区前可先向游客介绍景区的整体情况，要告知本次游览的线路和参观游览的注意事项，进入景区后，具体景点的讲解必须完整到位，不擅自删减景点内容，不擅自终止讲解或游而不导 ③针对性讲解：在保证讲解内容规范准确的基础上，景区导游还应注意适当调整讲解内容，使之富于变化，针对客人性别、年龄、地域、文化背景、性格特点等因素灵活地进行服务 ④注重细节：应注意尊重游客的宗教、民族风俗和生活习惯，主动运用他们的礼节和语言，通过这些细节行为表示对他们的友好尊重
咨询服务礼仪	①电话咨询：电话响铃三声内应该接听，统一使用问候语，如“您好，××景区”“您好，××部门”。对方挂电话后或五秒无应答，方可挂电话，遇到节假日，可以在电话中增加节日的问候 ②网络咨询：打字迅速，回复内容准确 ③当面咨询：应面带微笑，平视对方，目光亲切友善。主动问好，游客提问时，专心倾听，使用普通话耐心解答
投诉受理礼仪	①投诉受理的工作人员应举止文明，热情、耐心接待游客，认真倾听事由，认真记录，不简单粗暴地加以判断。不推脱，严禁拒绝受理投诉，更不能与游客再次发生争吵 ②受理投诉事件，要表示出解决的诚意和工作效率，能够现场解决的，及时进行解决。不能马上解决的，应进行上报，并耐心向游客解释原因，积极跟进，一有结果及时通报，事后要做好回访，积极感谢游客的批评指正

任务拓展

“嫦娥奔月”图

一次，导游员王力接待一个美国旅游团，在旅游商店看到一位美国游客在看一幅《嫦娥奔月》的国画，并在考虑是否要购买，王力便走上前去，向他介绍中国国画的艺术和与之相关的背景知识，客人很感兴趣。最后，王力告诉这位美国游客，在华盛顿的宇航馆里也有一幅《嫦娥奔月》图，图旁的说明是：“在人类历史上，是谁第一个有到月亮上去的想法？是中国古代的嫦娥女士……”这位美国游客非常感谢王力的帮助，终于买下了这幅“嫦娥奔月”的国画。

议一议：导游在介绍纪念品时有哪些技巧？

任务四

展会服务礼仪

任务目标

1. 掌握展会场所布置的基本技巧
2. 掌握展会的服务流程

任务实施

展览会是展出物品供人参观、欣赏的集会或机构。展览会又称博览会、展销会、博览展销会、看样订货会、展览交流会、交易会及展示会等。博览会是指规模庞大、内容广泛、展出者和参观者众多的展览会。一般认为博览会是高档次的，对社会、文化以及经济的发展能产生影响并起到促进作用。

知识点 1 展览会场所的布置的具体方法

展品是展台中心最重要的组成部分，是展台工作的基础条件。展品对展示效果和展出效果有着重要作用和意义。

（1）在来宾入口、饭店大堂或是会议主席台上方悬挂横幅或布置拱门，以作欢迎和明示主题之用。

（2）在饭店内放置指示牌，以方便来宾迅速找到会展场所的位置，往往周到的细节安排也会使与会者更能体会到服务的周到，指示牌也是统一整个会展的重要标识。

（3）在会展门口外侧放置礼仪花篮，在会展内侧设置签到台，抽奖箱（到会嘉宾签到后将名片投入抽奖箱，作为联谊会抽奖依据），手提袋（内装企业内刊）等。在会展场内两侧陈列产品作为展示。

（4）会展主席台后方通常会搭建起一块主题背景，上有会议主题及主办机构信息，在主席台区域搭建舞台，具体尺寸及高度视会场情况而定，主席台演讲台应置于主持人或发言人的前方，上置鲜花，前方置主办方 Logo。

（5）在 VIP 室、签到桌、餐桌及讲台等位置一般会放置鲜花，以营造优美的环境氛围；开业典礼及其他庆典往往还需要用花篮、花门等装点。

（6）比较复杂的会场往往还需要其他很多装饰及布景（例如：气球、布艺、展示制作等），这就需要根据不同的场地情况和不同的主题要求进行配置，这样可以体现大型会展的专业性，使服务更加周到和人性化。

知识点 2　展台布置的基本技巧

（1）将产品分类，统一设计布局，造出声势。集体展出尤其应当考虑按产品类别统一设计布局、布置，建立整体形象。同时，因为不同的产品有不同的客户，产品分类也有助于产品推销和贸易洽谈。

（2）从参观者角度构思、安排、布置，而不是从参展企业即卖方的角度布置产品。例如：将服装放在包装盒里陈列在展台上，还不如拍摄一张模特穿着服装有感觉的大照片挂在展台里。前者是从卖方角度布置，后者是从买方角度布置。这需要设计人员了解目标观众是谁，参展企业希望为目标观众留下什么印象，目标观众希望知道有关产品的哪些信息等。了解目标观众的兴趣有助于设计人员布置出吸引目标观众的效果，有助于产品的参展成交。

（3）突出重点展品。在一个展台里可以展示很多展品，但是对于展出者和参观者，有些展品更重要些，一般是新产品或成交额大的产品。设计人员在设计展台时要了解这一点，在设计和布置时反映出来，给予适当的位置和面积。越重要的展品应该越突出。在有些情况下，整个展台皆围绕一件突出的展品布局。

（4）显示展品特性。找出可以吸引目标观众的展品特性，不同的展品特性需要用不同的布置手法显示最佳效果。有些展品需要挂在展板上，有些需要放在地面上，有些需要玻璃柜；整个展台，有些从一面看效果好，有些从四周看效果好；有些需要近看有些需要远看。使用何种布置手法，在设计时就应予以考虑。例如：珠宝首饰，漂亮、贵重、稀少。因此，要控制数量，分散布置，使每一件都显得珍贵。非珠宝首饰，成批生产，价格低廉。因此，可以大量堆砌，以显得五彩缤纷。豪华轿车和珠宝一样，需要突出，以显示尊贵。高档服装要用模特撑着，用地毯、聚光灯衬托。

（5）将展品处于工作状态或自然状态，将产品的价值展示给其目标观众。这样能活跃气氛，更容易吸引参观者的注意，使参观者更快地了解产品的特性，从而留下更深刻的印象。一串项链挂在模型脖子上比放在盒子里更能吸引注意，更能反映其特性和价值；家用纺织品布置在居室环境里比挂在架子上更能体现其特征；机械可以演示操作，以显示其性能和作用。

（6）留有空间，不要堆积。将很多展品放得很近会大大降低影响力，降低吸引目标观众注意的可能性，降低目标观众对这些产品的记忆深度。解决办法可以是选择少数有代表性的样品布置，留出充足的空间，其他产品可通过资料介绍。

（7）立体布置，不要平面布置。在展台墙上垂直布置或在台面上平面布置展品是比较笨拙的方法。可以使用不同高度的箱子或墩子错落有致地布置展品或使用悬挂、支撑等方法造成立体布置效果。

（8）使用色彩、照明、形状等手法创造特殊的视觉效果。一些产品，如农产品、五金工具等不易布置出效果；这时可以考虑使用一些特殊方法，如大量堆放苹果或者制作一个巨大的苹果模型。

（9）借助其他方式将产品的优势反映出来。视觉交流是产品参展的基本技术之一。有些产品靠外观就能吸引人们的注意，就能使人了解产品，如首饰。但是有些产品不易通过外观反映优势，需要借助其他手法，如儿童食品。如果能配以因吃这种食品而长得健康的儿童的照片，产品的优势就被直观地反映出来了。如果是清洁剂，通过对比使用和未使用清洁剂的器具照片甚至实物，就可以直观地反映出产品的特点和优势。

（10）综合使用各种手法，全面反映展品情况。展台布置以展品为主，但要充分利用图片、说明、模型、声像设备等加强效果，全面展示展品特征、特性及有关情况。例如：展示饮料，可以考虑安排现场实物品尝，并准备小包装饮料免费散发，供参观者拿回去品尝；用地图和照片反映产地；用大彩照、幻灯、大屏幕电视反映加工过程；用图表表示不同的品种、等级的产量及市场；用样品和照片反映各种最终产品和包装等。通过这些布置手法，观众就可以全面了解饮料情况。例如：展示服装，可以考虑用商店橱窗布置方式布置展品；安排模特穿着展品表演；用剪样本显示所有使用的布料；用幻灯、录像、照片反映加工过程，如果是手工制作，可以安排实际表演；用图表反映产量及市场；用样品和照片反映包装。标准展台的布置随意性大一些，定制展台的布置一般需要设计人员的指挥、指导。集体展出时，一些参展者希望自己布置展台，组织者最好能提供统一的道具，并提出统一的布置标准和要求。

知识点 3　展览会的服务流程

1. 安排展会期间现场应急服务和增值服务

在开展期间，主要是客户的接待工作，但很多时候需要对展台进行维护和临时配置东西。业务负责人员和一到两个工人应在现场进行应急服务。从客户方来讲，他们肯定希望能够在展览期间有展览公司的人在场，并且最好是其熟悉的，能够在需要帮助时及时获得协助。客户方在现场的工作人员应该有现场服务人员的直接联系方式。增值服务方面可以很广泛，有些业务人员在现场帮助客户做接待工作，外语水平好的可以充当翻译，甚至可以帮助客户发送资料，安排客户间见面等。

2. 配合客户展品离场和现场拆除

展览结束后，应首先配合客户把展品撤离现场，再进行展位的拆除。如果客户对有些材料需再次使用的，应帮助其打包运输；如果是需要展方保存的，应提供拆装服务。

3. 退回前期预付的相关费用

完成工程后，应即时进行成本总结，向展馆或主办方退回事先预付的通信押金等费用。

4. 做好后续服务

做好后续服务是赢得回头客的重要原因。许多公司认为一些展会要间隔半年、甚至一年才举办一次，展会结束也就意味着与客户联系的中断，从而忽略了对客户的关怀。但其实客户是很脆弱的，也是很容易被他人挖走的。

展览后续服务其实很广泛，如公司可以把在展览现场的照片打印或冲洗一份送给客户（包括客户本身的和其他公司的）；为客户整理展会的会后总结；收集该行业于今后的会展信息，以方便客户选择下次参展；如果方便，可以邀请客户参观公司为其他行业客户设计的优秀展出，只要能够在合同项目列表上为客户多付出一份努力，都将为公司在下次服务中赢得优势。

工作任务单

任务实施内容	操作标准
准备工作	①明确展览会的主题，对所有展品进行有机的排列组合，充分展示展品的风采 ②搞好展览整体设计，包括展览场地、标语口号、展览标志、参展单位及项目、辅助设备相关服务部门的设置和人员安排、信息汇总的发布与媒体的联络、对工作人员的培训等，都需要全面设计，周密安排 ③组成专门的机构，专门负责新闻发布的计划，如确定发布内容、发布时机、发布形式等 ④对展览效果进行检测，如设立观众留言簿，开座谈会听取反映，检验公众对展品的留意程度等 ⑤印制好参展需要的宣传资料，包括：景点介绍、公司简介、旅游线路或其他产品。要在展销会签名处索取参展者名册、买家名录等展览会资料 ⑥提早准备正式商务信件，发给可能的买家，邀请他们在展销会期间光临展览会洽谈
现场服务	①讲解员应热情礼貌地称呼公众，讲解流畅，不用冷僻字，让公众听懂；介绍的内容要实事求是，不弄虚作假，不愚弄听众；语调清晰流畅，声音洪亮悦耳，语速适中；解说完毕，应对听众表示谢意；着装整洁大方，打扮自然得体，不要怪异和过于新奇而喧宾夺主 ②接待员站着迎接参观者时，双脚略微分开，与肩同宽，双手自然下垂或在身后交叉，这种站姿不仅大方而且有力。站立时，切勿双脚不停地移动，表现出内心的不安稳、不耐烦；也不要一只脚交叉于另一只脚前，因为这是不友善的表示 ③接待人员不可随心所欲地趴在展台上或跷着二郎腿，嚼着口香糖。接待人员随时与参观者保持一定的目光距离，目光要坚定，不可游移不定，也不可眼看别处，以表示坦然和自信 ④在展览会举办过程中，参展人员要坚守展台，切不可擅离岗位；要充分利用展览会组织者举办的各种社交活动、专题报告会、信息交流会及研讨会等，最大可能地叙旧结新，广交朋友，争取主动，推出自身形象和产品。所有参展人员要注意行为举止和穿着形象，微笑待客，要认真倾听买家提出的问题、意见，从中了解行情，搜集信息，对对方提出的有关旅游业务或其他类似产品问题，不能立即回答的，要向对方道歉，并送上小礼物，可留下其地址，以便日后答复

续表

任务实施内容	操作标准
追踪服务	展览会结束后，为做好追踪工作，可多停留一两天，以便趁热打铁，对本地客户及时追踪，并拜会新旧客户，解决在展览会期间没有来得及处理的问题。另外，及时整理参展时进行的调查，将同行组织产品行情，推销手法，不同年龄、性别、职业者的不同旅游需求的最新信息整理出来，反馈通报旅行社，应用到本旅行社的营销策略及产品开发上面

任务拓展

会展的展位是门面，企业都希望自己设计的商品能够吸引观众眼球，会展服务都希望能够让参展商在展品的展示上获得更多的市场，这其中离不开会展服务人员的引导、介绍工作。

议一议：如果你作为一位会展引导人员应做好哪些准备工作？

项目小结

本项目主要介绍了旅游行业各部门的礼仪，如前厅服务礼仪、餐饮服务礼仪、导游服务礼仪、展会服务礼仪，掌握这些礼仪才能在对客服务中显示出服务人员的文明素质和旅游行业的服务水平。

习题

一、填空题

1. 餐厅结账时，应把账单放在________，正面朝________递给宾客。
2. 导游上车清点人数时要默数，切忌________。
3. 餐饮上菜服务中，上好菜后，服务员应________，站稳后报上菜名。
4. 导游讲解时要根据________和________循序渐进地从一个方向介绍到另一个方向。
5. 在展台布置时，一个展台里可以展示很多展品，而最重要的产品一般是________或________的产品。

二、判断题

1. 行李员在陪伴客人办理入店登记手续时，应站在客人身后 1m 处，看好行李。（　　）
2. 当有访客需要拜访住店客人时，可以将住客的信息告诉访客。（　　）
3. 服务员引领客人时，一般在客人右斜前方 1.5m 处。（　　）
4. 餐饮服务人员不能佩戴任何质地的戒指和手链。（　　）

5. 酒店服务人员在走廊内遇到客人时，不必停下，向客人问好即可。 （ ）

三、简答题

1. 受理投诉时有哪些礼仪要求？

2. 导游如何在旅途中向游客树立文明榜样？

四、案例分析题

鑫盛集团将在锦华酒店举行一次行业研讨会，作为会议组织者，张先生检查会议室的布置情况。会议室原有座位46个，而会议人数则为60人，张先生发现会议室增加了椅子却未增加茶几，但服务员解释：一是会议室太小，茶几恐怕放不下；二是没有那么多茶几。事后张先生找到客房部经理才解决了茶几问题。张先生安排代表们的娱乐活动，到楼层询问服务员小赵："请问上水库风景区怎么走？"小赵抱歉地笑了笑说："对不起，先生，我不知道。"张先生扫兴地摇了摇头。

问题：如果你是该酒店的服务人员应如何回答？

6 项目六

涉外礼仪

学习目标

- 知识目标 1. 了解我国主要客源国的概况
  2. 熟悉主要客源国服饰礼仪、饮食礼仪，社交礼仪和礼仪禁忌
  3. 掌握国际交往中的禁忌
- 技能目标 1. 熟练掌握各国礼仪
  2. 能够在国际交往中运用正确的国际礼仪
- 素质目标 1. 懂礼仪，知礼仪，塑造良好的国民形象
  2. 正确掌握国际礼仪，培养良好的职业素养

关键词

- 涉外礼仪、禁忌、饮食礼仪、服饰礼仪、社交礼仪

案例导入

中国旅游研究院：2019 中国入境旅游发展报告

2015 年以来，入境旅游由此前连续 3 年的负增长转向正增长，并在此后的 4 年里连续保持小幅增长。2018 年，中国接待入境游客 1.41 亿人次，同比增长 1.2%。与此同时，入境过夜市场和外国人入境市场规模同样保持稳步扩大，2018 年，中国接待入境过夜游客 6 290 万人次，外国人入境游客 3 054 万人次，分别增长 3.6% 和 4.7%，明显高于入境旅游总人次的增速。根据中国旅游研究院（文化和旅游部数据中心）的初步预测，2019 年入境旅游将继续保持增长。

2000—2019 年，中国旅游入境变化趋势，如图 6-1 所示。

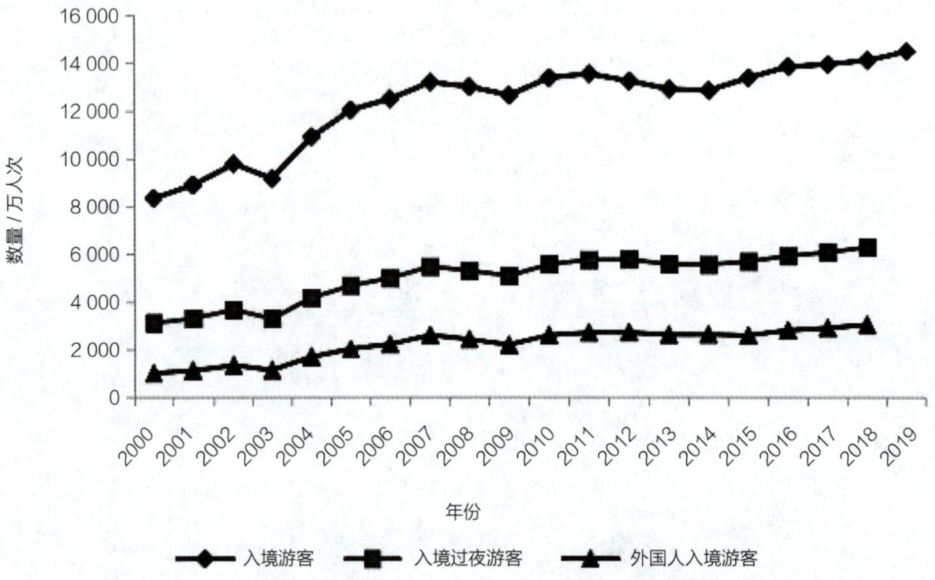

图 6-1　2000—2019 年中国旅游入境变化趋势

（资料来源：旅游经济 http: //www. 199it. com/archives/974089. html）

世界上越来越多的国家重视不断提升本国的旅游形象，并且重视与其他国家的旅游合作。众所周知，不同的国家和地区有着千差万别的礼仪规范和习俗禁忌，在与其他国家和民族的人交往时，我们需要本着“入乡问俗，入乡随俗”的原则，全面了解各国的习俗礼仪。

任务一

亚洲主要国家和地区礼仪

任务目标

1. 掌握亚洲地区主要客源国家礼仪知识
2. 能根据场合采用正确的国际礼仪

任务实施

一、韩国

韩国，首都为首尔，其官方语言为韩语。韩国的主要宗教是佛教，除此之外，也有一些人信奉儒教、天主教、圆佛教等。韩国的国歌为《爱国歌》，国鸟为喜鹊，国花为木槿花，国旗是“太极旗”。韩国的主要城市除了首都首尔外，还包括釜山、仁川、蔚山、大邱、大田、光州、水原、济州市等。韩国像其他许多国家一样，元月一日是新年开始。另外，显忠节、光复节、独立运动纪念日、开天节等都是韩国重要的节日。

知识点 1　礼仪习俗

1. 服饰礼仪

韩服是韩国的传统服装，以白色为基本色，根据季节、身份，材料、色彩都不同。女性的传统服装是短上衣和宽长的裙子；而男性则以裤子、短上衣、背心、马甲为传统服装，现在只有在节日和诸如结婚等有特殊意义的日子里穿。在商务活动中，一般都会着西装，系领带。

2. 饮食礼仪

韩国是非常注重饮食礼仪的一个国家。韩国人以米饭为主食，早餐也习惯吃米饭，不吃粥。汤是每餐必不可少的，有时候汤里放猪肉、牛肉、狗肉、鸡肉烧煮，有时候也简单地倒些酱油、加点豆芽。韩国是世界上最喜欢吃泡菜的国家，除此之外，韩国人还喜欢吃辣椒，认为辣椒具有“驱鬼避邪”的作用。韩国人尤其看重红色，因此他们一生中要经历很多回借助红色跨过人生门槛的习俗。例如：婴儿出生时，在各种罐子上放红色辣椒；女方接受聘礼那天，要在喜糕中放红豆等。

案例 7-1

韩国泡菜文化

对于韩国人来讲，泡菜不仅仅是一道道小菜，更是一种力量、一种文化的体现。韩国各种关于泡菜的博览会、展示会、研讨会很多，规模最大的一次是 2005 年 11 月，在首尔为低收入家庭和社会福利机构举办的“用爱腌制的泡菜”活动，有 6 000 名志愿者参加，一次用了 40 000 棵白菜。

泡菜吃法也是多种多样，有直接食用的，也有烤着吃的，陈年的泡菜则做成汤。在韩国的许多传统家庭中，一坛泡菜的原味卤汁甚至可以传承九代人：曾祖母传给祖母，祖母传给母亲，再由母亲传给儿媳，然后接着往下传。所以，真正的韩国泡菜被称为“用母爱腌制出的亲情”，岁月越久，味道越浓，以至于韩国人把泡菜的好味道称之为“妈妈的味道”。也许正是出自对母亲的挚爱和感激之情，韩国人才把泡菜称作“孝子产品”。

泡菜在韩国人的日常生活中已经远远超越了一道佐餐菜肴，而是升华成了一种特有的传统和文化，成了韩国人生活中不可或缺的部分。

2013 年 12 月 5 日，联合国教科文组织保护非物质文化遗产政府间委员会第八次会议在阿塞拜疆巴库通过决议，正式将韩国“腌制越冬泡菜文化”列入教科文组织人类非物质文化遗产名录。保护非物质文化遗产政府间委员会在会议上表示，韩国人腌制越冬泡菜的文化代代相传，韩国人从中发扬邻里共享的精神，并且该文化增强了韩国人的纽带感、认同感和归属感。腌制越冬泡菜文化被列入非物质文化遗产名录后，国内外具有类似饮食习惯的群体之间的对话将会更为活跃。

一般来说，韩国男子的酒量都不错，对烧酒、清酒、啤酒往往来者不拒，女性则相对较少。平日，韩国人大都喝茶和咖啡。吃饭时，不大声说话、咀嚼声音小、尽量不谈商业话题。韩国人吃饭的顺序是：右手先拿起勺子，从泡菜中盛上一口汤喝完，再用勺子吃一口米饭，然后再喝一口汤、再吃一口饭后，便可以随意地吃任何东西了。给长辈倒酒时需用双手，喝酒时需侧身手掩以示敬意。用餐完毕后要将筷子整齐地放在餐桌的桌面上。在韩国人的家里宴请时，宾主一般都是围坐在一张矮腿方桌周围，盘腿席地而坐。年轻人更会在长辈面前跪坐在自己的脚底上，绝不能将双腿伸直，否则会被认为是不懂礼貌。如果房间太小，可以将餐桌摆在院子里，铺上席子便可。

3. 社交礼仪

韩国人见面时的传统礼节是鞠躬，晚辈、下级走路时遇到长辈或上级，应鞠躬、问候，站在一旁，让其先行，以示敬意。男人之间见面打招呼互相鞠躬并握手，握手时或用双手，或用左手，并只限于点一次头。若对方有地位、有身份，往往要多次行礼。妇女不和男子握手，以点头或鞠躬作为常见礼仪。在称呼上多使用敬语和尊称，很少会直接称呼对方的名字。在社会集体和宴会中，男女分开进行社交活动。鞠躬礼节一般在生意人中不使用。

在韩国，若有拜访必须预先约定，如到别人家吃饭或赴宴，应带小礼品，最好挑选包装好的食品。酒是送韩国男人最好的礼品，但不能送酒给妇女，除非你说清楚这酒是送给她丈夫的。如果是与商业伙伴见面赠礼，最好选择鲜花、酒类和工艺品，而且最好选用韩国货。接礼物时，需用双手接，但不要当着客人的面打开。席间敬酒时，要用右手拿酒瓶，左手托瓶底，然后鞠躬致祝词，最后再倒酒，且要一连三杯。敬酒人应把自己的酒杯举得低一些，用自己杯子的杯沿去碰对方的杯身。

知识点 2 礼仪禁忌

（1）用餐时，无论是谁，忌戴帽子，绝对不能把双腿伸直或叉开；不能用手端起桌子上的饭碗；不能用嘴直接去接触桌上的饭碗；吃饭时不要随便发出声响，更不许交谈；与长辈吃饭时不许先动筷子；不可以用筷子对别人指指点点；用餐完毕后将筷子整齐放在餐桌的桌面上。

（2）未征得同意前，不能在上级、长辈面前抽烟，不能向其借火或接火；进入家庭住宅或韩式饭店不能穿鞋；在大街上吃东西、在人面前擤鼻涕，都被认为是粗鲁的；不宜送外国香烟给韩国友人。

（3）韩国最忌讳的数字是“4”和“13”。

（4）不能用左手交接东西；男子不问女子的年龄、婚姻状况；打喷嚏时要表示歉意；剔牙要用手或餐巾盖住嘴。

（5）在韩国严禁到处拍照，尤其是机场、水库、地铁、博物馆以及娱乐场所、高层建筑和空中均禁止照相。

（6）要尊重韩国的国旗、国歌、国花，否则会被认为是对韩国的不敬。

工作任务单

任务实施内容	操作标准
礼仪习俗	①服饰礼仪：韩服是韩国的传统服装，以白色为基本色 ②饮食礼仪：以米饭为主食，喜欢吃泡菜、辣椒，爱喝酒 ③社交礼仪：见面时的传统礼节是鞠躬，若有拜访必须预先约定；做客时需带礼物
礼仪禁忌	①用餐时，忌戴帽子，坐姿、动作等均有要求 ②不可随便抽烟，不宜赠送外国香烟给韩国友人 ③忌讳数字“4”和“13” ④不能用左手交接东西；男子不问女子的年龄、婚姻状况 ⑤在韩国严禁到处拍照 ⑥要尊重韩国的国旗、国歌、国花

二、日本

日本以大和族为主体民族，通用日本语。日本国的国歌为《君之代》，国鸟为绿雉，国花为樱花，国旗为“太阳旗”。日本的主要旅游城市除了首都东京外，还包括大阪、京都、奈良、横滨、神户、名古屋和札幌等城市。日本的节日主要包含国家节日和民间传统节日。日本的法定节日一共包含15个，其中，包括元旦、成人节、建国纪念日、绿色节、海之日、敬老日、秋分日、勤劳感谢日以及天皇诞生日等节日。

知识点1 礼仪习俗

1. 服饰礼仪

和服是日本的传统服装，一般由一块布料缝制而成且穿法非常独特。穿和服时，一定要穿木屐或草鞋，并配以布袜；妇女穿和服时，还必须腰系彩带，腰后加上一个小软托，并且手中打伞。根据年龄、婚姻状况以及身份地位的差别，和服的色彩、图案、款式、面料乃至穿着方法也不尽相同，需要准确区分。而日本男子现在在公共场合很少穿和服。

在商务交往、政务活动以及对外场合中男子和大多数中青年妇女多穿西服，男子穿西服时通常都系领带。特别要注意的是参加庆典或仪式时，不论天气多么热，都要穿套装或套裙。

2. 饮食礼仪

日本人饮食过程中非常注意保持膳食平衡，一餐饭食包括一碗饭、一碗味噌汤、两道或三道菜肴，配菜越多，那顿饭便越够体面。用餐的正确次序是先喝小口热汤，不要只集中吃光同一道菜肴，应顺序循环品尝每道菜肴，使各份比例均等，才可同一时间吃光所有菜肴。日本人在家吃饭一般实行分餐。日本人以大米为主食，其他的主要粮食有小麦、大麦、小米、玉米、荞麦、糯米、大豆、小豆、甘薯等。他们爱吃鱼，尤为爱吃生鱼片，有“彻底的食鱼民族”之称。烹煮鱼类的方法多为低温煮熟、清蒸等，并且选用的鱼类都是健康的海鱼。酱和酱汤也是日本人家庭中不可或缺的食物。日本人逢年过节总喜欢吃红豆饭，以示吉祥。日本人爱喝清酒、烧酒和啤酒。一般地，客人在主人为其斟酒后，需立即接过酒瓶并为主人斟酒。另外，日本人嗜茶，一般他们喜欢喝温茶。倒茶时，倒到八成满最为恭敬。

3. 社交礼仪

日本人的打招呼，基本上是以鞠躬来表示的。站着的时候，双脚合拢、直立，弯腰低头。从一般性行礼到上身至90° 的鞠躬。根据礼节轻重程度的不同，低头的角度是各种各样的。在铺着榻榻米的房间里，必须要坐着行礼。称呼日本人时，可称“先生”“小姐”或“夫人”，也可以在其姓氏或名之后加上一个“君”字，将其尊称为“某某君”。只有在很正式的情况下，称呼日本人才使用全名。

一般日本人很少在自己家中招待客人，喜欢邀请客人到饭店或餐馆吃饭，然后再到酒吧喝酒。如果真去日本人家中做客，要首先脱下大衣、风衣和鞋子，同时鞋子要朝外摆放整齐，然后互相问候。最好给女主人带上一盒糕点或糖果，送礼时一定要用色彩柔和的纸包好。如果日本人送别人礼物，要对他表示感谢，但要他再三坚持赠送后再接受，收受礼物时要用双手接。

知识点 2　礼仪禁忌

（1）日本人认为衣着不整齐便意味着没有教养或是不尊重交往对象。所以，在与日本人会面时，一般不宜穿着过分随便，特别是不要光脚或穿背心；有事拜访应事先通知，贸然登门会被视为极不礼貌的行为；拜访日本人时，切勿未经主人许可，而自行脱去外衣；日本人不习惯让客人参观自己的住房，所以不要提出四处看看的请求；日本人特别忌讳男子闯入厨房。

（2）日本人忌讳触及别人的身体；忌讳把盛过东西的容器再给他们重复使用；忌讳把洗脸水中再对热水；忌讳晚上剪指甲；忌讳洗过的东西晚上晾晒；忌讳睡觉或躺卧时头朝北（据说停尸才头朝北）。

（3）日本人一般不吃肥肉和猪内脏，有的人不吃羊肉和鸭子；招待客人忌讳将饭盛过满过多，也不可一勺就盛好一碗；忌讳客人吃饭一碗就够，第二碗象征性也应再添点，因为只吃一碗，他们认为是象征无缘；忌讳用餐过程中整理自己的衣服或用手抚摸、整理头发，因为这是不卫生和不礼貌的举止；饮食上“忌八筷”——忌舔筷、迷筷、移筷、扭筷、插筷、跨筷、掏筷和剔筷。同时，忌用同一双筷子让大家一次夹取食物；日本人不习惯以烟待客，他们自己吸烟时，一般不向客人敬让，因为吸烟有害健康，不能用来招待至亲好友。

（4）日本人忌讳“4”，主要是“4”和“死”的发音相似，很不吉利；他们对送礼特别忌讳“9”，会误认你把主人看作强盗；还忌讳 3 人一起“合影”，他们认为中间被左右两人夹着，这是不幸的预兆；不喜欢紫色，认为紫色是悲伤的色调；最忌讳绿色，认为绿色是不祥之色。

（5）日本人对送花有很多忌讳：忌讳赠送或摆设荷花；在探望病人时忌用山茶花、仙客来及淡黄色和白颜色的花；他们对菊花或装饰菊花图案的东西有戒心，因为它是皇室家庭的标志，一般不敢也不能接受这种礼物或礼遇。

（6）日本人对朋友买的东西，一般不问价钱多少，因为这是不礼貌的，同样你若评价对方买的东西便宜，也是失礼的。

（7）与日本人约会要提前 5 ~ 10min 到达，不能失约；日本人通常的见面礼节是深深地弯腰鞠躬而不握手；切不要以名字称呼日本人；忌讳交谈的话题是第二次世界大战；一般公共场所均为禁烟，不要行走吸烟，在某些地方行走吸烟会被罚款。

（8）日本是一个手机普及的国家，但在日本限制使用手机的地方却很多，特别是在公共场所，如在电车上。一般情况下，日本人不在车上打电话，如果是接电话，也要把声音压到最低限度，三言两语，简明扼要地应答，待下车后再重新给对方回电话，否则，会给周围人带来不快；日本的高级餐厅、医院、剧院等公共设施一般也都禁止使用手机。

工作任务单

任务实施内容	操作标准
礼仪习俗	①服饰礼仪：和服是日本的传统服装，配以木屐或草鞋、布袜 ②饮食礼仪：注意保持膳食平衡，在家吃饭一般实行分餐。以大米为主食，爱吃鱼、酱和酱汤。爱喝清酒，烧酒，嗜茶 ③社交礼仪：打招呼以鞠躬来表示，很重视吃喝这类交际活动
礼仪禁忌	①忌讳衣衫不整。忌讳触及别人身体。饮食上“忌八筷”，不喜以烟待客 ②忌讳“4”，送礼忌讳“9”，还忌讳3人一起“合影”；忌讳紫色、绿色 ③送花的忌讳。忌讳赠送荷花；在探望病人时忌用山茶花、仙客来及淡黄色和白颜色的花；忌讳菊花或装饰菊花图案的东西 ④约会要提前5~10min到达，不能失约 ⑤限制使用手机的地方很多，特别是在公共场所

三、越南

越南社会主义共和国，简称“越南”，首都是河内。越南国旗为“金星红旗”，国歌为《进军歌》，国花为莲花。越南的主要旅游城市包括胡志明市、美拖、大勒、头顿、顺化、河内等城市。越南的主要节日包括农历新年、越南共产党成立日、越南南方解放日、胡志明诞辰日等。

知识点1　礼仪习俗

1. 服饰礼仪

“奥黛”是越南妇女的传统服装，也是越南的国服。“奥黛”质地通常为丝绸，上装酷似中国旗袍，长及脚踝，只是胸部勒紧，从腰部开衩，下装为较宽松的裤子。很多人对越南人都有这样的印象：头戴竹笠，身穿开衩长衫及一袭长裤。

越南人在不同场合会穿不同的服装。例如：在日常生活中，越南人穿衣遵循朴素、实用的原则。在一般情况下，越南人喜欢上身穿着素色衬衣，下身穿着深色裤子，头戴斗笠，脚穿凉鞋。在商务或政务活动中才穿西装、套裙和皮鞋。在传统结婚典礼时，新郎和新娘都必须穿着正式的传统礼服。新郎身穿绢质黑色或深蓝色长袍，头戴同色布帽，新娘穿白绢质黄色国服，外披白纱长衫，头戴黄色布帽。丧礼时，家属需着素色的传统服装，头上绑白布条，而参与祭祀的男性需着黑色服装，女性则着素色服装。

2. 饮食礼仪

越南菜口味比较清淡，讲究菜多肉少，习惯菜肴炒齐后一起上水果。以米饭为主食，喜爱吃糯米，用大米、糯米来制作各种可口的食物。越南人也吃包子、糖包、豆沙包、馄饨等食品；副食包括鱼、虾、蟹、鲍鱼、海参、鱼翅、广肚、鸡、瘦猪肉、狗肉等；蔬菜涉及西红柿、黄瓜、油菜等；调味喜用鱼露、咖喱粉、豆酱、蒜、番石榴叶、辣椒粉、盐等。越南人爱饮酒，但不饮烈酒，尤喜米酒和花酒。此外，越南人也爱喝咖啡，且喝法独特。另外，他们还爱吃槟榔，并用槟榔请客。凡重大的礼仪，如婚礼、葬礼、祭祀、喜庆，均少不了槟榔，如图 6–2 所示。

图 6–2　槟榔

3. 社交礼仪

越南人在人际交往中普遍注重礼貌，注意以礼待人。与人见面会打招呼问好或点头致意。招呼时，对长辈称大爹、大妈或伯伯、叔叔，对平辈称兄、姐，对儿童称小弟、小妹。见面时，通行握手礼。一些少数民族，如苗、瑶族行抱拳作揖礼，信仰小乘佛教的民族多行合十礼。越南人尊老爱幼，对老年人特别有礼貌。在北方的京族家里由辈分最高的男人做主；南方的京族是老太太当家，凡事要多征求他们的意见，他们同意的事，其他人一般不会表示异议。做客时用水、用烟或用饭前要先说一句："您先请"，以示礼貌。越南人说话声音较小，温文尔雅，很少大喊大叫。

知识点 2　礼仪禁忌

（1）越南人忌讳别人拍他的肩膀或用手指着他大声叫嚷；忌讳用脚指物或把脚掌对向别人；忌讳在众人面前擤鼻涕、掏耳朵；南部的高棉人忌用左手行礼、进食、递物和接物，因为他们视左手为肮脏和卑贱之手。

（2）年初、月初忌穿白色、蓝靛色衣服，白色、蓝靛色是丧服的颜色，年初、月初穿白色、蓝靛色衣服怕成为凶兆；在喜庆和祭祀活动中，忌讳穿白色服装，办丧事除外；夫妇俩忌讳用一条洗脸毛巾；夫妇俩忌讳互递牙签；忌讳除自己丈夫或妻子以外的人用自己的梳子；忌讳床上的席子反着铺；忌讳背对供桌而坐；忌讳在屋内戴斗笠；照相时，忌讳三个人合影，据说中间的人将遭遇不吉利；忌讳在年初打扫屋子；忌讳用拼接起来的布为小孩做衣服；不在夜晚摘水果。

（3）妻子怀孕时，忌讳丈夫杀生或打桩；怀孕的妇女忌讳宰鸡宰鸭；忌讳孕妇从外地回家里生孩子；家有产妇，忌讳外人进屋；孕妇忌讳靠近死者，忌讳参加葬礼，家里有大丧事除外。

（4）忌讳一年之中连嫁两个女儿；忌讳父母送女儿到婆家；家有丧事，忌讳红颜色；守孝的人不吃槟榔，不参加喜庆活动，不穿丝绸衣服；忌讳穿死者生前穿过的衣服，忌讳睡死者生前睡过的床；忌讳外村抬死人经过本村的地界，特别是经过本村祠堂前。

（5）越南人喝酒忌讳把酒杯扣过来或把酒瓶倒过来；在庙里忌讳吃狗肉；使用筷子有"六忌"：一忌敲筷，二忌掷筷，三忌叉筷，四忌插筷，五忌挥筷，六忌舞筷。

工作任务单

任务实施内容	操作标准
礼仪习俗	①服饰礼仪："奥黛"是越南国服。上装酷似中国旗袍，下装为宽松裤子 ②饮食礼仪：越南菜口味清淡，讲究菜多肉少，习惯菜肴炒齐后一起上水果。以米饭为主食，爱饮酒，但不饮烈酒，爱吃槟榔 ③社交礼仪：普遍注重礼貌，注意以礼待人。见面时，通行握手礼，信仰小乘佛教的民族多行合十礼
礼仪禁忌	①忌讳别人拍肩膀或用手指着他大声叫嚷；南部高棉人忌用左手行礼、进食、递物和接物 ②年初、月初忌穿白色、蓝靛色衣服；在喜庆和祭祀活动中，忌讳穿白色服装，办丧事除外；忌讳背对供桌而坐；忌讳在屋内戴斗笠 ③妻子怀孕时，忌讳自己丈夫杀生或打桩，忌讳孕妇从外地回家里生孩子 ④忌讳一年之中出嫁两个女儿；守孝人不吃槟榔，不参加喜庆活动，不穿丝绸衣服

四、马来西亚

马来西亚，首都为吉隆坡。马来西亚语是马来西亚的官方语言，通用英语和华语。马来西亚的国旗为"辉煌条纹"，国歌是《我的国家》，国花为扶桑，主要节日包括开斋节、农历新年、国庆节、哈芝节、屠妖节、卫塞节等节日。马来西亚的主要旅游城市包括槟城、吉隆坡、马六甲等城市。

知识点1　礼仪习俗

1. 服饰礼仪

马来西亚人的服饰以红色、橙色、绿色以及其他鲜艳颜色居多。马来西亚人男士和女士传统礼服分别是：男士为无领上衣，下着长裤，腰围短纱笼，头戴无边帽，脚穿皮鞋；女士礼服也为上衣和纱笼，衣宽如袍，头披单色鲜艳纱巾。在马来西亚除皇室成员外，一般不穿黄色衣饰。打工族为了工作穿着方便，一般着轻便的西服，只有在家或探亲访友或在重大节日时，才着传统服装。在各种正式场合，男士着装除民族服装或西服外，可穿长袖巴迪衫。巴迪衫是一种蜡染花布做成的长袖上衣，质地薄而凉爽，现已渐渐取代传统的马来礼服，成为马来西亚"国服"。

2. 饮食礼仪

马来西亚人通常以大米为主食，以牛肉、羊肉、鱼虾等海鲜和鸡、鸭等家畜还有新鲜蔬菜为辅食，口味较重，多以胡椒和咖喱调味。马来西亚人忌食狗肉、猪肉，忌饮酒。因此，在用餐时，不以酒来招待客人。马来西亚人用餐十分讲究卫生和礼节，他们一般用右手抓饭来吃，用餐前及用餐后洗手是马来西亚人餐桌上的礼节。

3. 社交礼仪

马来西亚人的常规做法是向对方轻轻点头，以示尊重。马来西亚人传统的见面礼节，是所谓的“摸手礼”，具体做法为：与他人相见时，一方将双手首先伸向对方，另一方则伸出自己的双手，轻轻摸一下对方伸过来的双手，随后将自己的双手收回胸前，稍举一下，同时身体前弯呈鞠躬状。在马来西亚，除了男人之间的交往外，见面时很少有人会握手，尤其男女之间不会这样做，但马来西亚的华人例外。

马来西亚人的时间观念较强，而且特别注重衣冠整洁。到马来西亚人家中做客，进内厅前必须先将鞋脱掉，放在楼梯口或门口，然后才可以进屋。一般主人会用当地驰名的马来糕饼或点心、茶等食品招待客人。在商务活动中，请客吃饭在饭店进行。他们重视饭前洗手，一般都用水冲洗而不用湿巾干擦。另外，他们还喜欢在餐桌上准备“水盂”。

知识点 2 礼仪禁忌

（1）交往切忌用左手，因为马来西亚人认为左手最脏，用左手和他们接触，是对他们不敬，犹如某种侮辱；对女士不可先伸手要求握手，不可随便用食指指人，这被认为是不礼貌的行为；忌触摸马来西亚人的头部与肩部；不要在人前跷腿、露出脚底或用脚去挪动物品；与人交谈时，不要将双手贴在臀部上；不要当众打哈欠。

（2）与伊斯兰教徒一起用餐时，不要劝酒，更应避免点猪肉做的菜肴；马来西亚人不喜欢别人问自己的年龄。

（3）参观清真寺须注意非伊斯兰教徒入堂前需脱鞋；到寺庙参观时，女性注意穿着不可暴露手臂和双脚；不得从正在祷告的伊斯兰教徒面前走过；未经许可，不得拍照；不得触碰《古兰经》。

（4）马来西亚人禁烟；去主人家拜访不需要送礼，如果向主人送一些日常食品，如椰子、槟榔、香蕉、糕点、饼干、糖果之类，表示友好情谊，就很好了。

（5）马来西亚并不禁止一夫多妻制，所以不要随便闲谈他人的家务事；对年长者不能直接称呼“你”，而应称呼“先生”“夫人”或“女士”。

工作任务单

任务实施内容	操作标准
礼仪习俗	①服饰礼仪：巴迪衫是一种蜡染花布做成的长袖上衣，质地薄而凉爽，渐渐成为马来西亚“国服” ②饮食礼仪：以大米为主食，口味较重，多以胡椒和咖喱调味。马来人忌食狗肉、猪肉，忌饮酒，一般用右手抓饭来吃 ③社交礼仪：传统的见面礼节是“摸手礼”。时间观念较强，而且特别注重衣冠整洁。重视饭前洗手，喜欢在餐桌上准备“水盂”
礼仪禁忌	①交往切忌用左手；忌触摸马来人的头部与肩部 ②和伊斯兰教徒一起用餐时，不要劝酒，更应避免点猪肉做的菜肴 ③参观清真寺须注意非伊斯兰教徒入堂前需脱鞋；到寺庙参观时，注意穿着，未经许可，不得拍照；不得触碰《古兰经》 ④马来西亚人禁烟；去主人家拜访不需要送礼，如果向主人送一些日常食品，如椰子、槟榔、糕点、糖果之类，表示友好情谊即可 ⑤不要随便闲谈他人家务事；对年长者应称呼“先生”“夫人”或“女士”

任务训练

训练情境	日本A公司总裁华先生带领由企划部经理、财务部经理以及秘书小陈组成的公司考察团，乘坐飞机到B公司考察合作项目。飞机到达B公司所在城市为下午4点，B公司总裁要求秘书小金安排接待等事宜	
训练任务	1. 小金应该做哪些前期准备工作？请做好方案 2. 模拟B公司接待A公司考察团的全过程	
训练步骤	训练内容	补充说明
步骤一	以小组为单位，研读训练情境，明确训练目的，清晰训练任务	以八人为一小组进行练习，指定一人为组长
步骤二	小组根据情境商讨设计接待方案，组长根据所设计接待方案分配角色	
步骤三	小组内模拟练习	
步骤四	各小组派代表交流设计方案	
步骤五	教师任意选择一小组进行课堂模拟接待全过程练习	班级其他人员观看演练，并做好优缺点记录
步骤六	学生按照接待、拜访礼仪要求进行点评	
步骤七	教师总结	

任务拓展

顾小姐待人热情，工作出色，因而颇受重用。有一次，公司派她和几名同事一起前往东南亚某国洽谈业务。可处事稳重、举止大方的顾小姐，竟由于行为不慎，招惹了一场不大不小的麻烦。她和同事一抵达目的地，就受到东道主的热烈欢迎。在为他们特意举行的欢迎宴会上，主人亲自为这些来自中国的嘉宾每人都准备了一份礼物，以示敬意。轮到主人向顾小姐递送礼物之时，一直是“左撇子”的顾小姐不假思索，自然而然地抬起自己的左手去接。见此情景，主人神色骤变，非常不高兴地将它重重放在桌子上，随即理都不理顾小姐，扬长而去。

议一议：顾小姐错误在哪里？应该怎样弥补？

任务二

欧洲主要国家和地区礼仪

任务目标

1. 掌握欧洲地区主要客源国家礼仪知识
2. 能根据场合采用正确的国际礼仪

一、俄罗斯

俄罗斯联邦，又称俄罗斯，简称“俄联邦、俄国”，首都莫斯科。官方语言为俄语，懂英语者不多，而德语、法语较为普及。国旗采用传统的泛斯拉夫颜色，旗面由三个平行且相等的横长方形组成，由上到下依次是白、蓝、红三色。国歌为《俄罗斯，我们神圣的祖国》，国花为向日葵，国鸟是铁翅。俄罗斯的主要旅游城市除了首都外，还有圣彼得堡、叶卡捷琳堡、下诺夫哥罗德和新西伯利亚等城市。俄罗斯的节日包括东正教圣诞节、祖国保卫者日、卫国战争胜利日等节日。

克里姆林宫如图 6-3 所示。

图 6-3 克里姆林宫

知识点 1 礼仪习俗

1. 服饰礼仪

俄罗斯人大多都讲究仪表，注重服饰。典型的俄罗斯民族服装：男子是斜襟长袖衬衣，通常在领口和下摆有绣花，穿时在衬衣外面系一根腰带。衬衣一般用麻纱布、白棉布做成，也有用色彩鲜艳的花布做成。裤子稍肥，用白布或染色的花布做成。已婚妇女必须戴头巾，并以白色的为主；未婚姑娘则不戴头巾，但常戴帽子。现在在城市里，俄罗斯人多穿西装或套裙，特别是俄罗斯妇女有一年四季穿裙子的传统，尤其是在交际、应酬场合，女人们都要穿裙子。俄罗斯人非常喜欢戴头饰和帽子。

2. 饮食礼仪

俄罗斯人一日三餐：早餐较简单，以奶制品为主，午餐和晚餐比较讲究。一般他们以俄式西餐为主，每顿饭中都搭配有面包，几乎每餐都会有牛肉、羊肉、牛排、香肠等。吃肉一般在午餐和晚餐的时候，正餐之后往往有饭后甜食，包括点心、蛋糕、冰激凌以及水果。俄罗斯男士爱喝酒是世界闻名的，其中最重要的酒类当属伏特加。俄罗斯人有喝茶的习惯，主要饮用红茶，且必须加糖。

在用餐礼仪方面，俄罗斯人也比较讲究。一般家庭就餐，通常是家长坐在长餐桌的一端；老人和子女则坐在长桌两旁。每个人盛汤后用面包接着送到口中。只有一家之主盛汤后，其他人才可轮流动手，如有客人来访，餐桌上要铺桌布，并配上餐巾和刀叉及盘子等，而且一定要擦得没有半点水渍。同时，非常讲究“客随主便”的原则。

3. 社交礼仪

俄罗斯人一般的见面礼是握手，但握手时要脱下手套，同时报出自己的姓名。久别的亲朋好友常用亲吻拥抱礼，男士一般吻女士的手背。到俄罗斯人家做客，要带上鲜花或烈酒等礼物；到达后自觉脱下外套、手套和帽子，摘下墨镜，先向女主人问好，再向男主人和其他人问好。男士吸烟，要先征得女士们的同意。在俄罗斯，处处体现“女士优先”的原则。在隆重的场合，俄罗斯人用“面包加盐”的方式迎接贵宾，表示最高的敬意和最热烈的欢迎。在称呼方面，俄罗斯人在正式场合中用“先生”“小姐”或“夫人”之类的称呼，而且他们非常看重人的社会地位，所以要明确的以职务、学衔和军衔来称呼。

知识点 2 礼仪禁忌

（1）俄罗斯人特别忌讳数字“13”，但数字“7”在他们看来却意味着幸福和成功；讨厌黑色。

（2）俄罗斯人不喜欢黑猫和兔子。

（3）俄罗斯人不会提前祝贺生日；不会热烈地过 40 岁生日；送礼物时，不送刀、手绢和空钱包；不要提前祝贺孕妇生孩子。

（4）不用手指点对方；不允许以左手接触别人；不允许左手递送物品；不隔着门槛握手；不当着别人的面抽烟；不背朝别人往里挤；不撅着臀部拣东西；不做“不速之客”；不劝酒；妇女不戴头巾不要进教堂。

（5）政治矛盾、经济难题、宗教矛盾、民族纠纷、苏联解体、阿富汗战争以及大国地位问题等话题忌谈。

工作任务单

任务实施内容	操作标准
礼仪习俗	①服饰礼仪：俄罗斯人大多都讲究仪表，注重服饰，喜欢戴头饰和帽子 ②饮食礼仪：几乎每次正餐都会有牛肉、羊肉、牛排、香肠等。男士爱喝酒是世界闻名的，最爱喝的酒是伏特加。用餐讲究礼仪 ③社交礼仪：普通见面礼是握手，久别的亲朋好友常用亲吻拥抱礼，男士一般吻女士的手背，处处体现“女士优先”的原则。非常看重人的社会地位，要明确的以职务、学衔和军衔来称呼
礼仪禁忌	①忌讳数字“13”，喜欢数字“7”；忌讳说“慧”“惠”；讨厌黑色 ②不喜欢黑猫和兔子 ③不会提前祝贺生日；不送刀、手绢和空钱包做礼物 ④不用手指点对方；不劝酒；妇女不戴头巾不要进教堂 ⑤政治矛盾、经济难题、宗教矛盾、民族纠纷、苏联解体、阿富汗战争以及大国地位问题等话题忌谈

二、德国

德意志联邦共和国，简称“德国”，首都柏林。德国的官方语言为德语。德国的国旗是长方形的，长与宽之比为5∶3，旗面自上而下由黑、红、金三个平行相等的横长方形相连组成。国歌为《德意志之歌》，国花为矢车菊，国鸟为白鹳。德国的慕尼黑、汉堡、德累斯顿、法兰克福、科隆、杜塞尔多夫等城市是著名的旅游城市。当然，德国也有一系列的节日，如新年、主显节、复活节、祈祷与忏悔日、民族团结日等。

知识点1 礼仪习俗

1. 服饰礼仪

德国人的服饰，民族色彩并不明显，着装的整体风格为庄重、朴素、整洁。在一般情况下，德国人的衣着较为简朴。男士大多爱穿西装、夹克，并喜欢戴呢帽。妇女们则大多爱穿翻领长衫和色彩、图案淡雅的长裙。德国人在正式场合露面时，必须要穿戴得整整齐齐，衣着一般多为深色。在商务交往中，他们讲究男士穿三件套西装，女士穿裙式服装。德国人对发型较为重视：在德国，男士不宜剃光头，免得被人当作“新纳粹”分子；德国少女的发式多为短发或披肩发，烫发的妇女大多是已婚者。

2. 饮食礼仪

德国人一日三餐，有的地方午餐和晚餐之间喝咖啡，吃蛋糕。他们口味较重，偏油，主食以肉类为主，德国人最爱吃猪肉，其次是牛肉，以猪肉制成的各种香肠，令德国人百吃不厌，但德国人不爱吃鱼。他们还爱吃马铃薯、沙拉等。每个人进餐时，桌上必须备有奶油，午餐一定要以黑咖啡或牛奶咖啡结束。午餐和晚餐则用啤酒，如果还有葡萄酒，宜先饮啤酒，后饮葡萄酒。水果凉菜必须是冷的。

德国人在宴会上和用餐时，注重以右为上的传统和女士优先的原则。在举办大型宴会时，一般是在两周前发出请柬，并注明宴会的目的、时间和地点。他们用餐讲究餐具的质量和齐备。宴请宾客时，桌上摆满酒杯和盘子等。

3. 社交礼仪

德国人比较注重礼节形式。社交场合与客人见面时，一般伸出右手行握手礼。与熟人朋友和亲人相见时，一般行拥抱礼。在与客人打交道时，总乐于对方称呼他们的头衔，但他们并不喜欢听恭维话。对刚相识者不宜直呼其名。成年人之间一般要以“您”相称，并称对方“某某先生”或“某某女士”。另外，作为妇女在人们向她打招呼时不一定非要站起来，但站起来更有礼貌；而男士在某位女士向他打招呼时一定要站起来。交谈时尽量说德语，商务会面时可以说一些英语，但使用德语会令对方高兴。

德国人非常看重守时，不守时是很大的失礼。不过，如果受邀做客时，须故意在约定的时间晚几分钟到，但迟到时间最长不能超过15min。德国人一般不常邀请人去家中，不速之客有时会被拒之门外，好朋友之间也得事先打个电话询问对方是否可以接待客人，做客时，一般给女主人带一束鲜花，但必须要单数，5朵或7朵，还可给小孩买玩具或书，但一定要撕去价格标签，并包装好。

知识点2 礼仪禁忌

（1）德国人不喜欢口味浓郁的菜肴；不爱吃辣；不爱吃鱼虾；食盘中不宜堆积过多的食物；忌吃核桃；吃鱼用的刀叉不得用来吃肉或奶酪；不得用餐巾扇风。

（2）访友时，切不可搞“突然袭击式”的登门拜访；受邀去别人家做客，绝对不要提前去；不能送葡萄酒、刀、剪、餐刀、餐叉等西餐餐具，也不能给德国女士送玫瑰、香水和内衣；上午10点前，下午4点后，不宜订约会；避免在圣诞节与复活节前后两周、慕尼黑与科隆嘉年华会期间访友。

（3）德国人对礼品的包装纸很讲究，忌用白色、黑色或咖啡色的包装纸装礼品，更不要使用丝带作外包装。

（4）忌讳茶色、黑色、红色和深蓝色。

（5）不要问德国人的年龄、职业、婚姻状况、宗教信仰、政治面目甚至个人收入。

（6）别人买到一样东西，即使喜欢，也不要问价格；遇到别人生病，除伤风感冒或外伤等常见的病外，不要问及病因以及病情。

（7）德国人忌讳“13”和“星期五”。

工作任务单

任务实施内容	操作标准
礼仪习俗	①服饰礼仪：着装的整体风格为庄重、朴素、整洁 ②饮食礼仪：口味较重，偏油，主食以肉类为主，德国人最爱吃猪肉、牛肉、马铃薯、色拉等。用餐时，注重以右为上的传统和女士优先的原则 ③社交礼仪：比较注重礼节形式。非常看重守时，不守时是很大的失礼
礼仪禁忌	①不喜欢口味浓郁的菜肴；不爱吃辣；不爱吃鱼虾 ②访友时切不可突然提前；受邀去别人家做客，绝对不要提前去；避免在圣诞节与复活节前后两周、慕尼黑与科隆嘉年华会期间访友 ③德国人对礼品的包装纸很讲究，忌用白色、黑色或咖啡色的包装纸 ④忌讳茶色、黑色、红色和深蓝色 ⑤不要问年龄、职业、婚姻状况、宗教信仰、政治面目甚至个人收入 ⑥德国人忌讳“13”和“星期五”

三、英国

大不列颠及北爱尔兰联合王国，简称“英国”，1688 年“光荣革命”确立英国君主立宪政体，首都伦敦。英国的国旗为“米字旗”，国歌为《天佑女王》，国花为玫瑰，国鸟为红胸鸲。英国的主要旅游城市包括曼彻斯特、诺丁汉、康沃尔、布莱顿、伯明翰等。英国节日主要有耶稣受难日、元旦、复活节、圣诞节等。

知识点 1　礼仪习俗

1. 服饰礼仪

英国人的穿衣模式受到世界许多人的推崇，尤其在交际应酬中非常重视“绅士”“淑女”之风。在参加宴会时，要穿燕尾服，头戴高帽，手持文明棍或雨伞，这是他们的标准行头。女士是穿深色套裙或是素雅的连衣裙，庄重、肃穆的黑色服装是首选。尽管英国人讲究衣着，但十分节俭，一套衣服一般要穿很久。一个英国男子一般有两套深色衣服，两三条灰裤子。另外，英国人的着装很讲究阶层性，大致可凭服装看出其社会阶层。如今，英国人的着装也向多元化和舒适化的方向发展。

2. 饮食礼仪

英国的普通家庭一日三餐。他们是以午餐为正餐，条件好的家庭则一日四餐（即早餐、午餐、茶点和晚餐）。英国人口味清淡，米饭和点心是英国人爱吃的主食，并辅以牛肉、羊肉、禽类、蛋类、甜点和水果。他们一般喜欢喝啤酒、威士忌和茶。

英国的宴请主要有茶会和宴会，茶会包括正式和非正式两种。英国人在席间不布菜也不劝酒，全凭客人的兴趣取用。一般要将取用的菜吃光才礼貌，不喝酒的人在侍者斟酒时，将手往杯口一放就行。同时，在宴会上吸烟会被视为失礼。

当然，英国是世界上爱喝茶的国家之一。他们每天喝茶的次数很多，而且十分注重喝茶的礼仪，从沏茶、喝茶到收茶都有严格的规定。如果错了就是对客人的大不敬。

3. 社交礼仪

英国人待人彬彬有礼，讲话十分客气，“谢谢”“请”字不离口。彼此第一次认识时，一般都以握手为礼。在英国，“女士优先”的社会风气很浓，如走路时，要让女士先进；乘电梯让妇女先进；乘公共汽车、电车时，要让女子先上；斟酒要给女宾或女主人先斟；在街头行走，男的应走外侧，以免发生危险时，保护妇女免受伤害；丈夫通常要偕同妻子参加各种社交活动，而且总是习惯先将妻子介绍给贵宾认识。英国人的时间观念很强，拜会或洽谈生意之前必须预先约会，准时很重要，最好提前几分钟到达为好。他们的相处之道是严守时间，遵守诺言。

到英国人家里做客，最好带点价值较低的礼品，因为花费不多就不会有行贿之嫌。礼品一般为巧克力、酒、鲜花等。需要注意，如果不是公事，早到是不礼貌的，最好是晚到10min。英国人接受礼物后，常常当着客人的面打开礼品，无论礼品价值如何或是否有用，主人都会给予热情的赞扬表示谢意。在主人家坐得太晚是很不礼貌的。另外，离开后的第二天要发一封便函向主人致谢，并随附一件小礼品，如一盒巧克力或一些鲜花等。

知识点 2 礼仪禁忌

（1）英国人不愿意吃带黏汁的菜肴；忌用味精调味；不吃狗肉；吃饭时，忌碰响水杯；避免刀叉器皿碰撞出声；主人提供的饮品，客人饮用量以不超过 3 杯为宜。

（2）英国人忌从梯子下走过；在屋里不撑伞；不把鞋子放在桌子上；忌用人像、大象、孔雀作服饰图案和商品装潢；与英国人坐着谈话忌讳两腿张得过宽；不能跷起二郎腿；站着谈话不能把手插入衣袋；忌讳当着英国人的面耳语和拍打肩背。

（3）英国人忌讳数字“13”和“3”；忌讳“星期五”；忌讳用同一根火柴给第 3 个人点烟；送礼时，忌送服饰、香皂之类的物品；白色的百合和菊花一般不宜送人；送花数量不要为双数和 13 枝。

（4）英国人忌讳黑猫、孔雀。

（5）英国人忌讳谈论男人工资，女人年龄，政治倾向等；不要以英国皇室的隐私作为谈资。

工作任务单

任务实施内容	操作标准
礼仪习俗	①服饰礼仪：非常重视“绅士”“淑女”之风。尽管讲究衣着，但十分节俭 ②饮食礼仪：口味清淡，米饭和点心是主食，一般喜欢喝啤酒、威士忌和茶。宴请主要有茶会和宴会，是世界上爱喝茶的国家之一 ③社交礼仪：待人彬彬有礼，讲话十分客气。见面一般行握手礼。“女士优先”的社会风气很浓。相处之道是严守时间，遵守诺言。做客礼品一般有：巧克力、酒、鲜花等
礼仪禁忌	①不愿意吃带黏汁的菜肴；忌用味精调味；不吃狗肉 ②忌从梯子下走过；忌用人像、大象、孔雀作服饰图案和商品装潢 ③忌讳“13”“3”“星期五”；忌讳黑猫、孔雀 ④忌讳谈论男人工资，女人年龄，政治倾向等；不要以英国皇室的隐私作为谈资

四、法国

法兰西共和国，简称“法国”。法国的官方语言是法语。国旗为“三色旗”，国歌为《马赛曲》，国花为香根鸢尾，国鸟为高卢鸡。法国的主要旅游城市包括巴黎、里昂、尼斯、普罗旺斯和马赛等。法国也有很多节日，包括耶稣升天节、圣母升天节、万圣节等。

知识点 1　礼仪习俗

1．服饰礼仪

法国素有时装王国之称，法国人对于衣饰的讲究，在世界上是最为有名的。法国人通常要穿西装、套裙或连衣裙，颜色多为蓝色、灰色或黑色，质地则多为纯色。出席庆典仪式时，一般要穿礼服：男士所穿的多为配以蝴蝶结的燕尾服或是黑色西装套装；女士所穿的则多为连衣裙的单色大礼服或者小礼服。法国人在选择发型、手袋、帽子、鞋子、手表、眼镜时，都十分强调要使之与自己着装相协调、相一致。20 世纪 90 年代开始，法国服饰的风格变得朴实起来，素色衣裳尽领风骚。但无论怎样变化，法国男士和女士在外面总是衣冠整齐，令人赏心悦目的。

2．饮食礼仪

法国人十分讲究饮食。他们爱吃面食和奶酪。在肉食方面，他们爱吃牛肉、猪肉、鸡肉、鱼子酱、鹅肝。法国人特别善于饮酒，他们几乎餐餐必喝，而且讲究在餐桌上要以不同品种的酒水搭配不同的菜肴；除酒水之外，法国人平时还爱喝生水和咖啡。在西餐之中，法国菜可以说是最讲究的。一顿标准法国式大餐的上菜顺序主要为冷盘菜、汤类、主菜和甜品。

图 6-4　香煎法国鹅肝

香煎法国鹅肝如图 6-4 所示。

接受别人的邀请，赴会时稍迟是可以接受的，但若超过 15min 便会给对方留下不重视约会的坏印象。答应别人的邀请后如果临时有事要迟到甚至取消约会，必须事先通知对方。用餐时，要注意很多细节：使用餐具最基本的原则是由外至内，完成一道菜后侍者收去该份餐具，按需要或会补上另一套刀叉；吃肉时，应从角落开始切，吃完一块再切下一块；遇到不吃的部分或配菜，只需将它移到碟边；如嘴里有东西要吐出来，应将叉子递到嘴边接出或以手指取出，再移到碟子边沿。整个过程尽量不要引起别人注意，之后自然地用餐便可；遇到豆类或饭一类的配菜，可以左手握叉平放碟上，叉尖向上，再以刀将豆类或饭轻拨到叉子上便可；若需要调味料但伸手又取不到，可要求对方递给你；吃完用餐巾的一角轻轻印去嘴上或手指上的油渍便可；就算凳子多舒服，坐姿都应该保持正直，不要靠在椅背上面；进食时身体可略向前靠，两臂应紧贴身体，以免撞到隔壁；吃完每碟菜之后，将刀叉并排放在碟上，叉齿朝上。

3. 社交礼仪

他们爱好社交，善于交际，诙谐幽默，天性浪漫。法国人在社交场合与客人见面时，一般以握手为礼，男女之间、女子之间见面时，还常以亲面颊来代替握手。自我介绍时，应讲清姓名、身份或将自己的名片主动送给对方。他们很重视建立良好的人际关系。在同客人谈话时喜欢相互站得近一点，他们认为这样显得更为亲近。到法国人家里做客要带上一份小礼物。主人收到礼物，除非别人要求，否则不要立即在众人面前打开。

知识点 2 礼仪禁忌

（1）法国人不吃肥肉、宠物、肝脏之外的动物内脏、无鳞鱼和带刺骨的鱼。

（2）若需要调味料但伸手又取不到，可要求对方递给你，千万不要站起来俯身去取；就餐完毕抹手抹嘴切忌用餐巾大力擦手擦嘴。

（3）法国人大多喜爱蓝色、白色与红色，他们所忌讳的色彩主要是黄色与墨绿色。

（4）给法国人送礼时，一般不宜随意送菊花、牡丹、玫瑰、杜鹃、水仙、金盏花和纸花；不宜送刀、剑、剪、餐具或是带有明显的广告标志的物品；男士不适合向一般关系的女士赠送香水。

（5）法国人忌讳数字“13”与“星期五”；忌用黑桃图案；忌讳核桃；忌讳孔雀、仙鹤和乌龟。

（6）忌讳向法国人打听他们的政治倾向和工资待遇及私事。

工作任务单

任务实施内容	操作标准
礼仪习俗	①服饰礼仪：素有时装王国之称，法国人对于衣饰的讲究，在世界上是最为有名的 ②饮食礼仪：十分讲究饮食。爱吃面食和奶酪。在肉食方面，他们爱吃牛肉、猪肉、鸡肉、鱼子酱、鹅肝。特别善饮，他们几乎餐餐必喝 ③社交礼仪：爱好社交，善于交际，诙谐幽默，天性浪漫
礼仪禁忌	①法国人不吃肥肉、宠物、肝脏之外的动物内脏、无鳞鱼和带刺骨的鱼 ②就餐完毕抹手抹嘴切忌用餐巾大力擦 ③大多喜爱蓝色、白色与红色，忌讳黄色与墨绿色 ④送礼时一般不宜随意送菊花、牡丹、玫瑰、杜鹃、水仙、金盏花和纸花；不宜送刀、剑、剪、餐具等 ⑤忌讳“13”“星期五”；忌用黑桃图案；忌讳核桃；忌讳孔雀、仙鹤和乌龟 ⑥忌讳向法国人打听他们的政治倾向和工资待遇及私事

任务训练

训练情境	德国 A 公司总裁华先生带领由企划部经理、财务部经理以及秘书小陈组成的公司考察团，乘坐飞机到 B 公司考察合作项目。飞机到达 B 公司所在城市为下午 4 点，B 公司总裁要求秘书小金安排接待等事宜	
训练任务	1. 小金应该做哪些前期准备工作？请做好方案 2. 模拟 B 公司接待 A 公司考察团的全过程	
训练步骤	训练内容	补充说明
步骤一	以小组为单位，研读训练情境，明确训练目的，清晰训练任务	以八人为一小组进行练习，指定一人为组长
步骤二	小组根据情境商讨设计接待方案，组长根据所设计接待方案分配角色	
步骤三	小组内模拟练习	
步骤四	各小组派代表交流设计方案	
步骤五	教师任意选择一小组进行课堂模拟接待全过程练习	班级其他人员观看演练，并做好优缺点记录
步骤六	学生按照接待、拜访礼仪要求进行点评	
步骤七	教师总结	

任务拓展

郑伟是一家大型国有企业的总经理。有一次，他获悉有一家著名德国企业的董事长正在本市进行访问，并有寻求合作伙伴的意向。他于是想尽办法，请有关部门为双方牵线搭桥。

让郑总经理欣喜若狂的是，对方也有兴趣同他的企业进行合作，而且希望尽快与他见面。到了双方会面的那一天，郑总经理对自己的形象刻意地进行一番修饰，他根据自己对时尚的理解，上穿夹克衫，下穿牛仔裤，头戴棒球帽，脚穿旅游鞋。无疑，他希望自己能给对方留下精明强干、时尚新潮的印象。

然而，事与愿违，郑总经理自我感觉良好的这一身时髦的“行头”，却偏偏坏了他的大事。

议一议：郑总经理的失误在哪里？他的德国同行对此有何评价？

任务三

北美洲主要国家和地区礼仪

任务目标

1. 掌握北美洲地区主要客源国家礼仪知识
2. 能根据场合采用正确的国际礼仪

任务实施

一、美国

美利坚合众国，简称“美国”，1776 年建国，首都华盛顿。美国的官方语言通用英语，个别州通用西班牙语。美国的国旗俗称“星条旗”，国歌为《星光灿烂的旗帜》，国鸟为白头海雕，国花为玫瑰花。纽约、夏威夷、华盛顿、旧金山、拉斯维加斯等城市是美国的热点旅游城市。美国的节日包括元旦、马丁·路德·金日、华盛顿诞辰日、美国独立日和感恩节等。

知识点 1　礼仪习俗

1. 服饰礼仪

美国人的服装以体现个性为主，总体而言，他们平时的穿着打扮不太讲究。崇尚自然，偏爱宽松，讲究着装个性，这是美国人穿着打扮的基本特征。虽然美国人穿着相对随意，不像欧洲人这么讲究，但在美国的穿着可谓“不怕穿破，不许穿错”。在许多场合，服饰有很严格的规定。例如：在公司上班要穿定做的制服或西装，而且每日均需要换；再例如：在美国举办各种宴会，往往在请柬上注明是否“黑领结”。如果注明了“黑领结”，男士则一定要穿无尾礼服，系黑色领结，女士必须穿晚礼服。这时，男士的长条领带，女士的裤装都上不了台面。如果没有注明“黑领结”，而表示是“正式穿着”，那么西服就可以上场。如果写的是“白领”，表示要穿燕尾服，系白色领带。因此，什么宴会穿什么样的衣服，是很有讲究的。跟美国人打交道时，要特别注意下列着装礼仪：美国人非常注意服装的整洁；拜访美国人时，进了门一定要脱下帽子和外套；美国人十分重视着装细节；在美国，一位女士要是随随便便地在男士面前脱下自己的鞋子或撩动自己裙子的下摆，往往会有成心引诱对方之嫌。

2. 饮食礼仪

美国式饮食不讲究精细，追求快捷方便，也不奢华，比较大众化。一日三餐都比较随便。如果去别人家做客，在用餐时，应等到全体客人面前都上了菜，且女主人示意后才开始用餐。在女主人拿起她的勺子或叉子以前，客人不得食用任何一道菜。取菜时，最好每样都取一点，这样会使女主人愉快。在席间，主人应使谈话始终活泼而风趣，使每个客人都不受冷落。主人的吃饭速度不可太快，如果多数人已吃完，而少数人尚未吃完，更应放慢速度，以免使客人感到不安。席间，客人将刀叉掉在地上，应礼貌地为其换一把。用餐完毕后，女主人应先离座，客人再一起随着离开，餐巾放在桌上，不要照原来的样子折起，除非主人请你留下吃下顿饭。

3. 社交礼仪

美国人的性格热情开朗，随和友善，喜欢幽默。他们见面时，不一定会握手，只要笑一笑，打个招呼就行了。但是如果握手，就要遵循一定的礼节，如男女之间，女方先伸出手，若女方无握手之意，男子就只能点头鞠躬致意；长幼之间由长辈先伸出手；上下级之间，由上级先伸出手；宾主之间由主人先伸出手。而且握手时应注视对方，并摘下手套，否则会被视为不礼貌。

如果去美国人家里做客要提前预约，一旦约定，就要准时到达，不能迟到，也不要太早到。在进门之前，应该把鞋上的泥土擦干净，以免弄脏地板。进门后要摘帽，并把雨衣雨伞留在室外，然后先向女主人问好，再向男主人问好。若主人家宾朋满座，只需与主人和相识者握手，对其他人点头致意即可。如果主人请你坐，你就应该马上坐下。做客时，不要轻易吸烟，如想吸时应问在座的女士是否介意，并先向其他人敬烟。若主人向你敬烟，即使你自己有烟，也要接受主人的烟。做客时间一般不宜过长，但饭后不要立即告辞，应再与主人攀谈一会儿。若夫妇同去做客，应由妻子先起立告辞。如果你与主人不太熟，做客后应打电话或写短柬以表谢意。这样美国人会认为你很懂礼貌，从而留下一个好印象。

一般来说，美国人不随便送礼，礼物通常不很贵重，如探病时以送鲜花与盆景为主。美国人在收到礼物时，一定要马上打开，当着送礼人的面欣赏或品尝礼物，并立即道谢。另外，美国人的礼物重视包装，相对于礼物的价值，美国人更注重的是心意。

知识点 2 礼仪禁忌

（1）美国人一般忌食肥肉和各种动物的内脏，也不喜欢吃蒸煮和红烧的菜肴；在用餐时，始终保持沉默在美国是不太礼貌的，但咀嚼食物时不要讲话，讲话时不应放下刀叉，但也不要拿着刀叉乱晃；在餐桌前不应擤鼻涕或打嗝，如果打喷嚏或咳嗽也应向周围的人道歉。

（2）按照传统，婚礼之日，在走上教堂的圣坛之前，新郎和新娘不能会面；婚礼之前，也不允许新郎看新娘的礼服。

（3）美国从来不用行政职务，如局长、经理、校长等头衔来称呼别人；另外，在与人交谈时，切不可谈及个人的私事，诸如年龄、婚姻、收入、信仰、体重等；看到别人买的东西不可问其价格；如果看到别人回来，也不能问他去哪儿了或者从哪里来，否则就会遭人厌恶。

（4）在美国女性最好不要穿黑色皮裙；不要当众挖鼻孔；不要在别人面前伸舌头；不要

当面竖中指；在别人面前脱鞋、脱袜、系鞋带，是不礼貌的；鞋带松了也应到没人处去系。

（5）在美国人家中做客，不必过分拘礼。但是如果坐在那里海阔天空地闲聊是惹人厌烦的；做客时不可随意观看主人桌上的字纸或翻阅文件；不要抚弄室内的古董珍玩，更不要询问室内用具的价格；如果是夫妇一同到别人家去做客，应由妻子先起立告辞；在比较正式的宴会上，如果客人较多，应等年长位高的宾客或重要的女宾先告辞后，自己才告辞；如果客人有事需要先走，应向主人请求原谅后再离去。

（6）忌“13”“3”“星期五”和“老”字。

（7）生日和婚礼可以送点礼品，但必须有意义，礼品价值一般不要超过 25 美元，否则会有行贿的嫌疑。

工作任务单

任务实施内容	操作标准
礼仪习俗	①服饰礼仪：以体现个性为主，崇尚自然，偏爱宽松，“不怕穿破，不许穿错”，非常注意服装的整洁 ②饮食礼仪：饮食不讲究精细，追求快捷方便，也不奢华，比较大众化 ③社交礼仪：性格热情开朗，随和友善，喜欢幽默。做客要提前预约
礼仪禁忌	①一般忌食肥肉和各种动物的内脏，也不喜欢吃蒸和红烧的菜肴 ②按照传统，婚礼之日，在走上教堂的圣坛之前，新郎和新娘不能会面 ③不用行政职务，如局长、经理、校长等头衔来称呼别人；尊重个人隐私 ④女性最好不要穿黑色皮裙；不竖中指；不当众脱鞋、脱袜、系鞋带 ⑤忌“13”“3”“星期五”和“老”字 ⑥生日和婚礼可以送点礼品，但必须有意义，礼品价值不要太高

二、加拿大

加拿大的官方语言为英语和法语。加拿大素有“枫叶之国”的美誉，国花为枫叶。国旗称为“枫叶旗”，国鸟为加拿大黑雁，国歌为《啊，加拿大》。加拿大的主要旅游城市包括温哥华、多伦多、埃德蒙顿、温尼伯、渥太华和蒙特利尔等。加拿大同样有很多的传统节日，包括国庆日、圣帕特里克节等。

知识点 1 礼仪习俗

1. 服饰礼仪

在日常生活中，加拿大人着装以欧式为主。上班的时间，他们一般要穿西服、套裙；参加社交活动时，往往要穿礼服或时装；在休闲场合则讲究自由随意的穿着；在教堂，男性着深色西装，打领结，女士则穿样式庄重的衣裙；在参加婚礼时，男子可以穿着西装，也可以穿着便装，穿便装时不打领带。妇女则不宜打扮得过分耀眼，以免喧宾夺主，更不宜穿白色或米色系列的服装，因为象征纯洁的白色是属于新娘的；参加葬礼时，男士要穿整套西装，打素色或黑色领带，女士则穿款式保守的素色衣裙，且不能穿金戴银和化浓重的妆容。

2. 饮食礼仪

由于历史的原因和人种的构成因素，加拿大人的生活习俗及饮食习惯与英、法、美相仿。概括而言，加拿大人习惯吃冷食，以肉食为主，特别爱吃奶酪和黄油。一日三餐中最重视晚餐。就餐时，一般先喝汤，其次是主菜，如鱼、牛肉、蛋或鸡中任何一种，再配以蔬菜或土豆等，还有面包，最后是甜点或水果、冰淇淋、咖啡。餐具一般都习惯用刀叉。如果去别人家做客，最好到花店买一束鲜花送给主人，以表达自己的谢意。如家中请客，客人刚到时，主人会邀请客人们喝一点杜松子酒、威士忌或马提尼酒等，并配以小吃。

加拿大人十分讲究用餐礼仪，认为优雅、正确的就餐礼仪是风度和素养的体现。用餐时，男女主宾分别坐在男女主人的右手边。饭前，为了保持杯口的干净，要先用餐巾轻擦嘴唇；进餐时，左手拿叉右手拿刀，用完后要放在盘子边上。

3. 社交礼仪

加拿大人比较随和友善，易于接近，既有英国人的含蓄，又有法国人的明朗，还有美国人的无拘无束，但较美国人保守。他们讲礼貌但不拘于烦琐礼节。在加拿大拜访他人时，都需要预约并准时赴约。一般见面与分别时，握手是合宜方式。见面时，要互致问候；男女相见时，一般由女子先伸出手来。女子如果不愿意握手，也可以只是微微欠身鞠一个躬。如果男子戴着手套，应先摘下右手手套再握手。女子间握手时，则不必脱手套。在特殊场合如法语场合可用拥抱等法国礼仪。在进出大门、电梯和上下楼梯、车辆时，应礼让妇女和老人；等车或等餐厅座位时，应排队。

在加拿大从事商务活动，首次见面一般要先做自我介绍，在口头介绍的同时递上名片。在商务活动中赠送礼品，最好赠送具有民族特色的或比较精致的工艺美术品。在正式谈判场合，衣着要整齐庄重，如有会议或活动，不宜过早到达，如有事稍微晚到几分钟，他们一般不会计较。

知识点2 礼仪禁忌

（1）加拿大人在饮食上，忌吃虾酱、鱼露、腐乳和臭豆腐等有怪味、腥味的食物；忌食动物内脏和脚爪；不爱吃肥肉和辣味菜肴；不吃热食，不排桌席，不设烟酒；在吃东西时，不能发出声音；就餐期间不当众用牙签剔牙；不能把自己的餐具摆到他人的位置上。

（2）在公共场合，加拿大人厌恶那种抢着插嘴、边说话边用手指人的人；忌老盯着加拿大人看；忌在人前抠头发、清理手指甲缝里的污垢；与加拿大人交谈时，交谈内容不要涉及私生活、收入、支出、女士年龄等隐私问题；最好不要随意谈论加拿大和美国的差异或有关加拿大英语区和法语区的话题。

（3）如果应邀去加拿大人家里做客，可以事先送去或随身携带一束鲜花送给女主人。但不要送白色的百合花，在加拿大，白色的百合花只有在葬礼上才用。

（4）不要贸然造访加拿大人的家或办公室，即使彼此是好友，也应打电话预约或通过其他方式提前约定，意外的来访是不礼貌的。

（5）加拿大人忌讳“13”“星期五”，认为“13”是厄运的数字，“星期五”是灾难的象征。

工作任务单

任务实施内容	操作标准
礼仪习俗	①服饰礼仪：着装以欧式为主。上班一般要穿西服套裙；社交时往往要穿礼服或时装；休闲场合则讲究自由随意的穿着 ②饮食礼仪：习惯吃冷食，以肉食为主，特别爱吃奶酪和黄油 ③社交礼仪：加拿大人比较随和友善，易于接近，讲礼貌但不拘于烦琐礼节
礼仪禁忌	①忌吃虾酱、鱼露、腐乳和臭豆腐等有怪味、腥味食物；忌食动物内脏和脚爪 ②在公共场合，忌插话及指手画脚；尊重隐私；忌谈论加拿大和美国的差异或有关加拿大英语区和法语区的话题 ③忌做客时，送白色的百合花。拜访时，要预约 ④加拿大人忌讳“13”“星期五”

任务训练

训练情境	美国A公司总裁华先生带领由企划部经理、财务部经理以及秘书小陈组成的公司考察团，乘坐飞机到B公司考察合作项目。飞机到达B公司所在城市为下午4点，B公司总裁要求秘书小金安排接待等事宜	
训练任务	1. 小金应该做哪些前期准备工作？请做好方案 2. 模拟B公司接待A公司考察团的全过程	
训练步骤	训练内容	补充说明
步骤一	以小组为单位，研读训练情境，明确训练目的，清晰训练任务	以八人为一小组进行练习，指定一人为组长
步骤二	小组根据情境商讨设计接待方案，组长根据所设计接待方案分配角色	
步骤三	小组内模拟练习	
步骤四	各小组派代表交流设计方案	
步骤五	教师任意选择一小组进行课堂模拟接待全过程练习	班级其他人员观看演练，并做好优缺点记录
步骤六	学生按照接待、拜访礼仪要求进行点评	
步骤七	教师总结	

任务拓展

中国某外贸公司总经理应美国合作方的要求到美国进行访谈，双方要讨论下一步的合作方案。到达美国之后，美方对中方提出的合作方案十分感兴趣，合作事宜基本确定，就等着签合同。等待合同期间，美国代表出于礼貌邀请该外贸公司总经理到他家参加宴会，该总经理欣然应邀，他也很想看看美国人的家里是什么样子。

到达美方代表家里之后，他开始了习惯性的中国式的谈话方式，为了拉近双方距离，他一开始就问美国代表：你的脸色看起来不太好，是不是昨晚没有休息好？还详细追问是不是生病了，还是其他的原因，后来感觉到美方代表的脸色不是很好看才停口。为了表示自己的品位高，他又问美方代表：你的房子装修得很漂亮，应该花了不少钱吧？

拜访结束后，美方代表说合同具体内容他还要仔细考虑一下，让总经理先回去等他的消息。这位总经理回去不久，美方代表就派人通知取消合同。

议一议：美方代表为什么取消合同？这位总经理在社交礼仪上犯了哪些错误？

项目小结

我国主要客源国包括亚洲地区的韩国、日本、越南、马来西亚，欧洲地区的俄罗斯、德国、英国、法国，北美洲地区的美国、加拿大。本项目详细介绍了我国主要客源国的基本概况、饮食礼仪、服饰礼仪、社交礼仪和礼仪禁忌。通过本项目学习，可使学生对我国主要客源国的习俗礼仪有更进一步的了解。

习题

一、填空题

1. 日本人的见面礼是________，很少握手。
2. ________着装的整体风格为庄重、朴素、整洁。
3. 很多人对________着装的印象是“头戴竹笠，身穿开衩长衫及一袭长裤”。
4. 俄罗斯人忌讳数字“13”，但数字“________”在他们看来却意味着幸福和成功。
5. ________最讲究饮食。

二、判断题

1. 法国人全部都信仰天主教。（　　）
2. 中国在北美地区的主要客源国是美国和加拿大。（　　）
3. 韩服是韩国的传统服装，以红色为基本色，根据季节、身份，材料和色彩都不同。（　　）
4. 日本的国花为樱花。（　　）

5. 俄罗斯人一日三餐。早餐较简单，以奶制品为主，午餐和晚餐比较讲究。（　　）

三、简答题

1. 简述俄罗斯的礼仪禁忌。
2. 简述韩国的社交礼仪。
3. 简述马来西亚的饮食礼仪。
4. 简述与法国人用餐时需要注意的细节。
5. 简述英国人的服饰礼仪。

四、案例分析题

女士优先

一次，英国一访华观光旅游团下榻北京国际会议中心大厦。一天，翻译小姐陪同客人外出参观，在上电梯的时候，一位英国客人请这位翻译小姐先上，可是这位小姐谦让了半天，执意要让客人先行。事后这些客人抱怨说："他们在中国显示不出绅士风度来，原因是接待他们的女士们都坚持不让他们先上。"例如：上下汽车或进餐厅时，接待他们的女士们坚持让他们先走，这让他们很不习惯，甚至觉得受了委屈。虽然我方人员解释，中国是"礼仪之邦"，遵循"客人第一"的原则，对此解释他们也表示赞赏，但对自己不能显示绅士风度仍表示遗憾。

问题：怎么看待不同的礼仪习惯?

附 录

中国饭店行业服务礼仪规范（试行）

前 言

本规范是对《中国旅游饭店行业规范》的深化和补充，适用于在中国境内开办的各种类型的饭店，含宾馆、酒店、度假村等。

本规范由中国旅游饭店业协会发布并负责解释。

本规范主要起草人：王伟、蒋齐康、许京生、徐锦祉、张志军、段建国、景晓莉、梁英、付钢业。

本规范于 2007 年 10 月 11 日发布，自发布之日起试行。

总 则

第一条 为全面提升中国饭店行业员工的整体素质和服务水平，塑造文明礼貌的职业形象，培养爱岗敬业的职业道德，以礼仪促规范，中国旅游饭店业协会依据《星级饭店访查规范》和《中国旅游饭店行业规范》，特制定《中国饭店行业服务礼仪规范》（以下简称《规范》）。

第二条 《规范》所指饭店，是指在中国境内开办的各种类型的饭店，含宾馆、酒店、度假村等（以下简称“饭店”）。

第三条 《规范》所称服务礼仪，是指饭店员工在岗服务全过程中应具备的基本素质和应遵守的行为规范，包括仪表规范、仪态规范、见面常用礼仪规范、服务用语规范及不同岗位服务礼仪规范等。

第四条 《规范》应成为饭店员工自觉实践行业服务礼仪的基本原则。

第一篇 基本礼仪规范

第一章 仪表规范

第五条 饭店员工应容貌端正，修饰得体，衣着整洁美观。

第六条 饭店员工应保持面部洁净、口腔卫生。女员工可以适度化妆以符合岗位要求。

第七条 饭店员工应保持头发干净，长短适宜，发型符合岗位要求。

第八条 饭店员工应保持手部清洁，指甲长短适宜，符合岗位要求。在不违反具体岗位要求的情况下，女员工可以涂无色指甲油。

第九条 饭店员工应统一着装。工装干净整洁、外观平整、搭配合理，并符合饭店形象设计要求。

第十条　饭店员工应佩戴胸卡。胸卡应标明饭店标志、所在部门、员工姓名等。从事食品加工工作的员工可将胸卡内容绣在上衣兜口处。鼓励有条件的饭店为具备外语、手语接待技能的员工佩戴特殊胸卡。

第十一条　饭店员工佩戴饰品应符合岗位要求。饰品应制作精良，与身份相符。

第十二条　从事食品加工工作的员工应佩戴专用的工作帽、口罩、手套等，不应涂指甲油。从事食品加工工作的员工和工程部员工应穿无扣服装，不佩戴任何饰物。

第二章　仪态规范

第十三条　饭店员工应体态优美，端庄典雅。

第十四条　饭店员工站立时，应头正肩平，身体立直，应根据不同站姿调整手位和脚位。

第十五条　饭店员工入座应轻稳，上身自然挺直，头正肩平，手位、脚位摆放合理，应合理使用不同坐姿。

第十六条　饭店员工下蹲服务时，应并拢双腿，与客人侧身相向，应合理使用不同蹲姿。

第十七条　饭店员工应行走平稳，步位准确，步幅适度，步速均匀，步伐从容。

第十八条　饭店员工使用引领手势时，应舒展大方，运用自然得体，时机得当，幅度适宜。

第十九条　饭店员工应合理使用注视礼和微笑礼。与客人交流时，宜正视对方，目光柔和，表情自然，笑容真挚。

第三章　见面常用礼仪规范

第二十条　饭店员工自我介绍时，应目视对方，手位摆放得体，介绍实事求是。介绍他人时，手势规范，先后有别。

第二十一条　饭店员工与客人握手时，应明确伸手的顺序，选择合适的时机，目视对方，亲切友善。把握握手的力度，控制时间的长短，根据不同对象做到先后有别。

第二十二条　饭店员工行鞠躬礼时，应面对受礼者，自然微笑，身体前倾到位。行礼时，应准确称谓受礼者，合理使用礼貌用语。

第二十三条　饭店员工应在不同场合向客人施行不同的致意礼。行礼时，次序合理，时机得当，自然大方。

第四章　服务用语规范

第二十四条　饭店员工应遵守公认的语言规范，应针对不同的服务对象使用不同的服务语言，服务用语应符合特定的语言环境。

第二十五条　饭店员工为客人服务时应使用对方易懂的语言，使用规范的服务用语，称谓恰当，用词准确，语意明确，口齿清楚，语气亲切，语调柔和。

第二十六条　鼓励饭店员工掌握和运用外语、手语，为不同需求的群体更好地提供语言服务。

第二篇　通用服务礼仪规范

第五章　对客通用服务礼仪规范

第二十七条　饭店员工迎送客人时，应选择合理的站位，站立端正，微笑着目视客人。正确使用肢体语言和欢迎、告别敬语。用客人姓名和尊称称呼客人。

第二十八条　接打电话时，应讲普通话及相应的外语，发音清晰，语速适中，音量适宜，力求通过声音传递愿意为客人服务的信息。电话铃响 10 秒内应及时接听电话，先自我介绍，并致以诚挚问候，结束通话时应向客人真诚致谢，确认客人已完成通话后再轻轻挂断电话。

第二十九条　饭店员工应合理设定和使用手机振动或铃声。铃声应与工作身份相匹配，音量适宜，内容健康向上。

第三十条　向客人递送登记表格、签字笔、找零等物品时，应使用双手或托盘，将物品的看面朝向客人，直接递到客人手中。递送带尖、带刃的物品时，尖、刃应朝向自己或朝向他处。递送时，应正确使用肢体语言和礼貌用语。

第三十一条　递赠名片时，应将名片的看面朝向对方，用双手直接递到对方手中。收受名片时，应双手捧收，认真拜读，礼貌存放。递接名片时，应正确称谓对方，及时致谢。

第三十二条　如果在接待服务场所，服务人员多次与同一位客人相遇，应使用不同的问候语。在走廊遇到客人或必须从客人面前通过时，应缓步或稍停步，向旁边跨出一步，礼貌示意客人先行。

第三十三条　进出有客人的房间时，服务人员应站立端正，平视门镜，敲门并通报身份。见到客人时应礼貌问候。离开房间到门口时，应面对客人退出房间。开关房门动作应轻缓。

第三十四条　引领客人出入无人服务的电梯时，引导者应先入后出。在电梯轿厢内，引导者应靠边侧站立，面对或斜对客人。中途有其他客人乘梯时，引导者应礼貌问候。出入有人服务的电梯时，引导者应后入先出。

第三十五条　客人有任何合理需求时，服务员应尽力满足，不能满足时，应帮助客人通过其他途径解决。

第六章　处理特殊情况服务礼仪规范

第三十六条　受条件制约，饭店无法满足客人要求时，应向客人表示理解和同情，并婉拒客人。

第三十七条　接待投诉客人时，应诚恳友善，用恰当的方式称呼客人。倾听客人说话时，应目视客人，及时将投诉事项记录下来。对客人愿意把问题告诉自己表示感谢，把要采取的措施及解决问题的时限告诉客人并征得客人同意。事后及时回访，确认投诉得到妥善处理。

第三十八条　当出现火灾等紧急情况时，服务人员应根据饭店突发事件处理程序及时处理。处理时，应保持镇静，语气坚定，语调平缓。应安抚客人，向客人传递安全的信息。接到上级的疏散命令后，应疏散有序，忙而不乱。

第三十九条　当客人受伤或突发疾病时，服务人员应根据饭店突发事件处理程序，及时处理。处理时，应保持镇静，适时安抚客人。

第四十条　饭店紧急停电时，服务人员应镇静自若，及时向客人说明停电的原因和来电的时间。应及早安抚受到惊吓和被困在电梯内的客人，并真诚道歉。

第三篇　前厅服务礼仪规范

第七章　机场、车站、码头迎送客人服务礼仪规范

第四十一条　饭店应制作接机、接站标志牌。标志牌应制作规范，符合饭店的形象设计。接站、送站车辆的规格应符合客人事先的要求。

第四十二条　接站人员应提前到达指定地点迎候客人，平稳举拿标志牌，抬头挺胸，站姿端正，微笑着目视出站口。

第四十三条　见到客人应主动问候，应正确称呼客人的姓名或职务，应得体地进行自我介绍。

第四十四条　为客人提拿行李时，应轻拿轻放、保证完好，应尊重客人的意愿提供行李服务。

第四十五条　为客人引路时，接送人员应与客人保持适当的距离，应根据客人的性别、职位、路况和环境等因素选择合适的站位和走位。

第四十六条　接站、送站车辆应按照交通法规的规定合理停放，停靠位置应方便客人上下车。

第四十七条　接送人员应根据不同车辆选择合理的站位，迎送客人上下车。安排座位应符合座次礼仪并照顾客人的意愿。开关车门动作应轻缓，应适时为客人护顶，且护顶时应尊重客人的宗教信仰。

第四十八条　与客人告别时，接送人员应保证客人的行李准确完好，应根据客人的走向随时调整站位，微笑着注视客人，祝客人一路平安。客人走出视线后再转身离开。

第八章　行李服务礼仪规范

第四十九条　门童应选择合理站位，站立端正，随时迎候客人。

第五十条　车辆驶近饭店大门时，门童应主动迎上前去，用规范的手势引导车辆停靠在方便客人上下车和行李运送的地方。下雨时，应带着雨伞迎候在无雨棚区域下车的宾客。为客人打开车门时，应站在车门一侧为客人护顶、撑伞。

第五十一条　车辆停稳后，门童应按照座次礼仪拉开车门。如果客人乘坐的是出租车，应等客人付账后再拉开车门，微笑着注视客人，亲切地问候客人。

第五十二条　客人上下车时，门童应适时为客人护顶，且护顶时应尊重客人的宗教信仰。

第五十三条　装卸行李时，应轻拿轻放，数量准确，摆放有序并得到客人的确认。应保证随身行李不离开客人的视线范围。

第五十四条　引领客人前往接待台进行入住登记时，行李员应用外侧手提拿行李，在客

人侧前方行走，时常用规范的手势示意客人前行的方向。

第五十五条　客人办理入住登记手续时，行李员应站在一米以外，站姿端正，注视客人，随时等候为客人服务。

第五十六条　引领客人去客房时，行李员应靠边侧前行，并与客人保持适当的距离。

第五十七条　到达客房后，行李员应按照客人的要求摆放行李。行李的正面应朝上，提手应朝外。应让客人确认行李的数量和完好状态。

第五十八条　离开客房到门口时，行李员应面对客人退出客房，与客人告别，轻轻关上房门。

第五十九条　客人离店需要行李服务时，行李员应准时为客人提拿行李并将行李整齐摆放在客人指定的地点。

第九章　入住登记、结账服务礼仪规范

第六十条　接待员、收银员见到客人应主动问候。获知客人姓名后，应用姓氏或尊称称呼客人。

第六十一条　接待员介绍饭店产品时应实事求是，用恰当的语言，站在客人的角度，为客人提供参考建议。

第六十二条　回答客人询问时，应有问必答，态度和蔼。对不了解的事情，应向客人表示歉意，表现出愿意帮助客人的意愿，并提供后续服务。

第六十三条　对住店客人和非住店客人应一视同仁，对客人的光临应致以真诚的谢意，感谢客人提问，欢迎客人再次光临。

第六十四条　收费结账时，服务员应耐心细致、准确快捷。用现金结账的，应让客人核实收付金额，保证账目准确。

第六十五条　收银员应将账单、发票装入信封，用双手呈递给客人，请客人确认无误。

第六十六条　结账完毕，收银员应真诚地向客人表示感谢，欢迎客人再次光临，目送客人离开。

第十章　总机服务及商务中心服务礼仪规范

第六十七条　话务员接打电话时，应使用普通话或相应的外语。发音清晰，语调柔和，语速适中，音量适宜，语言简练，表述准确，耐心倾听。

第六十八条　电话铃响10秒内，话务员应及时接听电话，先问候客人并报饭店名称。

第六十九条　转接电话时，如果无人接听或电话占线，话务员应及时告知来电者，并主动提供留言服务。

第七十条　转接外线电话时，话务员应保护住店客人的私人信息。

第七十一条　提供叫醒服务时，话务员应保证在预定的时间准时叫醒客人。叫醒的语言应简练，语音甜美柔和。

第七十二条　商务中心提供打印、复印服务时，应将客人的文件码放整齐，注意文件保密，迅速、准确服务。向客人递送文件时，应微笑着注视客人用双手递送。

第四篇　客房服务礼仪规范

第十一章　客房清洁及维修服务礼仪规范

第七十三条　清洁客房或进行简单客房维修时，应选择在客人外出时进行，并尊重客人的住宿习惯。进入客房前应按铃三次并报告本人身份，等候客人开门或确定房内无人再用工作钥匙开门。清洁房间时，应开启客房房门，如需当着客人清洁客房，应尽量避免打扰客人，并严格按操作标准提供迅速、快捷的服务。提供相关服务时，应尊重客人隐私和住宿习惯不翻看客人的文件，不对客人的物品和活动表示好奇。一般不宜改变客人物品的摆放位置。

第七十四条　饭店装修或维修客房时，应用敬启信或通告的方式真诚地向客人致歉，感谢客人的理解和支持，并及时为客人提供附加值服务。

第七十五条　维修人员应着装干净，维修物品应摆放有序。提拿动作轻缓，尽量不影响客人休息。给客人造成不便时，应主动向客人致歉。维修时，宜使用维修专用物品和设备，不应随意使用客房物品和设备。

第七十六条　维修完毕，维修人员应主动清扫维修垃圾，及时通知客房部整理客房，使客房尽快恢复原状。客房部应及时回访客人，对给客人造成的不便再次向客人致歉。

第十二章　客房其他对客服务礼仪规范

第七十七条　饭店应按客人要求和相关程序提供擦皮鞋服务，遵守承诺，按时送还。

第七十八条　客人需要洗涤或熨烫衣服时，客房服务员应及时收取客衣，并按时送还，按规定将洗好或熨烫好的衣物挂放整齐。

第七十九条　客人租借用品时，饭店应热情受理。服务员应向客人礼貌申明相关租借规定。如果无法提供租借用品，应主动提供建议，尽量帮助客人解决问题。

第八十条　提供房内免费饮品服务时，应尊重客人的需求和偏好，按时将有免费标志的饮品送至客房。

第十三章　客房送餐服务礼仪规范

第八十一条　送餐车应干净整洁，符合卫生要求。车轮转动灵活，推动方便，无噪声。餐具应与食物匹配，干净、整齐、完好。

第八十二条　送餐员应站在离餐车一定距离处介绍菜品。送餐完毕，祝客人用餐愉快。

第八十三条　送餐时，如遇客人着装不整，送餐员应在门外等候，等客人穿好衣服后再进房送餐。

第十四章　公共区域清洁服务礼仪规范

第八十四条　公共区域卫生间应干净无异味。服务员见到客人应礼貌问候，适时回避。因清洁工作给客人带来不便时，应向客人致歉。客人离开时，服务员应主动为客人开门。

第八十五条　清洁公共区域时，服务员应保持专业的工作状态，步履轻盈，动作熟练。遇到客人应暂停工作，礼貌问候，礼让客人。客人在工作区域谈话时，清洁员应礼貌回避。

第八十六条　使用清洁设备时，服务员应保证设备整洁完好，不乱堆乱放。提拿工具应注意避让客人，提拿方式安全、得当，并符合礼仪规范。

第十五章　特殊情况客房服务礼仪规范

第八十七条　住店客人生病时，饭店应派人及时探访，应真诚询问客人状况，按工作程序及时提供必要的帮助。探访人应把握探望时间，尽量不打扰客人休息。

第八十八条　客人财物在客房内丢失时，饭店应派人及时到达现场，安抚客人，表示同情，及时为客人提供帮助，并尽快将调查、处理结果通知客人。

第八十九条　客人损坏饭店物品时，饭店应派人及时到达现场，首先查看客人是否受伤，然后再检查物品的损坏情况。及时修补或更换被损坏物品，查明物品损坏原因，根据实际情况处理索赔事宜，做到索赔有度。

第九十条　员工损坏客人物品时，饭店应派人及时到达现场，赔礼道歉，安抚客人，然后认真查看物品损坏状况。分清责任后，应就员工的过失再次向客人诚恳致歉，及时与客人协商赔偿事宜，跟踪处理结果。

第五篇　餐饮服务礼仪规范

第十六章　餐前服务礼仪规范

第九十一条　客人到餐厅用餐，领位员应根据不同客人的就餐需求安排合适的就餐座位并祝客人用餐愉快。引领入座应一步到位，手势规范，走位合理，步幅适度。

第九十二条　餐厅应备足酒单、菜单，保证其整洁完好。领位员应选择合理的站位，目视客人，用双手呈递酒单、菜单。服务的次序应符合中西餐就餐程序。

第九十三条　客人入座后，餐厅服务员应选择合理的站位，按次序为客人铺放口布。铺放动作应轻巧熟练，方便客人就餐。

第九十四条　向客人推荐菜品时，应使用规范的手势，尊重客人的饮食习惯，适度介绍酒水。

第九十五条　书写菜肴订单时，服务员应站立端正，将订单放在手中书写。下单前，应向客人重复所点菜品名称，并询问客人有无忌口的食品，有些西式菜品还应征求客人对生、熟程度的要求。

第十七章　餐间服务礼仪规范

第九十六条　厨房出菜后，餐厅应及时上菜。传菜时应使用托盘。托盘干净完好，端送平稳。传菜员行走轻盈，步速适当，遇客礼让。

第九十七条　西餐的上菜速度应与客人的用餐速度相适宜。热菜和冷菜应分别放入经过加热或冷却处理的餐盘中。

第九十八条　值台服务员应根据餐桌、餐位的实际状况，合理确定上菜口。上菜时，应用双手端平放稳。跟配小菜和作料的，应与主菜一并上齐。报菜名时应吐字清晰、音量适中。

第九十九条　摆放菜肴应实用美观，并尊重客人的选择和饮食习惯。

第一百条　所有菜肴上齐后，应告知客人菜已上齐，并请客人慢用。

第一百零一条　需要分菜时，服务员应选择合理的站位，手法熟练，操作卫生，分派均匀。

第一百零二条　服务员应以尽量少打扰客人就餐为原则，选择适当的时机撤盘。撤盘时，应遵循饭店相关工作程序，动作轻巧，规范到位。

第一百零三条　为客人提供小毛巾服务前，应对毛巾进行消毒，保证毛巾温度、湿度适宜，无异味。服务员应随时巡台，及时撤下客人用过的毛巾。

第一百零四条　客人抽烟时，服务员应用饭店配备的专用器具及时为客人提供点烟服务。划燃火柴和熄灭火柴应远离客人。如果用打火机点烟，应事先调好火苗的大小。

第一百零五条　服务员应根据实际情况，以不打扰客人为原则，为抽烟客人适时更换烟灰缸。服务时，应使用托盘，先征询客人意见，得到许可后再服务。

第一百零六条　餐厅服务员应随时观察客人用餐情况，适时更换骨碟。更换骨碟时，应使用托盘，先征询客人意见，得到许可后再服务。操作手法应干净卫生，撤换线路和新骨碟的摆放位置应方便客人用餐。

第十八章　酒水服务礼仪规范

第一百零七条　服务员应尊重客人的饮食习惯，根据酒水与菜品搭配的原则，向客人适度介绍酒水。下单前，应重复酒水名称。多人选择不同饮品的，应做到准确记录，服务时正确无误。

第一百零八条　斟倒酒水前，服务员应洗净双手，保证饮用器具清洁完好，征得客人同意后，按礼仪次序依次斟倒。斟酒量应适宜。续斟时，应再次征得客人同意。

第一百零九条　服务酒水时，服务员应询问客人对酒水的要求及相关注意事项，然后再提供相关服务。

第一百一十条　服务整瓶出售的酒品时，应先向客人展示所点酒品，经确认后再当众开瓶。斟倒饮料时，应使用托盘。

第一百一十一条　调酒员面客服务时，应做到操作卫生，手法娴熟。客人间谈话时，调酒员应适时回避。客人对所调制的酒水不满意时，应向客人致歉，争取为客人提供满意的服务。

第一百一十二条　服务热饮或冷饮时，应事先预热杯具或提前为杯子降温，保证饮品口味纯正。服务冰镇饮料时，应擦干杯壁上凝结的水滴，防止水滴滴落到桌子上或客人衣服上。服务无色无味的饮料时，应当着客人的面开瓶斟倒。

第十九章　明档制作服务礼仪规范

第一百一十三条　厨师明档制作前，应按规定穿好工装、戴好工帽和口罩，保证灶面清洁卫生，作料容器干净整洁。

第一百一十四条　制作时，厨师应尊重客人的意愿，严格按配量烹饪，做到手法熟练，操作卫生。

第一百一十五条　服务时，一般应遵循先点先做的原则。

第一百一十六条　受到客人称赞时，应真诚致谢，并主动征求客人对菜品的意见。

第二十章　宴会自助餐服务礼仪规范

第一百一十七条　宴会自助餐台设计应突出主题，造型新颖，餐台布局实用美观。摆放菜点时，应按照人们的就餐习惯，按就餐顺序依次摆放。

第一百一十八条　客人用餐时，服务员应及时巡视，随时添加餐具、食品和饮料，适时提供更换烟灰缸服务和添加饮料服务。

第一百一十九条　服务员应随时保持餐桌整洁，适时撤走客人用过的餐具。撤餐具时，应礼貌示意，征得客人同意。

第二十一章　餐后结账服务礼仪规范

第一百二十条　服务员应随时留意客人的用餐情况，客人示意结账时，应及时提供服务。账单应正确无误，呈递动作标准、规范。

第一百二十一条　客人付账时，服务员应与客人保持一定距离，客人准备好钱款后再上前收取。收取现金时，应当面点验。结账完毕，服务员应向客人致谢，欢迎客人再次光临。

第一百二十二条　结账后客人继续交谈的，服务员应继续提供相关服务。

第二十二章　特殊情况用餐服务礼仪规范

第一百二十三条　接待要求比较特殊的客人时，服务人员应耐心、诚恳。客人对服务工作提出意见和建议时，应真诚地向客人致谢。提供后续服务时，应保证服务态度和服务质量的一致性。

第一百二十四条　有急事的客人用餐时，服务员应提供迅速便捷的服务，向客人介绍容易制作、符合口味的菜品，告知客人每道菜品所需的制作时间，并做好随时结账的准备。

第一百二十五条　如服务员因工作原因导致客人衣物污损，应真诚地向客人道歉并立即报告上级。饭店在征求客人意见后，应及时为客人提供免费洗衣服务，并尽快将洗好的衣物送还客人。

第六篇　康乐服务礼仪规范

第二十三章　康乐服务通用服务礼仪规范

第一百二十六条　见到客人，服务员应礼貌询问客人准备消费的项目，请客人出示消费卡或房卡。收递物品应用双手，不方便用双手时，应用右手。

第一百二十七条　更衣室服务员应按递物礼仪向客人递送更衣柜钥匙，提醒客人妥善保管钥匙。

第一百二十八条　服务员应用规范的手势为客人指引更衣室方向。客人进入更衣室后，更衣室服务员应微笑致意、主动问好，用规范的手势为客人指示更衣柜的位置。客人更衣时，服务员应适时回避。客人更衣完毕，服务员应提醒客人妥善保管钥匙。

第一百二十九条　服务员应在不影响客人的情况下，做好浴室的清洁工作。

第一百三十条　康乐场所提供饮品服务时，服务员应按照礼仪规范呈递饮品单。服务饮品前应洗手。端送饮品或撤换用过的餐具时，应使用托盘。服务员应随时留意活动场所动静，及时回应客人需求。

第二十四章　康体服务礼仪规范

第一百三十一条　康体游乐场所未开场前，服务员应主动问候客人，耐心回答客人询问，并做到准时开场。如因超员需要限制游玩人数时，服务员应向客人做好解释工作，并对客人的配合表示感谢。

第一百三十二条　服务员应随时巡视场地，主动为儿童和年纪较大的客人提供服务和帮助。救生员应随时观察场所内状况，发现客人违反安全规定时，应礼貌劝阻。

第一百三十三条　服务员进行场内的清洁消毒工作时，应尽量避免打扰客人。

第一百三十四条　健身教练和球类项目服务员在对客服务时，应主动进行自我介绍，应准确称呼常客的姓名。

第一百三十五条　指导客人训练或给客人作陪练时，应随时注意观察和掌握客人锻炼情况，及时做好提醒和服务工作。

第一百三十六条　服务员应向客人耐心介绍桑拿浴、温泉浴的洗浴方法和注意事项。对于无人陪同的年长客人或初次消费的客人等，应特别关注客人的安全。

第二十五章　娱乐服务礼仪规范

第一百三十七条　客人较多时，服务员应主动疏导客人，使用规范的手势，礼貌地为客人引路。

第一百三十八条　客人玩游艺机时，服务员应主动提供换币服务。对于初来的客人，服务员应主动指导操作方法，介绍游戏规则。

第一百三十九条　游艺机出现故障时，服务员应真诚地向客人致歉，并及时给客人调换。

第一百四十条　在卡拉OK厅和舞厅，为客人服务酒水和小食品时，应根据服务场地的实际情况，采用正确的服务方式，避免遮挡客人视线。服务员应主动为客人提供查找歌名和点歌服务。

第一百四十一条　服务员应适时为客人提供饮品服务，根据需要更换烟灰缸、撤换杯具，不断巡视，随时满足客人的服务需求。

第一百四十二条　在客人接受服务期间，服务员应减少不必要的服务干扰。临近营业时间结束时，服务员应以礼貌的方式提醒客人，并继续提供服务，直至客人结账离去。

第七篇　其他对客服务礼仪规范

第二十六章　会议服务礼仪规范

第一百四十三条　服务员为客人倒水时，应站位合理，手法熟练，操作卫生，倒水量适宜，端放茶杯动作轻巧。

第一百四十四条　重要会议使用贵宾接待室的，服务员应提供敬茶服务。敬茶时，应使用托盘，按照礼仪次序依次服务。端放茶杯动作轻巧。如果茶几较低，服务员应单腿弯曲采用蹲式服务，蹲姿应优雅大方。

第一百四十五条　服务员应随时留意会场状况，及时回应客人需求。

第一百四十六条　会场应设专职清洁员负责卫生间的保洁和服务工作。

第一百四十七条　会场衣帽间应有明显的标志牌，衣架干净完好、数量充足。客人存放衣服时，服务员应礼貌问候，按递物礼仪递接存衣牌，并提醒客人妥善保管贵重物品。拿取客人外衣时，不倒拿，不拖擦。

第一百四十八条　会议间歇，与会客人到休息区休息时，清洁员应暂停工作，适时回避。遇客问候，随时礼让。

第一百四十九条　饭店应为客人提供车辆进出登记服务、计时收费服务和车位预留服务。停车场管理员应礼貌问候客人，并用规范的手势引导车辆。

第二十七章　营销服务礼仪规范

第一百五十条　饭店营销部门的工作人员定期拜访客户时，应提前预约，着装整洁，主动进行自我介绍。与客人交谈时，应认真聆听及时回应，并将手机调至静音状态。结束交谈时，应向客户礼貌致谢，对占用客户的宝贵时间表示歉意。

第一百五十一条　宴请客户时，应提前到达就餐地点迎候客人。点菜时，应尊重客户的饮食习惯，不铺张浪费。

第一百五十二条　带领客户参观饭店时，应提前准备，有序安排，引领礼仪应规范、到位。介绍饭店时，应实事求是，关注客户兴趣，把握时间，适时结束参观。

第一百五十三条　营销人员在办公室接待来访客人时，应热情友好，落落大方。倒水、递名片、握手应符合礼仪规范。

第一百五十四条　营销部预订员接听客人预订电话时，应根据客人需求推荐合适的产品，做到热情友好，善解人意。预订员收发业务信函时，行文应规范，称谓准确，回复及时，文字简练，通俗易懂。

第一百五十五条　接待大型旅游团队时，负责协调关系的饭店相关营销人员，应提前做好接待准备工作，及时和领队、导游沟通，尽量节约客人出行时间。

第一百五十六条　饭店若安排人员提供拍照、摄像服务时，应遇客礼让，提拿摄像器材规范到位，不妨碍客人行走和交谈。

第一百五十七条　饭店有外事接待活动时，应派专人协调各项事宜。与客方会见、会谈时，主方与会人员身份应与客方与会人员身份对等，座次安排符合礼节。交谈时，主方应认真聆听，积极回应。宴请客方时，应尊重客方饮食习惯，菜量适宜，避免浪费。主方敬酒布菜时，应把握尺度。主方与会人员就餐时应优雅大方，符合就餐礼仪。

第二十八章　商品销售服务礼仪规范

第一百五十八条　营业员应微笑问候前来浏览商品的客人，随时准备为客人服务。

第一百五十九条　为客人服务时，营业员应善于观察客人的眼神和表情，把握时机向客人展示商品。介绍商品应实事求是，不夸大其词。递送商品应符合递物礼仪规范。

第一百六十条　回答客人询问时，应亲切自然，有问必答。无法回答客人问题时，应向客人真诚致歉，并提供其他咨询途径。

第一百六十一条　对购物客人和非购物客人，营业员应一视同仁，不厚此薄彼。

第一百六十二条　营业时间快结束时，营业员应继续耐心提供服务，直到客人满意离开。

第一百六十三条　接待退换货的客人时，服务人员应真诚友善，按退货制度热情、快捷地为客人办理退货手续。

第二十九章　残疾人服务礼仪规范

第一百六十四条　问候肢体残疾客人时，服务员应亲切友好，表情自然。客人乘坐轮椅的，服务员应保证与客人目光平视。问候盲人客人时，服务员应在一定距离处通过声音提示让客人及时辨听周围情况。提示时，语气柔和，语调平缓，音量适中。问候聋哑客人时，服务员应微笑着注视客人，通过眼神向客人传递平等、友好的信息。

第一百六十五条　为肢残客人提供引领服务时，应走最短路线，做到走平路时适当关注，走坡路时适当帮助。引领盲人客人行走时，应事先征得其同意。向盲人客人指示方向时，应明确告诉客人所指人或物相对于客人的方位，不使用指向性不明的表述。

第一百六十六条　引领残疾客人乘坐电梯时，引导者应适当关注肢残客人，积极帮助盲人客人。引领盲人客人上下楼梯或乘坐自动扶梯时，引导者应先一步上下，然后回身照应客人。引领过程中，引导者应不断通过声音提示和放缓脚步的方式，及时提醒盲人客人前面的路况。

第一百六十七条　引领盲人客人入座时，应把客人带到座椅旁，让客人自己调整桌椅间距离。

第一百六十八条　引领盲人客人乘车时，引导者应告诉其车辆停靠的位置相对于客人的方位。开关车门、帮客人上下车、给客人护顶等，都应有声音提示。引导者与客人同车的，应向客人描绘沿途景色。

第一百六十九条　给残疾客人办理入住登记手续时，服务员应主动协助残疾客人，优先、迅速办理入住手续。给残疾客人排房时，应尽量安排较低楼层或其他方便出行的无障碍客房。

第一百七十条　残疾客人到餐厅用餐，服务员应将客人引领至方便出入且安静的餐位。为肢残客人服务时，餐具和食品应就近摆放。为盲人客人服务时，服务员应阅读菜单，并细致解释，帮助客人逐一摸到餐具的摆放位置。上菜时，应向盲人客人描述菜肴的造型和颜色，告诉客人食物放置的相对位置，并随时帮助客人。

第三十章　其他对客岗位服务礼仪规范

第一百七十一条　饭店保卫工作人员应着工作装上岗，站姿端正，配饰齐全。

第一百七十二条　采购员在接待供应商时，应谦和有礼、热情大方。与客人交谈时，应将手机调至静音，认真倾听对方谈话。交谈结束后，应礼貌送别。

第一百七十三条　车队司机应保证车辆干净整洁。接送客人时，应着装规范，提前到达，站立迎候，适时提供行李服务和护顶服务。应遵章守法，安全驾驶，按时将客人送达指定地点。客人到达目的地后，应提醒客人带齐物品，对客人乘坐本车表示感谢，目送客人离开后再上车。

第一百七十四条　饭店总值班经理对客人应礼貌热情，对员工应关心体贴。应以身作则，言而有信。巡视检查员工工作时，应尊重员工劳动成果，应为下级排忧解难。处理各类突发事件和疑难问题时，应镇静自如，反应迅速，措施得当。

参考文献

[1]金丽娟. 旅游礼仪[M]. 桂林：广西师范大学出版社，2016.

[2]史锋. 商务礼仪：第4版[M]. 北京：高等教育出版社，2018.

[3]崔玉环，祝永志. 商务礼仪：第2版[M]. 北京：高等教育出版社，2014.

[4]杜明汉，刘巧兰. 商务礼仪：第2版[M]. 北京：高等教育出版社，2014.

[5]金正昆. 社交礼仪教程. 第4版[M]. 北京：中国人民大学出版社，2013.

[6]党可利，仪勇. 旅游礼仪[M]. 北京：北京师范大学出版社，2013.

[7]徐兆寿. 旅游服务礼仪[M]. 北京：北京大学出版社，2013.

[8]袁平. 旅游礼仪实务[M]. 上海：上海交通大学出版社，2012.

[9]李丽. 旅游礼仪[M]. 北京：中国轻工业出版社，2012.

[10]贾晓龙. 旅游服务礼仪[M]. 北京：清华大学出版社，2012.

[11]赵朴初. 佛教常识问答[M]. 上海：上海辞书出版社，1999.

[12]胡碧芳，姜倩. 旅游服务礼仪[M]. 北京：北京大学出版社，2008.

[13]苗雅杰，王金超. 旅游服务礼仪[M]. 北京：中国财富出版社，2014.

[14]刘筱筱，李兵. 旅游服务礼仪[M]. 大连：大连理工大学出版社，2013.

[15]梁悦，李莹. 旅游服务礼仪[M]. 广州：广东高等教育出版社，2012.

[16]国家旅游局人事劳动教育司. 导游知识专题[M]. 北京：中国旅游出版社，2004.

[17]全国导游人员资格考试统编教材专家编写组. 全国导游基础知识[M]. 北京：中国旅游出版社，2016.

[18]沈祖祥，李萌. 旅游宗教文化[M]. 北京：旅游教育出版社，2017.

[19]王亚欣，刘玉春. 宗教文化旅游学[M]. 北京：中央民族大学出版社，2014.

[20]曹培培. 中国旅游地理（修订版）[M]. 北京：清华大学出版社，2016.